Zu diesem Buch

Die Frauen der «neuen Frauenbewegung» verweigern sich den Bedingungen, unter denen Frauen arbeiten und leben sollen. Ihr Protest richtet sich in erster Linie gegen die Kontrolle über Körper und Sexualität durch Staat, Institutionen und Männer. Die Verweigerung dieser Sexualität hat viele Gesichter: Asexualität, Autosexualität, Homosexualität – ebenso wie Prostitution. Denn ist nicht ein «Ja – aber nur gegen Geld» – so fragt die Autorin – auch eine Form von Nein?

Hier kommen Frauen zu Wort, die anschaffen:

Angie	26 Jahre alt, aus Jamaika, lebt in England, eine Tochter von zehn Monaten. Angie ist Tänzerin.
Dörtie	29 Jahre alt, aus Niedersachsen. Dörtie arbeitet in Nachtbars und «privat».
Kitty	40 Jahre alt, aus Berlin, vier Kinder zwischen 22 und 12 Jahren. Kitty arbeitet auf dem Straßenstrich.
Monika	35 Jahre alt, aus Süddeutschland, eine Tochter von 13 Jahren. Monika arbeitet in Peep-Shows und Pornofilmen.
Pat	36 Jahre alt, aus Norddeutschland. Pat arbeitet als Callgirl.

Das Buch kommt «von innen» und bringt Informationen aus erster Hand über den Arbeitsplatz Prostitution, über Arbeits- und Lohnkämpfe und über Organisationsformen. Es ist eine Zusammenstellung von Gesprächen, aktuellen und historischen Berichten und provokativen Zwischenbemerkungen – ein Buch für alle Frauen, auch für diejenigen, die sich noch immer für «anständiger» halten. Und für Männer, denen es dazu verhelfen sollte, ihre eigene Position zu überdenken.

Pieke Biermann, geboren 1950, ist eine der fünf Frauen und lebt und arbeitet heute als Lektorin in Berlin. Sie veröffentlichte 1977 im Selbstverlag «Das Herz der Familie», ein Buch über unbezahlte Hausarbeit.

Pieke Biermann

«Wir sind Frauen wie andere auch!»

Prostituierte und ihre Kämpfe

rororo

Rowohlt

Umschlagentwurf Manfred Waller
(Foto der Umschlagvorderseite: AP; Foto der Autorin
auf der Rückseite: Vera Isler)
Veröffentlicht im Rowohlt Taschenbuch Verlag GmbH,
Reinbek bei Hamburg, Juli 1982

Gesamtherstellung Clausen & Bosse, Leck
Printed in Germany
680-ISBN 3 499 17645 9

Inhalt

Außer *Angie, Dörtie, Kitty, Monika* und *Pat* kommen zu Wort:

Frau B. (Arbeiterin), *Frau H.* (zeitweise in der Gastronomie tätig, der Mann ist Bauarbeiter), *Frau K.* (Putzfrau, deren Mann selten arbeiten geht) und *Frau S.* (vor der Heirat medizinisch-technische Assistentin, der Mann ist Professor und arbeitet an leitender Stelle in einem multinationalen Konzern). Es sind Frauen, die in *Sarah Haffners* Buch «Frauenhäuser. Gewalt in der Ehe und was Frauen dagegen tun» (Berlin 1978, Wagenbach) aussagen.

Moneta arbeitete zirka zehn Jahre lang auf dem Straßenstrich und als «Callgirl» in Italien, lebt heute als alleinerziehende Mutter in Deutschland, arbeitet tagsüber in einem Büro und ist dabei, sich eine Ausbildung zu organisieren, die ihr ein angenehmeres Leben ermöglicht. Die Zitate stammen aus einem Interview, das sie gemeinsam mit zwei Frauen gemacht hat, die nicht anschaffen. Sie schreibt selber an einem Buch über ihre Arbeit und über ihre Erfahrungen mit den Verständigungsschwierigkeiten zwischen Prostituierten und Nicht-Prostituierten.

F., aus Korsika, arbeitete zur Zeit ihres Berichts seit sechseinhalb Jahren als Prostituierte, davon fünf in Lyon. Sie war eine der Frauen, die 1975 den Generalstreik organisierten. Sie arbeitete in Bordellen, Eros-Centers, auf der Straße und im Auto in Frankreich, Belgien, Deutschland und Italien. Sie ist Mutter. Ihr Bericht steht – gemeinsam mit dem von fünf anderen Prostituierten – in *Une vie de putain,* herausgegeben von Claude Jaget im Verlag Les

Presses d'aujourd'hui, Paris 1975. Eine englische Ausgabe mit dem Titel *Prostitutes. Our Life* und mit einer Einleitung des English Collective of Prostitutes und einem Nachwort von Margo St. James erschien 1980 bei Falling Wall Press, Bristol.

Barbara gehört ebenfalls zu den Lyoner Prostituierten. Ihre Autobiographie erschien unter dem Titel *La partagée*, Paris 1977, Les Éditions de Minuit. Die deutsche Ausgabe erscheint im Herbst 1980 unter dem Titel *Die geteilte Frau* im Verlag Gudula Lorez in West-Berlin.

Ulla war Sprecherin der 150 Prostituierten, die bei dem Streik 1975 in Lyon die Kirche Saint-Nizier zehn Tage lang besetzt hielten.

Gisela Bock lebt und arbeitet als Historikerin in Berlin, schreibt an einem Buch über Sexismus und Rassismus im Nazi-Staat und hat die Kampagne Lohn für Hausarbeit in Deutschland mitbegründet.

Zu den Zitaten: Dieses Buch ist keine wissenschaftliche Abhandlung. Leute, die Zitate prüfen möchten, sollen ruhig die ganzen Bücher lesen, ich mußte das auch. Außerdem sind nur Bücher zitiert, die sich zu lesen lohnen.
Die Texte aus anderen Sprachen sind von mir übersetzt. Nicht gezeichnete Texte sind von mir.

Pieke Biermann

Ich liebe das Leben, den Regen, den Wind.
Ich liebe die Musik von Bach, Vivaldi.
Und Jean-Roger Caussimon, Brel,
Brassens, Gréco.
Ich liebe Kinder, meine Kinder.
Durch jede ihrer Gesten entdecke ich
das Leben.
Ich liebe meine Wohnung, ich koche gern
für meine Freunde.
Ich liebe es, einen ganzen Abend lang zu lesen.
Ich liebe Kino, Theater.
Ich liebe die Wärme meiner Freunde, ich liebe es,
Geschenke zu machen.
Ich liebe es, hübsch zu sein, so aus Spaß.
Ich liebe einen Mann.
Ich bin also eine Frau wie ihr?
Entschuldigen Sie: Ich bin nur eine Prostituierte.

Barbara

Vorwort

«Herrreinspaziert, meine Herrschaften, herreinspaziert! Hier werden Sie Augenzeugen eines bunten Geschehens, hier sehen Sie Personen, die Ihnen, wo immer Sie ihnen begegnen, kalte Schauer über den Rücken jagen. Hier hören Sie Stimmen aus der düsteren Region des Milieus, der Halbwelt, des Nachtlebens.
Aber hüten Sie sich. Es droht Gefahr für Leib und Leben. Halten Sie Ihre Hand fest auf Brieftasche und Portemonnaie, und meiden Sie die Berührung. Sie könnten sich infizieren mit den unappetitlichsten Lustseuchen.
Herrreinspaziert, meine Herrschaften. Hier haben Sie Gelegenheit, von Angesicht zu Angesicht dem Abschaum des weiblichen Geschlechts zu begegnen. Unser Spektakel ist nichts für Herrschaften mit schwachen Nerven und empfindsamen Gemütern. Hier blicken Sie in den tiefen Abgrund der Sünde. Hier sehen Sie, wie verworfene und verderbte Personen von durchtriebenen und hinterhältigen Subjekten zum lasterhaften Lebenswandel genötigt werden.
Schauen Sie genau hin, meine hochverehrten Damen! Solches Schicksal droht auch Ihnen, wenn Sie sich nicht Tag für Tag abrackern und Ihr Scherflein Mühsal zur Tugend beitragen, sondern nach eitel Hab und Gut trachten. Bleiben Sie also lieber arm, aber anständig!
Und Sie, meine geschätzten Herren, schauen auch Sie genau hin! Vielleicht befällt Sie bei der einen oder anderen Person die Neugier, eine selbstverständlich streng wissenschaftliche, dem humanitären Ansinnen verpflichtete Neugier. Vielleicht

möchten Sie manch eine gern genauer unter die Lupe nehmen. Bei ernsthaftem Interesse ist die Direktion unseres Hauses Ihnen jederzeit gern behilflich. Unsere Spezialität auf diesem Gebiet ist die Vivisektion. Scheuen Sie sich nicht, wir bieten den Herren diskret nützliche Anregungen für ihre Dompteurtätigkeit im trauten Heim.
Hochverehrtes Publikum, erinnern Sie sich jetzt bitte an alles, was Sie bisher gehört und gelesen haben über die exotischen Monstren, die wir Ihnen hier vorführen. Rufen Sie sich wissenschaftliche Studien, Polizeiberichte und die großen bunten Illustriertentraktate zur Aufklärung der Massen ins Gedächtnis, wenn gleich der Vorhang aufgeht! Die Personen, die Sie sehen und hören werden, besitzen nämlich die unerhörte Dreistigkeit zu behaupten, sie seien Frauen wie andere auch!
Geben Sie folglich acht auf den Großen Unterschied, auch wenn er heimtückisch verborgen werden soll! Erinnern Sie sich an alle Vorurteile, welche die Direktion unseres Hauses seit Jahrhunderten verbreitet. Sie werden sie brauchen, wollen Sie durch unser Spektakel nicht in Ihrem rechten Licht geblendet werden! Richten Sie Ihr Augenmerk auf die Gefahren, und hüten Sie sich vor Ansteckung. Unser Spektakel ist nichts für schlichte Gemüter, die etwa meinen, in der Horrorwelt, die Sie hier erleben, gehe es auch nicht anders zu als in ihren eigenen vier Wänden.
Herrreinspaziert, Herrschaften! Und lassen Sie sich noch folgendes gesagt sein: Wir sind ein weltweites Wanderunternehmen, wir übernehmen keinerlei Haftung und leisten keinerlei Schadensersatz für den Fall, daß sie den Boden unter den Füßen verlieren!
Herrreinspaziert, herreinspaziert!»

1

Viel ist geschrieben worden über Prostitution und Prostituierte. Viele Autoren haben sich in der Rolle eines solchen «Ausrufers» versucht und warnend den Zeigefinger erhoben, ohne zu bemerken, daß sie sich selber zu Angestellten der Direktion jenes Panoptikums machten. Die Direktion

ist mit ihrem Unternehmen so reich geworden, daß sie es sich heute erlauben kann, nicht nur einzelnen Ausrufern ein wohlanständiges Einkommen zu sichern, sondern ganze Systeme zur «Aufklärung» der Bevölkerung einzurichten und zu unterhalten. Sie führt Karteien über jene «Personen», die in irgendeiner Form «infiziert» sind. Sie bezahlt einen Generalstab von Leuten, die vierzehntäglich, wöchentlich (oder noch öfter) jene Personen kontrollieren, mit Kennkarten ausrüsten, abstempeln, abführen. Sie bezahlt Leute, die jene Personen «beraten» sollen, wie sie wieder auf den «rechten» Weg zurückfinden. Sie bezahlt Leute, die jene Personen in der einen oder anderen Form vergewaltigen, verprügeln, ausplündern, beleidigen, anstarren oder auf andere Art unmenschlich behandeln.
Die Autoren von Büchern über Prostituierte veranstalten immer dasselbe Spektakel: Sie zerren Personen ins Licht der Öffentlichkeit, die unter den gegebenen Umständen ihre guten Gründe haben, ein Geheimnis um sich herum zu schaffen. Und da die Autoren nie hinter das Geheimnis kommen, basteln sie neue Mythen: daß jene Personen lügen, daß sie die Fleischwerdung romantischer Verruchtheit, die leibhaftige Sünde oder die Schande überhaupt seien. Die betroffenen Personen werden bei lebendigem Leibe seziert. Oder in Abwesenheit. Denn sie entziehen sich dem Zugriff, streunen von Ort zu Ort und scheinen nicht interessiert an den Formen geregelter Lebensqualität.
Manche Autoren – Sozialwissenschaftler im weitesten Sinn – halten es mit der «wissenschaftlichen Beweisführung»: Sie kaprizieren sich auf ein Mysterienspiel, das sie vorlaut zum «ältesten Gewerbe der Welt» erklären, und begeben sich damit bereits jeder Klarheit. Prostitution in ihrer heutigen Form ist keineswegs älter als die «anständige», «richtige» Arbeit der Frau: die unentlohnte, die unsichtbare, die lautlose Hausarbeit. Erst seit rund zweihundert Jahren werden Frauen so auseinanderdividiert:
Die einen schaffen an – die andern schaffen umsonst.
Wer das übersieht, muß ebenso «streng wissenschaftlich» übersehen, wie sehr er der Direktion gefällig ist, die möglichst alles über Prostituierte in Erfahrung bringen will, um sie besser im Zaum zu halten. Sozialwissenschaftler sind

vor allem Arbeitswissenschaftler. Sie sind zuständig für die theoretische Untermauerung der Kontrolle über die Arbeit. Dafür werden sie bezahlt, beamtet und befördert.
Oder ... Aber dazu müßten sie alle Arbeit, die sie untersuchen, nach den Bedürfnissen derjenigen auseinandernehmen, die sie machen sollen und die nach allen Schlupflöchern suchen, um sich ihr zu entziehen. Zum Beispiel müßten sie zuallererst nach dem Verhältnis von Arbeit und Lohn fragen. Aber Geld stinkt. Genauso wie Prostituierte lügen ...
Andere Autoren halten es mit dem «menschlichen Blick». Aber ihr Blick auf Prostituierte ist verstellt vom Mitleid mit den «armen Opfern», denen «geholfen» gehört. Oft sind die Autoren Frauen. Oder es sind Männer, die nicht «frauenfeindlich» sein mögen. Auch sie sind blind geworden für die Realität. Hinter ihrem Mitleid versteckt sich eine aufdringliche pharisäerhafte Arroganz: Herrgott, was bin ich fein raus, daß es mir nicht so geht wie denen da! Welche Brutalität und welche Selbstgefälligkeit lauern hinter den Augen, die Prostituierte nur dann wahrnehmen, wenn sie sich in das Konzept der «Retter» einfügen lassen, wenn sie sich ausschlachten lassen für die schulterklopfenden Entwürfe eines Milieus durch Leute, die es nicht kennen, sondern es mit kribbelndem Schauder von außen anstarren! Auch solche Blicke durch eine desinfizierte Glaswand dienen letztlich der Kontrolle über die Arbeit: Mit dem falschen Bild verbreiten sie die Angst vor dem vermeintlich Fremden. Und sie münden regelmäßig in Drohgebärden gegenüber allen Frauen, die bewußt oder unbewußt, jedenfalls aber beharrlich unbezahlte Arbeit verweigern.
Viel ist geschrieben worden über Prostitution und Prostituierte. Sehr wenig ist geschrieben worden von Prostituierten. Oder von Frauen, die davon ausgehen, daß alle Frauen Prostitution kennen und daß die als Prostitution etikettierte Arbeit lediglich die Spitze des Eisbergs einer Erfahrung ist, die alle Frauen teilen. Noch ersetzen die falschen Bilder, die die Direktion durch ihre Ausrufer verbreiten läßt, die Anstrengung, genau hinzusehen: die Personen wirklich kennenzulernen, sich in ihnen wiederzuerkennen und ihre Erfahrungen in sich aufzunehmen; das

heißt, die gemeinsame Macht und die gemeinsame Ohnmacht zum Angelpunkt der Neugier zu machen.
Noch provozieren die falschen Bilder falsche Fragen, lassen die falschen Fragen neue falsche Bilder entstehen.

2

Es geht Prostituierten wie allen Frauen: Wir sind eingesperrt in vorgesteckte Rahmen, und die erste und hartnäkkigste Frage, die über Frauen gestellt wird, ist die nach dem Mann, (zu) dem wir gehören. Solange man eine «anständige» Frau vorstellt als «die Frau von ...», so lange nagelt man Prostituierte fest auf den Zuhälter, der sich zwangsläufig in ihrem Hintergrund zu befinden hat. Ohne Mann sind wir beide nichts. Irgend jemand muß uns doch ...
Nur mühsam bricht der Rahmen auseinander. Erst allmählich schiebt sich in die Wahrnehmung, daß sogar Frauen ein eigenes Profil haben, eine eigene Existenz ohne Herrn, eine eigene Bewegung. Die unverheirateten Mütter, die geschiedenen Frauen, die lesbischen Frauen mit ihren Aufständen haben Breschen geschlagen, durch die viele entkommen – das «Küchen- und Schlafzimmer-Gezänk» der Frauen, die (noch) nicht entkommen sind, hält die Breschen durchlässig. Aber noch immer wird von Frauen zuerst erwartet, daß wir unser Profil von einem Mann leihen, daß wir lediglich sein «Profil» widerspiegeln, nachdem wir es poliert haben. Folgerichtig wird das Fahndungsbild vom Zuhälter entworfen: da er keine prestigeträchtige, ehrenwerte Position vorweisen kann, ist er eben jemand, der *zynisch* ausbeutet, *rücksichtslos* zur Arbeit antreibt, der schlägt, tritt, tötet und im übrigen mit den Früchten der Arbeit seiner Frau(en) lediglich seinem egoistischen Potenzwahn frönt.
Aber beutet jemand, der nicht *zynisch* ausbeutet, deshalb weniger aus? Oder jemand, den man nicht *rücksichtslos* nennen würde? Und welcher Mann benutzt eigentlich *nicht* die Früchte unserer Arbeit zur Vergrößerung oder wenigstens zur Erhaltung seiner eigenen Macht? Wer ist eigent-

lich *nicht* Zuhälter? Ist Zuhälterei nur, wenn jemand den Frauen den Lohn, den sie angeschafft haben, wieder abnimmt, oder beginnt sie vielleicht schon da, wo verhindert wird, daß Frauen überhaupt Lohn erhalten für das, was sie schaffen? Ist Zuhälterei notwendig gebunden an ein «durchtriebenes und hinterhältiges Subjekt», oder wird sie nicht auch von Institutionen, Verhältnissen, Systemen betrieben? Sind nicht alle Formen des Staates – in der ersten, zweiten und dritten Welt, im Westen wie im Osten, im Norden wie im Süden – nach diesem Grundgesetz organisiert: Frauen schaffen vor allem gratis, Männer dagegen leisten Lohnarbeit? Und ist das nicht überhaupt das offene Geheimnis der Machtverhältnisse zwischen den Geschlechtern?

Wie soll der Ehemann genannt werden, der dank eines funktionierenden Familienlebens und Haushalts – wofür *seine* Frau geradesteht – gegenüber Kollegen und Chefs eine gute Figur und in seinem Beruf Karriere machen kann? Der sogar die Steuern für sich behält, die er spart, *weil* sie *seine* Frau ist? Der obendrein erwarten kann, daß sie *seine* Gäste bewirtet, *seine* Kinder versorgt und im übrigen *seine* Kreise nicht stört – um von der Gratissexualität ganz zu schweigen?

Wie nennen wir den Akademiker, dessen Studium von *seiner* Frau und deren Job mit Leichtlohn und doppelter Arbeit finanziert wurde?

Wie nennen wir die Gewalttätigkeit des ehrenwerten Herrn von nebenan, der *seine* Frau oder *seine* Freundin verprügelt, vergewaltigt, mit psychischen Mitteln demoralisiert – wenn sie nicht zu *seiner Verfügung* steht oder liegt?

Wie nennen wir den arrogant-mitleidigen Blick «anständiger Frauen» auf die «armen gefallenen Schwestern»? Wie nennen wir diese «Anständigkeit», durch die die «Unanständigkeit» der Prostituierten (und anderer, gleichfalls diskriminierter Frauen) am Leben erhalten wird? Diese «Anständigkeit», hinter der verborgen wird, wie «anständige» Frauen gegen die Zuhälterei im eigenen Nest anrennen.

Wie nennen wir die Kinder, die vom Geld der Mutter leben müssen, wenn kein Vater etwas nach Hause bringt? Die die Mutter zur Arbeit zwingen müssen, weil sie kein eigenes

Geld, also keine Chance haben, selbständig zu leben? Und die, wenn sie groß geworden sind, ihre Mutter wegen dieser Arbeit womöglich verächtlich machen.
Wie nennen wir Kranke, Alte, Leidende – alle die, die sich nicht selber helfen können und angewiesen sind auf die verständnisvolle Arbeit von Frauen, oft auch auf das von Frauen verdiente Geld?
Und wohin sortieren wir die Bekleidungs- und Kosmetikindustrie, die Hersteller von Champagner, die Immobilienbesitzer, alle die, deren Profite sowohl aus dem Geld von «anständigen Frauen» wie aus dem «schmutzigen Geld» von Prostituierten stammen und die nur deshalb so gute Geschäfte machen, weil wir alle ihre Erzeugnisse für unsere Arbeit benötigen?
Was haben wir zu halten von Sozialarbeitern, Sozialwissenschaftlern, Polizisten, Finanzbeamten, Amtsärzten, deren Aufmerksamkeit ständig darauf gerichtet ist, Prostituierten die Arbeit zu erschweren, das heißt, Frauen von ihrem Geld zu trennen, und den entsprechenden Druck auf sie auszuüben?
Wie ist das mit der Kirche, die bereits vor Jahrhunderten Abgaben von den «Frauenhäusern» bezog – als Bezahlung für Schutzleistungen – und die heutzutage überall da, wo Prostituierte Steuern zahlen, mitkassiert?
Und schließlich: Was ist der Staat, der Bußgelder kassiert, Steuern einzieht und Prostituierte in Gettos verbannt, in denen das Leben vor allem anderen auch noch empfindlich teurer ist?
Die französischen Prostituierten haben in ihrem Streik 1975 erklärt: «Der Staat ist der größte Zuhälter.» Diese Parole machte Schlagzeilen, verschwand aber auffallend schnell wieder von den Titelseiten. An ihre Stelle trat erneut die falsche Frage nach dem «richtigen Zuhälter». Es ging Prostituierten wieder einmal wie anderen Frauen. Dasselbe war Müttern passiert, die sich gegen den Schulstress ihrer Kinder organisierten, den sie zu Hause auszubaden haben, und die dabei entdeckten: Was uns behindert, unsere Arbeit schwermacht und kontrolliert, ist nicht «Mengenlehre» oder «Legasthenie», sondern der Staat, der Schulen und Bildungsdisziplin organisiert. Um nur ein Bei-

spiel zu nennen. Die letzten zehn Jahre Frauenbewegung sind eine Kette solcher Erfahrungen: Wir haben alle einen gemeinsamen «Chef» – und 1975 hat er einen Namen bekommen, in dem sich auch unsere Wut ausdrücken kann. Seit 1975 können wir benennen, was «Unterdrückung der Frau» bedeutet: das systematische Profitieren von unserer Arbeit, ob sie nun Prostitution heißt oder anders. Die Parole bringt diese Tatsache ebenso auf den Begriff wie unseren Kampf dagegen: Wir verhandeln über die Löhne für unsere verschiedenen Arbeiten mit demjenigen, der für uns alle organisiert, daß wir entweder gar nicht erst Löhne bekommen oder daß sie uns hinterher wieder weggenommen werden. Ob als Prostituierte, die gegen Bußgelder und hohe Lebenskosten kämpfen, ob als Mütter, die für die Nachhilfestunden, die sie ihren Kindern geben müssen, ebenso bezahlt werden wollen wie die von den Schulbehörden eingestellten Nachhilfelehrer oder die für freie Kindergärten kämpfen, ob als geschlagene Ehefrauen, die verlangen, daß der Staat ihnen einen Zufluchtsort zur Verfügung stellt, anstatt weiterhin per Gesetz und Ausführung die Gewalt in der Ehe zu schützen. Es ist ein und dieselbe Institution, die die Spaltungen zwischen uns Frauen organisiert und aufrechterhält, wir können aufhören, uns mit einzelnen «Kleinkriegen» zu bescheiden – *welch eine Chance für unsere gemeinsame Organisierung!* Und welch eine Chance, die Siege, die wir nicht nur in den letzten zehn Jahren errungen haben, in einen gemeinsamen Topf zu werfen, aus dem wir alle unsere nächsten Kämpfe finanzieren können.

Unsere Meutereien und Rebellionen haben eine gemeinsame Zielrichtung – wir sind also gar nicht so verschieden, wie man uns weismachen will. Wir sind lediglich so verschieden wie die Höhe der Löhne, die wir erobern konnten, und wie das Ausmaß der Verweigerung «unserer» Arbeit. Um weiterkämpfen zu können, brauchen wir mehr eigenes Geld für jede Frau. Daß wir soweit gekommen sind mit der «Frauenbewegung», wurde nicht zuletzt durch das relativ viele Geld von Prostituierten möglich: Viel Bewegung ist damit finanziert worden. Wenn die Prostituierten sagen, der Staat ist der größte Zuhälter, weil er unsere

Löhne beschneidet und unsere Arbeit zu kontrollieren versucht, dann heißt das auch: Die Frauenbewegung kann Prostituierte nur schützen, indem sie für die Löhne aller Frauen und die Freiheit der Wahl, eine Arbeit zu tun oder nicht zu tun, kämpft. Alles andere ist Zuhälterei und endet in der Arbeitsmoral, die alles Lebendige und alle Träume kastriert.

3

Viel ist geschrieben worden über Prostituierte. Sehr wenig ist geschrieben worden von denen, die an diesem Arbeitsplatz schaffen. Die Autoren sind alle befangen: die Männer, weil sie sich wie Zuhälter und Freier in einer Person gebärden müssen, wo sie Frauen untersuchen wollen. Es sei denn, sie wären bereit, grundsätzlich ihre eigene Funktion als Kontrolleure der Arbeit aller Frauen zu sabotieren. Aber Männer sind noch immer angewiesen auf unsere Arbeit, um ihre eigene tun zu können. Die Existenz einer Schwulenbewegung macht beides sichtbar: sowohl daß dies die Realität ist als auch daß es die Möglichkeit gibt, die Fessel zu zerreißen, die Männer und Frauen aneinanderketten soll – so werden Beziehungen zwischen den Geschlechtern vorstellbar, die nicht eingeebnet sind von gegenseitigem «Nötighaben», das heißt von gegenseitiger Kontrolle. Männer sind auch immer noch darauf angewiesen, aus unserer Arbeit Profit zu schlagen. Sie verdienen ihr Geld zum Beispiel mit Büchern und Filmen über Prostituierte. Zuhälter? Sie sehen sich Prostituierte aus der Nähe an, befragen sie – und schnitzen ihre Antworten für die eigenen Interessen zurecht. Freier?

Aber auch Frauen, die über Prostitution schreiben, sind befangen in der Ausbeutung – solange sie nicht ihre eigene Beziehung zur Prostitution veröffentlichen und das Damoklesschwert, das über ihrer Anständigkeit hin und her schwankt, von der Wand reißen. Mußten wir nicht alle Berufe, die inzwischen als anständig gelten, erst erobern gegen jene Moral, nach der Frauen in der Öffentlichkeit nichts zu suchen haben, weil sie dadurch verdorben werden? Seit wann haben Frauen Zugang zu welchen entlohn-

ten Arbeitsplätzen? Und welche Moral wollte uns daran hindern? Die letzten zweihundert Jahre Chronik der Frauenbewegung geben Auskunft über diese Erfahrung.
Wie viele «anständige Frauen» haben ihre Karriere mit dem schlechten Gewissen gemacht, eine «Nutte» zu sein, weil sie zur rechten Zeit mit einem (einflußreichen) Mann geschlafen haben? Selbst wenn sie ihn zu der Zeit wirklich liebten.
Wie viele Frauen, die heute an Universitäten, in den Medien und in anderen Macht-Institutionen arbeiten, sind dort(hin) aufgestiegen, weil sie sich an der richtigen Stelle doch glimpflich gegen «Nutten» abgrenzen konnten? Und wie viele müssen sich weiter abgrenzen, weil sie nicht verhindern können, daß sie auch im feinen sauberen Karrierejob noch als «Sexobjekt» in Dienst genommen werden?
Wie viele Ehefrauen kommen sich wie eine «Hure» vor, wenn sie eine Zeitlang nachgiebig und liebenswert sind und vielleicht den sexuellen Taktzeiten des Ehemannes nachkommen, obwohl es sie eigentlich ekelt, weil sie eine neue Waschmaschine brauchen und verhindern müssen, daß er sein Geld in ein neues Auto steckt?
Was ist mit den zahllosen Verkäuferinnen, Sekretärinnen, Fließbandarbeiterinnen, Journalistinnen, all den Angestellten, die zulassen, daß ihr Chef sich einbilden kann, sie flirteten mit ihm, weil es weniger Arbeit macht, wenn er ihnen wohlgesinnt ist?
Wohin sortieren wir die Attraktivität und das Auftreten der Präsidentengattin, der Diplomatengattin, der Industriellengattin, ohne die keine Repräsentation betrieben werden kann?
Welche Frau ist eigentlich keine Prostituierte? Warum soll die Bürde der «Unanständigkeit» allein auf den Frauen lasten, die als Prostituierte erfaßt und damit sozusagen staatlich anerkannt sind? Warum sollen nicht alle Frauen erklären dürfen, daß das Zusammensein mit Männern oft (auch?) Mittel zum Zweck war, ist und bleiben wird, solange die vom Geld bestimmten Machtverhältnisse zwischen den Geschlechtern weiter herrschen?
Ist es wirklich ein so großer Unterschied, Sexualität zu gestatten für Kost und Logis oder für bare Münze?

Allerdings. Es geht um nichts Geringeres als um die Abschaffung der Sklaverei. Seit gut zweihundert Jahren sind Frauen die Sklaven der Welt, einerlei welche Hautfarbe sie besitzen, einerlei ob «ihr» Mann ebenfalls Sklave ist oder Herr. Und Sklaven sind berüchtigt dafür, daß sie schwätzen, murren, sich drücken und Tricks erfinden, um zwischen sich und der Arbeit eine Trennungslinie zu ziehen. Der Kampf gegen die Sklaverei beginnt mit dem Kampf um Lohn – denn mit dem Lohn hört die Sklavenarbeit auf. Das ist, auf der ganzen Welt, die Erfahrung der Schwarzen Bewegung wie die der Frauenbewegung. Unsere Sklavenarbeit als Frauen hat heute einen Namen: Hausarbeit. Wir haben lange gebraucht, bis man(n) uns geglaubt hat, daß es Arbeit ist und nicht unser Vergnügen, unser Wesen, unsere Natur oder unsere Verrücktheit. Wir haben jeden Pfennig Geld, den wir uns verschaffen konnten, sofort umgesetzt, um das sichtbar oder vielmehr unübersehbar deutlich zu machen. Die Existenz von Prostituierten ist der augenfällige Beweis dessen, was Ehefrauen lange schon wissen und wogegen sie sich lange schon wehren: Diese Sexualität ist Arbeit. Der relativ hohe Lohn, den wir dafür bekommen können, belegt, *wie* bedeutsam diese Arbeit ist. Kein Zufall also, daß sie *so* umkämpft wird ...

Der Generalstreik der Prostituierten 1975 in Frankreich, aus dem der Titel dieses Buchs stammt, war ein Aufbruch und ein bedrohliches Signal für diejenigen, die sich diese Dienstleistungen erhalten wissen wollen. Da traten Frauen an die Öffentlichkeit und machten den Mund auf, die doch – um der Aufrechterhaltung der alten Machtverhältnisse willen – gerade weiter hätten schweigen sollen! Und diese Frauen sprachen auch noch darüber, was sie mit «anderen» Frauen verbündet und was ihnen wie allen anderen Frauen abgesprochen wird. Sie sprachen über ihre Kämpfe und Siege.

Ohne den Generalstreik der Prostituierten gäbe es vieles nicht – auch nicht dieses Buch. Damit es entstehen konnte, haben sich Frauen zusammengesetzt und ihre Erfahrungen mit der Arbeit Prostitution ausgetauscht: Wir haben miteinander gesprochen, um etwas zu veröffentlichen – über unsere Arbeit, unsere Kämpfe, unser Leben.

Wir *sind* Frauen wie andere auch: so unterschiedlich wie alle Frauen – und so gleich in unserer Situation, an eigenes Geld kommen zu müssen, wenn wir nicht abhängig und «mittellos» bleiben wollen. Die Frauen, die hier sprechen, kommen von überall her. Für einige von ihnen ist Prostitution der einzige, ständige Lohnarbeitsplatz. Andere steigen regelmäßig ein und aus und wieder ein. Einige sind ständig auf Reisen, andere haben sich in Berlin angesiedelt, andere sind von hier. Wir sind ein paar zufällige Frauen, die über Prostitution berichten können, weil wir sie aus eigener Erfahrung kennen, aber daß *wir uns* kennen, ist kein Zufall. Es ist eine Folge dieser Arbeit, die wir an verschiedenen Orten taten, tun und bei der wir uns wiedertreffen werden. Wir werden uns auch weiterhin austauschen, wir alle: Informationen gehen mit uns in andere Städte, andere Länder, an verschiedene Arbeitsplätze, zu verschiedenen Frauen. So wie andere Informationen zu uns zurückkommen oder auf uns warten, wenn wir irgendwo einsteigen.
Wir sind mobil wie unsere Informationen. Es ist die Mobilität, die uns der/den Lohn ermöglicht. Wir sind nicht nur fünf. Wo *diese* Gespräche stattfanden und wo weitere Treffen stattfinden, ist belanglos: irgendwo auf der Welt. Überall dort, von wo wir berichten können: «Das Geld ist da, wir sehen es täglich, und die einzige Möglichkeit, Prostitution abzuschaffen, ohne die Prostituierten zu liquidieren, ist *anständiger Lohn* für alle Arbeit aller Frauen.»

«Da rennste doch los!»

Auch ein Weg zum eigenen Geld

Kitty: Bei mir zu Hause, da gab's kein Geld. Ich bin im Heim aufgewachsen, ich hab gar kein Zuhause kennengelernt und bin aus dem Heim gekommen mit meinem ersten Kind zusammen und hatte praktisch von Anfang an ein knallhartes Leben. Ich kann wirklich nicht sagen, daß wir es sehr gut hatten.
Dörtie: Ich auch nicht. Bei uns war das so: Mein Vater ist gestorben, da war ich noch klein, und meine Mutter war von da an Rentnerin, Kriegerwitwe. Das ist ja noch ein bißchen besser als Witwe ohne Krieg. So hab ich ganz früh gelernt, das Geld vom Staat abzuholen – Sozialhilfe, Rente, Erziehungsbeihilfe, Kohlengeld, Kleidergeld und all so 'n Zeugs. Bei uns gab's also keinen Vater, und wir waren nur Mädchen, und meine Schwestern gingen irgendwie auch arbeiten, aber immer für ganz wenig Geld. Sie waren Tippsen. Erst ein paar Jahre in der Ausbildung, da hatten sie sowieso nichts und wohnten bei uns; später haben sie ein bißchen mehr verdient, so daß sie ihr eigenes Leben führen konnten. Und dann heirateten die! Da hab ich gedacht, nee, so einen Weg will ich nicht gehen! Heiraten und künftig Hausfrau und Mutter sein – irgendwie wollte ich mehr haben. Ich hab damals noch nicht gewußt, daß das ganz stark mit dem Geld zusammenhängt. Aber mir war klar, daß das Geld nicht unbedingt von einem Mann kommen muß. Da gab es so etwas wie einen «Ersatzvater», der hieß Staat: Da ging meine Mutter hin und holte die Sachen ab. War zwar wenig, aber immerhin.

Pat: Mein Vater ist abgehauen, gleich nach dem Krieg, und ich bin viel im Heim gewesen in meiner Kindheit, weil meine Mutter, die hat bei den Franzosen gearbeitet. Wir waren ja damals im Schwarzwald, französische Zone. Meine Mutter hat von meinem Vater kein Geld gekriegt, sie mußte es immer über den Anwalt einklagen.
Wir hatten manchmal ein Kindermädchen, die auf uns aufgepaßt hat, wir waren drei Schwestern. Meine Mutter hat ganz wenig verdient, aber sie hatte immer irgendwelche Verhältnisse. Das waren die Onkel. Und die haben Sachen mitgebracht. Oft waren es Franzosen, die haben Lebensmittel gebracht, Schokolade und lauter so tolle Sachen, damals. Ich nehme an, daß meine Mutter sich extra Freunde ausgesucht hat, die Geld hatten und Beziehungen und uns Kindern was bieten konnten. Trotzdem war alles knapp und eine ewige Rechnerei. Ich weiß noch, wie meine Mutter mal ihre Tasche mit dem ganzen Gehalt im Zug liegenlassen hat. Da haben wir alle vier, meine Schwestern und meine Mutter und ich, dagesessen und geheult.
Dörtie: Ich hab auch diese Rechnerei kennengelernt. Meine Mutter hatte das unheimlich perfektioniert. Wenn es wenig Geld gibt, mußt du dir überlegen, wie du das Geld am besten ausgibst, was du unbedingt brauchst und was du trotzdem gern hättest, auch für die Psyche, und dann mußt du dir das irgendwie absparen. Also, ich hab jedenfalls gelernt, mit Geld *rechnen* zu müssen, es hin und her zu schieben, diese paar Pfennige, die das nur waren. Und das finde ich so entwürdigend, dieses Gerechne!
Kitty: Ich kenne das eigentlich gar nicht, denn erst hatte ich überhaupt kein Geld. Und nachher hatte ich das Geld, und da hab ich es dann auch ausgegeben. Im Heim haste ja nichts gehabt. Die paar Sechser Taschengeld, die du da gekriegt hast, die konntest du ja echt vergessen!
Dörtie: Also, ich mußte mein Taschengeld noch ausgeben für meinen Wellensittich, für Futter und Sand und so ’n Zeug. Ich hab auch immer ganz wenig Taschengeld gehabt. Und das hat mich so krank gemacht, immer mit den paar Kreuzern rumzuschieben, statt irgendwie locker sagen zu können: «Ich will jetzt das und das haben. Also her damit!» Nee, da mußt du immer erst überlegen, kannst du dir das

überhaupt jetzt leisten, und muß nicht erst dieses oder jenes her ...? Das finde ich so zum Kotzen. Das finde ich das allerschlimmste am Geld, daß man, wenn man es nicht hat, immer rumrechnen muß.
Das macht so eine Arbeit! Deswegen hab ich auch irgendwann angefangen mit der Bar. In Hannover, während der Messe. Dann kommen unheimlich reiche Leute mit dicken Spesenkonten. Und gleichzeitig reisen von sonstwoher irrsinnig viele Mädels an – auch Luxusklasse! Sie kommen für die zehn Tage nach Hannover, mieten sich irgendwo ein und gehen arbeiten. Und die Bars florieren dann natürlich auch und stellen viele neue Mädels ein. Ich hatte das gehört. Ich war damals noch auf der Uni, und irgendeine Bekannte von mir hatte da mal nachts in so einer Bar gearbeitet, in so einem Oben-Ohne-Club mit Pornofilmen und so, gleich neben dem Steintorviertel, wo du als ordentliches Mädchen nie Zugang hast und immer einen großen Bogen drum machst. Aber ich war unheimlich neugierig, als ich das gehört habe. Ich hatte vorher tagsüber auf der Messe gearbeitet, übersetzt und Standhilfe gemacht, was das gleiche ist. Es ist wirklich das gleiche, bloß bumsen tust du *da* nicht. Aber der ganze Scheiß drumrum ist der gleiche und im Grunde noch viel schlimmer, denn dafür kriegst du unheimlich wenig Lohn – für die Prostitution, die da läuft. Es waren so 110 Mark am Tag, zehn Stunden Arbeit.
Und diese Bekannte von mir, die hatte mindestens 300 bis 400 Mark pro Nacht gemacht. Da hab ich ja solche Ohren gekriegt und gedacht: Na, kiek mal an! Die zehn Tage Messe, die kannste sowieso wegschmeißen, dann schmeiß ich sie doch lieber richtig weg und hab das Drei- oder Vierfache dafür.
Ich hab mich dann mit einer Freundin verabredet, weil wir beide kein Geld hatten. Sie wollte sich gerade von ihrem Mann trennen, nein, sie wollte unbedingt in Urlaub fahren, und er hat immer behauptet, er hätte kein Geld, und wollte nicht. Jedenfalls hatten sie Krach. Und dann haben wir das zusammen ausgeheckt. Sie hat in der Zeitung eine Anzeige gelesen: Sowieso-Bar sucht Serviererinnen oder Barfrauen oder so. Und dann hat sie da angerufen, und wir sind hingegangen, abends, und haben wunder was gedacht. Wir

hatten uns unheimlich toll angezogen und geschminkt und damit gerechnet, daß wir uns gleich vor dem Geschäftsführer nackt ausziehen müßten und daß er uns ankucken würde, ob wir auch schön genug sind. Meine Freundin hatte Skrupel: Sie hatte eine riesengroße Narbe über den halben Körper von einer Operation. Sie hatte Angst, daß sie deswegen nicht genommen würde. Dann sind wir also zusammen hingegangen, und das Ganze war eine Sache von fünf Minuten! Wir haben guten Tag gesagt und erzählt, wir wollten gern während der Messe arbeiten, und der Typ hat gesagt: «Na, is okay, aber wehe, ihr kommt dann nicht!» Und dann standen wir wieder draußen auf der Straße und haben unheimlich losgelacht, daß das so einfach war! Wir hatten aber trotzdem noch Schiß: Wir hatten gehört, daß alle Zuhälter, die es in Hannover gibt, angeblich immer durch die Bars ziehen und «Frischfleisch suchen». Das hatten uns ganz besonders nette «Genossen» erzählt. Und damals kannten wir weder Prostis, noch kannten wir Zuhälter. Wir hatten also 'n bißchen Schiß, daß die während der Messe vielleicht ein Auge auf uns werfen könnten. Und dann kamen uns die ganzen Bilder hoch, alles, was du so aus Zeitschriften weißt – dieser ganze Quatsch. Aber wir haben irgendwie gedacht, uns wird schon nichts passieren!
Kitty: Das war ja hier mal ganz schlimm gewesen. Augsburger Straße. Wie ich anfing.
Dörtie: Wie alt warst du da?
Kitty: Ich war achtzehn. Im Februar hab ich angefangen, und im Mai wurde ich dann neunzehn.
Dörtie: Und du hast immer auf der Straße angeschafft, wie jetzt, oder hast du noch was anderes gemacht?
Kitty: Nee, immer auf der Straße. Ich bin ja auch mit nem Schlagring rumgelaufen. Und ich war noch nicht neunzehn gewesen, da hab ich schon angefangen. Und weil wir im Dreh hier gewohnt haben, wußte ich ja, daß da die Mädels stehen. Aber ich habe mir nie träumen lassen, daß ich da auch mal stehe. Und dann hab ich mich an eine rangemacht, die saß im «Weißen Mohren», und hab sie gefragt, wie das nun hier so läuft, was ich machen müßte. Sagt sie: «Um Gottes willen! Bist du verrückt! Du kannst doch hier nicht so laut reden, du kriegst Ärger mit den anderen!» Ich

hatte doch keine Ahnung gehabt. Und dann hat ihr Freund zu mir gesagt: «Na, paß mal auf, dann werd ich dich mal mitnehmen und werd dir 'n Ring verpassen, und dann mußt du dich natürlich wehren!» Na, ich bin Spießruten gelaufen! Mir wollten sie die Haare abschneiden! Vorm Hotel! So schlimm war das damals gewesen. Und dann hab ich mich natürlich wirklich eisern durchgesetzt, und dann hab ich es auch geschafft. Gegen Mädels und Typen! Is ja klar. Wenn du jung bist, sind die hinter dir her wie die Geier. Und da hat der M. wirklich fürchterlich aufgepaßt, daß uns nichts passiert. Und wie ich dann das erste Geld verdient hatte – ick werd det nie vergessen! –, da komm ich aus dem Hotel, renn rein in die Kneipe: «Ich habe 50 Mark verdient!» Ganz laut. Hab ick beinah eine vorn Kopp gekriegt. Ich wußte gar nicht, was die wollten, ich hab mich doch bloß gefreut!

Vor- und Nachteile eines anerkannten Berufes

Olga C., 40 Jahre, Prostituierte in Varese, hat einen für alle Frauen bedeutsamen Prozeß gewonnen. Im Juli 1979 gestand ihr der Richter (im «besten Freieralter» von 59, wie die Zeitungen festhalten) Schadenersatz und den Ausgleich für ihren Lohnausfall zu, auf den sie nach einem Unfall im Auto eines Kunden geklagt hatte. Am 25. 10. 1975 war Olga zu ihrem Kunden ins Auto gestiegen, das Fahrzeug war gegen eine Leitplanke gerast, weil der Fahrer nicht richtig aufgepaßt hatte, und Olga wurde auf den Asphalt geschleudert. 50 Tage völlige, 20 Tage teilweise Arbeitsunfähigkeit, insgesamt 20 Tage Aufenthalt im Krankenhaus. Zwei Jahre später klagt Olga und verlangt pro Tag ca. 50 DM Ausfallentschädigung. Zwar drückt der Richter die Summe um die Hälfte, aber am Ende erhält Olga ca. 1700 DM zugesprochen, außerdem ca. 3000 DM Schadenersatz für die Körperverletzung und ca. 3000 DM Schmerzensgeld, «denn ein siebzigtägiger Arbeitsausfall ist für eine Prostituierte gegen Ende ihrer Laufbahn ein beträchtlicher Schaden». So der Richter. Abgesehen von dem Bargeld für Olga bedeutet dieses Urteil einen wichtigen Erfolg im Kampf von Prostituierten an ihrem Arbeits-

platz: Um dieses Urteil zu fällen, mußte der Richter eine Grundsatzentscheidung treffen. Prostitution ist auch nach dem italienischen Gesetz *nicht* kriminell. Prostitution ist statt dessen einzustufen als freiberufliche Tätigkeit und als solche den Gesetzen entsprechend *zu schützen.* Der Richter erklärte, er habe lediglich die Verfassung beachtet, die vorschreibt, daß alle Bürger vor dem Gesetz gleich sind ...
Kehrseite der Medaille: Selbstverständlich hat er die Höhe der Beträge und die Berechnungsgrundlagen sofort der zuständigen Finanzbehörde mitgeteilt, damit Vater Staat wenigstens mitkassieren kann.
Kommentar einiger Kolleginnen auf die Frage eines Reporters der Zeitung *La Stampa*, ob sie denn nun Steuern zahlen würden: «Entweder aufhören oder die Preise erhöhen ...» Solche Prozesse haben Prostituierte oft geführt. Näheres dazu ab S. 201.

Kitty: Hat jedenfalls ganz schön lange gedauert, bis ich das alles so gecheckt hatte. Nachher hab ich mich von dem M. losgemacht, weil mir das nicht gepaßt hat – ein Mann und zwei Frauen. Wir haben so ne richtige Ehe zu dritt geführt. Ich dachte, das geht aber nicht gut: Eine Nacht schläft der bei mir, die nächste Nacht wieder bei ihr, nee. Das hat mir nicht gefallen!
Dörtie: Aber kassiert hat er nicht?
Kitty: Doch, klar! Ich mußte alles abgeben. Ich bekam auch einen Pelzmantel. Bloß, ich hatte den noch nicht bezahlt, und weil ich ja dann ausgezogen bin, mußte ich auch den Mantel wieder abgeben ...
Das war mein erster Auftritt hier. War natürlich ziemlich hart.
Dörtie: Ich bin dann letzten Endes allein losgezogen, meine Bekannte hatte sich wieder mit ihrem Mann versöhnt.
Am ersten Abend bin ich also allein los. War natürlich 'ne Viertelstunde zu früh da und hab mich mit flauem Magen umgekuckt, und die Mädels waren alle ziemlich toll in Schuß, hatten Perücken dabei und unheimlich geschminkt. Da gab es so Kleider, die man anziehen mußte: oben ohne,

wie ne Schürze, aber ganz schmal oben, ein Band zwischen den Brüsten lang, Hintern frei, und ein großer Schlitz. Da hab ich gedacht: «Um Gottes willen! Wie soll ich mich denn damit hinsetzen?» Dann hörte ich, man könnte auch im Slip arbeiten. Das war mir lieber. Ist irgendwie hygienischer, wenn du da auf diesen Barhockern rumsitzt, wo jeder Kerl draufsitzt mit seinen Hosen. Wer weiß, wo der vorher gesessen hat!

Also hab ich im Slip gearbeitet. Die erste halbe Stunde, die erste Stunde war ganz flau. Die andern kannten sich alle aus. Da war, glaub ich, keine Neue außer mir an dem Abend, oder vielleicht waren manche neu in dem Laden, aber die kannten das Geschäft schon. Und ich hab mich dann auch irgendwie rangemacht an eine, bei der ich dachte, die kennt sich bestimmt gut aus, die kann mir alles mögliche erklären, und hab gefragt: «Sag mal, wie läuft 'n das hier, was muß ich 'n machen, was is 'n überhaupt los, mit dem Verdienen ...» Und dann hat die mich von oben bis unten angekuckt, unheimlich verächtlich, die hat bestimmt gedacht: «Was is 'n das für 'ne Olle!» Da bin ich ganz sicher, so richtig ihh! Und ich wurde immer kleiner. Und dann beim Umziehen hab ich auch gemerkt, daß die andern Mädels checkten, wie ich aussehe und ob ich 'ne Konkurrenz sein könnte, ob ich vielleicht zu dünn oder zu dick war oder schöner als sie und *keine* Falten hab und *keine* Zellulitis und dies und das ...

Da war mir schon unheimlich komisch zumute, aber ich hab gedacht, jetzt kuckste dir das an, entweder du hältst die Nacht durch, und dann machste weiter, oder du hältst nicht durch, und dann gehste und hörst gleich auf damit. Na ja, die wollten mir nichts sagen, die andern, die haben einfach gewartet, daß ich unheimlich auflaufe. Und ich hab immer die eine genervt, bin immer hinter der hergewackelt und hab gefragt: «Nun sag doch mal, was is 'n im Séparée, was mußt du denn da machen, und was brauchste nicht zu machen?» Und die hat mich immer angekichert und gesagt: «Na, wirste schon sehen!» Das hat so ungefähr ein, zwei Stunden gedauert, und dann hatte ich einen Gast, der mit mir ins Séparée wollte, und ich ging nun also das erste Mal ins Séparée! Du mußtest durch die ganze Kneipe laufen, nach oben, in eine zweite Bar, und da waren dann so kleine Kabüffchen, die «Séparées». Das wußte ich aber nicht, ich hatte die noch gar nicht gesehen, ich wußte nur, daß man irgendwo nach oben mußte. Und deinen Bottich mit der Flasche und dem Eis drin und den Servietten und so, das mußtest du alles selber schleppen, und dein Gast zockelte hinterher, wie so 'n Dackel. Und als ich meinen Bottich in der Hand hatte und den Gast im Schlepptau, da endlich hat die eine, hinter der ich immer hergerannt war, zu mir gesagt: «Paß mal auf, du *mußt* gar nichts machen, also: gebumst wird nicht! Da kannst du immer sagen, hinterm Vorhang stehen soundso viele Typen, Alter, wenn du Zicken machst, kriegst du eine aufs Maul!» Da war ich ja schon mal beruhigt! Und dann: «Was du machen *kannst* – du kannst dem einen runterholen mit der Hand, aber wehe, du machst das ohne Kohle!» Da hab ich bloß gedacht: Na, hallo! Hier bin ich doch richtig, ist ja wunderbar! Das lief auch ganz gut, war ein ganz netter Gast, kannte sich aus, hat nicht weiter Zicken gemacht. Und dann kam ich da raus – mit der Knete aus dem Séparée! Das war so toll!

Kitty: Is ja auch toll! Wenn du das erste Mal so ein paar Mark in der Hand hast, und vorher gar nichts, überhaupt nichts, na, Mann!!! Da flippste doch aus, da rennste doch los!

Dörtie: Ich kam mit grinsendem Gesicht zurück, und der Gast war weg, und ich hab die Flasche weggeschmissen und den Bottich wieder saubergemacht und bin erst mal aufs Klo gegangen und hab mich wieder geschminkt, mir die Hände gewaschen und kam dann so richtig strahlend wieder rein, und von da an hab ich immer mitgezählt: soundso viel hab ich schon ...

Pat: Klar, das erste Mal Geld in die Hand kriegen, das war geil! Das ist auch das Tolle jetzt, wo ich ja sozusagen selbständig bin. Ich hab früher tagsüber im Büro gearbeitet, als Sekretärin, und die Typen da, die hatte ich auch ewig am Hals. Und dann hab ich mal mit dem einen oder anderen außerhalb was gemacht, also das lief immer so mit Blumen und teuer essen gehen und dann bumsen, und dann haben die mir was geschenkt. Und irgendwie war mir das mit den Geschenken zu blöd, weil, das waren Sachen, mit denen

konnte ich manchmal gar nichts anfangen. Ich schwör's dir, lauter Armbänder, da weißte am Ende nicht mehr, wohin damit. Und ich hatte zum Schluß auch einfach zu viele Lampen bei mir rumhängen und stehen ...
(Gelächter)
Und dann hab ich mir gesagt, da muß irgendwie System rein, und hab mir bestimmte Sachen gewünscht, also den und den Pulli oder die Schuhe. Und dann hab ich das ausgebaut, ne Pelzjacke, nee, ne Lederjacke erst. Und so weiter.
Dörtie: Ich kenne eine Frau, die arbeitet in der Bar, und die hat sich dies Jahr vorgenommen: Zu Weihnachten muß endlich der Pelzmantel her, die arbeitet darauf hin, mit so nem Stammfreier, mit dem sie sich auch tagsüber noch trifft. Das finde ich zielstrebig!
Pat: Ja, so ging das bei mir auch. Irgendwie war der Übergang zum Geld dann nicht mehr so groß. Einer hat damit angefangen, ich sollte mir das selber holen, er hatte keine Zeit. Und den Schein in der Hand! War toll! Von da an hab ich auch bei den andern versucht, Geld zu kriegen und dann nicht mehr mit denen einkaufen zu gehen, sondern allein. Den ersten Schein hab ich noch, den hab ich jetzt über zehn Jahre. Den heb ich auf. Ich habe noch mehr aufgehoben; ich hab ganz oft das Geld gesammelt, schön glattgestrichen und in ein Mäppchen gelegt und immer wieder angekuckt. Ich glaub, wenn ich die Scheine nicht gehabt hätte, dann wär ich noch länger da im Büro geblieben. Aber so hab ich den Scheiß hingeschmissen, und zwar sollte ich irgendwann mal für ne andre Frau mitarbeiten, die war krank, und der Chef war zu geizig, ne Aushilfe einzustellen, aber auf Überstunden hab ich keinen Bock mehr gehabt.
Zu der Zeit lief das ganz gut mit meinen «Freunden», ich hatte ein bißchen Geld. Ich hab mir dann überlegt, ob ich auch so ne Anzeige in die Zeitung setzen soll, weil, irgendwie wollte ich das jetzt mal im großen Stil probieren. Ich war ja noch naiv, hab das in meiner Wohnung gemacht! Und einen Bammel hatte ich! Wie ich da gewartet hab, den ersten Tag, wo ich dachte, jetzt ist die Anzeige raus, jetzt kommt ein ganz widerlicher Typ, kann ja gar nicht anders

sein, 'n anderer hätte das doch gar nicht nötig. Oder ein Kerl, der mich gleich zusammenschlägt und mir die Kohle abnehmen will. Zuhälter, so was. Ich hatte ja keinen Schimmer.
Na ja, der erste Freier am Telefon war ganz verklemmt, aber der kam dann sogar. Sah aus wie einer, mit dem ich mal was hatte, war aus der Schweiz, weiß ich noch. Der hat natürlich gleich gemerkt, daß ich das ganz neu mache, ich hab nämlich erst mal mit ihm geschmust, weil, das kannte ich so von meinen «Freunden», und das machste eben nicht, wenn du lange im Geschäft bist. Na gut, war schon komisch, er hat mich dann massiert und dabei versucht, mich zu würgen. Da hab ich ihm gesagt, wenn er so was noch mal macht, kann er gleich wieder gehn, ich hol die Bullen. Wenn ich mir das jetzt überlege, könnte ich mich kranklachen! Die Bullen holen! Na ja, ich mußte das erst mal alles mitkriegen.
Ist ganz gut abgelaufen noch mit dem. Aber ich hab gemerkt, so ist mir das viel zu anstrengend, ich häng da nen ganzen Nachmittag dran, das muß anders laufen. Es gab im Büro mal ne Frau, von der haben die andern immer gemunkelt, sie würd noch anschaffen, die war auch nicht mehr da, im Büro. Die hab ich angerufen, und wir haben uns getroffen, und die hat irre tolle Klamotten angehabt – Mensch, war ich weg! Chefsekretärin ist sie, hat sie gesagt, und erst hab ich das geglaubt und hab um den heißen Brei rumgeredet, und dann sind wir auf die Chefs gekommen und auf 'n paar Typen, mit denen wir beide mal was zu tun hatten, und dann hab ich ihr was angedeutet. Hat mich irre was gekostet damals, davon was zu sagen! Und da is sie dann langsam damit rausgerückt, daß sie auch nicht im Büro arbeitet, und von der hab ich dann wirklich viele Informationen gekriegt.
Na ja, ich hab sie richtig ausgequetscht und gelöchert, und die hat mir mit ihren Tips geholfen. Die hat mir gesagt, ist einfacher am Anfang, wenn du das mit wem zusammen machst, dann kannste dich besser schützen, denn du weißt ja nie, wer dir da ins Haus schneit und so, und Preise gesagt und Sprüche, wie du die Freier da anmachst oder runterhältst, wenn sie frech werden. Solche Sachen.

Ich hab's trotzdem allein gemacht, ich sollte bei ihr mit einsteigen, aber ich hab gedacht, ich muß das selber schaffen, die lacht sich ja krank über mich. Na ja, hat ne Zeit gedauert, bis ich das alles drin hatte, die Sprüche und die Aufmachung und wie du den Freiern gegenübertrittst. Aber die Kohle hat gestimmt, und zwar satt.

Als erstes hab ich mir ne zweite Wohnung genommen, eine, wo ich nur gearbeitet hab.

Angie: Bei mir ist das ne lange Geschichte. Ich komme aus Jamaika, aber zur Schule gegangen bin ich in England. Meine Eltern waren schon vorher dahin gezogen, wegen dem Geld. Ich war noch länger zu Hause in Jamaika, weil, damals, ich meine, ums Geld brauchte ich mir noch keine Gedanken zu machen. Irgend jemand mußte dafür sorgen, als Kind ... Na ja, und in England ging ich dann zur Schule und machte ne Berufsausbildung –

Dörtie: Was denn?

Angie: Medizinisch-technische Assistentin. Chemie, Physik, ich weiß nicht, wie das hier heißt, mein Hauptgebiet war Histologie.

Aber das Geld war nicht gut.

(Gelächter)

Dörtie: Wieviel hast du denn verdient?

Angie: Ach, das waren so 2000 DM im Monat, aber netto blieben davon nur 1500 oder noch weniger. Ich hatte beschlossen, daß ich mehr Geld haben wollte, also hab ich mich umgekuckt. Als ich noch auf dem College war, kannte ich ein Mädchen, die arbeitete inzwischen in der Schweiz. Also bin ich auch mal in die Schweiz gefahren, blieb zwei Wochen mit ihr zusammen und saß die ganze Zeit jede Nacht im Cabaret rum. So fing das an. Sie sagte, red doch mit den Männern, dann kriegste Champagner ausgegeben. Aber das waren lauter Italiener, ich konnte mit denen überhaupt kein Wort reden! Einmal kam dann einer zu mir rüber und fing an, mich anzufassen. Da hab ich meine Freundin gerufen und die gefragt: «Was will der denn nun von mir?» Sie sagte: «Der will bestimmt mit dir ins Hotel gehen, dafür kriegste 500 Franken!» Aber ich wollte nicht, ich konnte das nicht. Ich war schon nervös genug und hatte Schiß, und dann auch noch in ein Hotel mit

nem Mann, nee! Striptease ankucken, das war okay, aber ins Hotel!
Dörtie: Du arbeitest nur in Deutschland?
Angie: Ich kannte ein paar Mädchen, die in Deutschland arbeiteten, und die haben mir gesagt, Deutschland ist okay, und in Österreich ist es so ähnlich, allerdings nur in ein paar Städten, da gibt's gutes Geld. Na ja, bin ich halt in Deutschland geblieben. Ich hab auch ein bißchen Deutsch gelernt, und wenn ich jetzt nach Holland oder sonstwohin gehen wollte, müßte ich wieder ganz von vorn anfangen mit der Sprache.
Dörtie: Und in der Schweiz?
Angie: Nee, da will ich nicht arbeiten, da bist du gezwungen, mit dem Gast ins Hotel zu gehen. Da kannste nicht nein sagen. Séparées gibt's da gar nicht, du kannst mit dem Freier die Bar verlassen und in dein Hotelzimmer gehen.
Danach kommst du dann wieder zurück in die Bar. Du kannst da 'n Schweinegeld verdienen, aber mir ist das zu hart. Ich find's schon in Deutschland schwer mit dem Séparée und diesen ganzen Männern, einer nach dem andern, weißte. Aber hier mußte nicht unbedingt. In der Schweiz, da mußte. Na ja, ich fuhr erst mal wieder nach London zurück. Aber tanzen wollte ich doch gern, das war okay, bloß in die Schweiz wollte ich nicht wieder, das kam mir zuviel vor, zu hart, die Arbeit da.
Ich bekam dann einen Agenten von einer Tänzerin empfohlen, die in Deutschland gearbeitet hat. Ich schickte Fotos von mir und schrieb ihm, ich würde schon seit Jahren tanzen. Ich hatte natürlich noch niemals getanzt! In einer Woche hab ich meine ganzen Musikbänder aufgenommen und meine Kostüme gemacht und alles. Und dann bin ich rübergefahren.
Als ich ankam, war der Chef verreist, und die haben mir da erzählt, der wollte überhaupt keine neuen Tänzerinnen. Da stand ich erst mal blöde da. Aber es war ganz gut, die hatten da Zimmer für die Mädchen, die kosteten nichts extra, und der Typ, der inzwischen den Laden geschmissen hat, hat zu mir gesagt, ich könnte da so lange bleiben, könnte auch ein bißchen arbeiten, mit den Gästen trinken

und so. Dann kam der Chef wieder, und der sagte mir, ich könnte bleiben, und bot mir einen Job als Tänzerin an. Also ging ich auf die Bühne. In der ersten Nacht war der Chef da, und der hat sich krankgelacht, dem sind die Tränen runtergelaufen, und hinterher hat er zu mir gesagt: «Ich hab noch nie so ne originelle Tänzerin gehabt!» Na, und in der nächsten Nacht hat er neun von seinen Bekannten mitgebracht, damit sie sich das auch ankucken, und die haben mir dann Champagner gekauft. Die wollten nie wieder ein anderes Mädchen, haben sie gesagt, «nur die da». So ging das 'ne ganze Weile.

Dörtie: So hast du angefangen zu tanzen?

Angie: Ja, ja. Ich bin immer ein paar Monate im Jahr auf den Kontinent gefahren und hab Geld verdient mit Tanzen, den Rest war ich im Labor in London, ganz ordentlich . . .

Pat: Ich glaub, wir fangen alle so an. Irgendwann, «einfach so». Du kriegst irgend nen Kick, oder du brauchst derart klemmend Geld, und dann holste dir eben die Tips. Ich kannte noch ein paar Frauen, bei denen war immer klar, die waren nicht ganz koscher. Also, ich hab nie mit denen darüber geredet, aber ich wußte da was, das ist mir auch wieder eingefallen, als ich angefangen hab. Da hatte das ja mit der G. schon so gut geklappt, weißte, die als Chefsekretärin ging, bis sie mir gesagt hat, was sie eigentlich macht. Wir sind ja auch dann befreundet gewesen, und Ferien machen wir meistens zusammen, wenn sie kann. Sie hat jetzt aufgehört vor fünf Jahren. Hat ne Boutique aufgemacht. Deswegen kann die nicht immer weg.

Angie: Das war wirklich komisch, wie ich anfing! Ich war ja ganz cool, ich konnte ja kein Wort Deutsch! Ich bin einfach rübergekommen, zu dem Agenten, die Reise kostete schon 120 DM, und wenn ich hätte zurückfliegen wollen, ich hätte keinen Pfennig gehabt! Ich hatte ungefähr 10 Mark in der Tasche und stand da auf dem Flughafen rum. In München. Dann hab ich mir einen Taxifahrer geschnappt und dem gesagt, er soll mich in die Stadt fahren zu der und der Adresse, da hätte ich Geld. Ich hatte natürlich kein Geld da, also erzählte ich ihm, mein Chef würde das bezahlen, er sollte einen Moment warten. Und der hat dann tatsächlich

bezahlt, der Agent, und hinterher hat er mir einen Job angeboten.
Das war gutes Geld, 165 Mark pro Nacht. War gut damals. Also mir kam das unheimlich viel Geld vor.
Dörtie: Wie lange mußt du arbeiten pro Nacht?
Angie: Sechs Stunden.
Dann ging ich in eine andere Stadt, da war ein ganz neuer Club, der Chef war auch ganz nett, 'n ganz guter Arbeitsplatz insgesamt. Aber da gab's eben Séparées, und ich hab dem Chef gesagt: «Nee, ins Séparée geh ich nicht!» Ich hatte in London gehört, was das ist, so kleine Zimmerchen mit Bett und so, weißte, und da wollte ich nicht reingehen. Der Chef hat mich angekuckt, als wenn ich bekloppt wäre, und gesagt: «Also, wenn du Geld machen willst, dann mußt du schon ins Séparée gehn!» Na, bin ich also gegangen, mit so einem Gast, Gott sei Dank war der ganz in Ordnung. Ich wollte ja nichts machen, nicht bumsen und so, und er hat nicht sein Geld zurückverlangt. Und das war gut, denn normalerweise wollen die dann ihr Geld zurückhaben und so, jedenfalls da.
Dörtie: In London willst du gar nicht arbeiten, also ich meine, tanzen?
Angie: Nee, nur in Deutschland oder in Österreich. Wegen dem Geld. In England kann man nichts verdienen. Aber in Deutschland, da ist mehr Geld, und in ein paar Clubs in Österreich. Also, da kriegste Prozente auf die Flasche, wenn du ins Séparée gehst, aber dann kannste dem Freier erzählen, also das, was er da bezahlt hat, das kriegt sowieso der Chef oder jedenfalls das allermeiste davon, und er soll dir noch was mehr geben. Die wissen das ja auch oft schon. Naja, dann haste also deine Prozente und die 150 Mark mehr, die dir der Freier selber gibt.
Dörtie: Das ist ja wirklich ne ziemliche Reise, von Jamaika nach England, und von da auf den Kontinent –
Angie: Na ja, hinterm Geld her, ich will Geld verdienen, und da hab ich mich eben umgehört und umgekuckt, wo sitzt das meiste Geld ... Ich mach den Job wegen dem Geld, das ist alles. Keine von uns macht den aus anderen Gründen.

Wer sich Gedanken über Prostitution machen will, die nicht dabei enden, daß Prostituierte entweder verkommen, schwachsinnig oder bemitleidenswert sind, der muß sich Gedanken über das machen, was «Sexualität» genannt wird. Was ist das eigentlich? Der Ort unserer heimlichsten Wünsche? Das Reich der Träume? Quelle des Glücks?

Für Frauen ist «Sexualität» wie «Liebe» zum allergrößten Teil eine Arbeit, die wir für andere leisten müssen und die uns selber nichts einbringt. Sexualität – das heißt: wir sind Energiequellen, wir werden verkonsumiert wie Batterien (und oft genug auch ebenso nach Verbrauch weggeworfen), wir sind dienstbar für die Spannkraft anderer. Das ist unsere Erfahrung, wir haben sie längst begriffen, noch ehe wir sie am eigenen Leibe erfahren müssen, denn unsere Mütter haben sie uns weitergegeben. Sie haben uns gewarnt vor unseren Träumen, vor unseren Wünschen, sie haben uns Skepsis gegenüber unserem kindlichen Willen nach Glück beigebracht. Sie mußten es, denn wenn man schon die Träume nicht weitergeben darf, dann ist man gezwungen, vor dem Zerbrechen der Träume zu warnen.

Sexualität ist eine weitere Form der Unterordnung, der Verfügbarkeit, der «Verniemandung».

Wir haben gelernt, nein zu sagen. Wir haben dafür verschiedene Sprachen und Stimmen entwickelt. Wir haben uns Migränen zugezogen, wir sind fett geworden oder dürr. Wir sind «reizlos» geworden oder zu «sexy». Wir haben unsere Schleier gelüftet oder sie uns so fest über dem Gesicht zusammengezogen, daß wir fast daran erstickt sind. Wir haben uns ekeln gelernt, obwohl es ein verdammt widerliches Gefühl ist, und wir haben gelernt, uns lustig zu machen, obwohl uns eher nach Heulen zumute ist.

Wir haben gelernt, was Mangel ist. Zum Beispiel diese Heterosexualität, die man uns andient als «die Sexualität», als ob sie die einzige wäre. Wir haben gelernt, daß sexuelle Beziehungen zu Frauen MÖGLICH sind, und wir haben

gelernt, sie Moment für Moment vom Schlamm der eingebleuten Heterosexualität zu befreien.
Wir haben gelernt, daß wir uns getrost und in aller Öffentlichkeit fragen dürfen, ob es so etwas wie Sexualität von Frauen überhaupt gibt oder ob wir sie vollkommen neu erfinden müssen, wenn wir endlich Zeit und Raum dafür haben. Wir haben jedenfalls gelernt, daß all das sehr viel mit Geld und mit weniger Arbeit zu tun hat.
Und wir haben gelernt, unserem Nein einen Schutzschild umzulegen, etwas, das dieses Nein unmißverständlich macht: Wir haben gelernt, Lohn zu verlangen, damit «Sexualität» – wenn schon nicht die Erfüllung unserer Träume vom Glück – wenigstens etwas einbringt, mit dem wir uns bewegen können. Eigenes Geld in der Hand von allen Frauen ist wie der Pfeil, mit dem wir die Grenzen überschreiten können. Oder überfliegen. Denn wer hier heute kein Geld hat, muß weiterarbeiten. Keine Zeit für Schöneres. Keine Zeit für Träume. Keine Zeit für Leben. Wer sich also Gedanken über Prostitution machen will, muß sich an die Tatsache gewöhnen, daß Prostituierte nicht nur anschaffen, weil sie «nicht anders können» – sondern auch, weil sie etwas anderes wollen. Mehr.

Monika: Hast du eigentlich Schwierigkeiten wegen deiner schwarzen Haut, Angie, oder verdienst du deswegen besser?
Angie: Also besser verdienen tu ich deswegen nicht.
Monika: Mir hat nämlich mal eine Frau erzählt, daß bei ihr in der Bar ein Mädchen aus Afrika gearbeitet hat, und die war so begehrt, daß die andern kein Wort mit ihr geredet haben, aus Neid oder was weiß ich.
Angie: Nee, so rum läuft das nicht. Ich denke, die wenigsten Männer nehmen lieber ne schwarze als ne weiße Frau.
Dörtie: Und selbst die, die das tun, die zahlen deswegen nicht unbedingt besser. Da gibt's nämlich vor allem diesen Rassismus, mit dem die denken: «Ach, ich kann's mir leisten, eine *schwarze* Nutte zu haben, wie exotisch!» und gleichzeitig überzeugt sind, daß die alles billiger macht. «Ne weiße Frau ist teuer, die ist an einen hohen Lebens-

standard gewöhnt, aber die Schwarzen, die kommen doch sowieso aus dem Busch, die wissen doch gar nicht, was Geld wert ist.» So spielen die eine gegen die andere aus. Oder versuchen es wenigstens.

Angie: Stimmt, und dann kommt noch dazu, die meisten Deutschen denken, ne schwarze Frau ist aufregender, und das wollen sie auch mal ... Das heißt, du sollst mehr arbeiten!

Dörtie: Und dann gibt's die alten Nazis, die kommen rein und brüllen: «Schmeißt die Nigger raus hier, wir sind hier in Deutschland!»

Angie: Ja, ja, die «kleinen Berufsrisiken» ... das ist in jedem Job dasselbe. Man muß schon wissen, wie man damit umgeht. Ich persönlich werde da ja gewalttätig. Ich bin schließlich da wegen der Arbeit und nicht, um mich beleidigen zu lassen!

Es wird langsam Zeit, daß Männer damit rausrücken, wie sehr ihre Handlungen und Entscheidungen davon geprägt sind, daß «ihre» Frauen an entscheidenden Stellen nein sagen! Eine sehr entscheidende Stelle ist «Sexualität» – ein sehr entscheidender Bereich von Männertaten ist Krieg.

Ich hörte oft von Frauen aus der Generation der tausendjährigen Armut, daß «ihre» Männer kaum erwarten konnten, an die Front zu kommen. Die Front – das war zwar Gehorsam, Entbehrung, mörderisches Geschehen, und möglicherweise war diese negative Erfahrung noch aus dem Ersten Weltkrieg in Erinnerung. Dennoch: die Front – hieß das nicht ganz unmittelbar, aus dem Haus zu kommen, raus aus der Enge von Familiengezänk, keifenden Ehefrauen, die «nicht wollen», und plärrenden Kindern, die «immer nur haben wollen»?

Die Front, das war doch erst mal die Aussicht auf «Kameradschaft», auf ein kerniges Leben «unter Männern», da wurde man noch gebraucht für eine gemeinsame «große Sache» (die die Familie längst nicht mehr war). Da waren Männer noch Männer.

Die Front, das waren Bordelle, in denen man die Zerstörungen aus dem täglichen schmutzigen Kriegshandwerk pflegen lassen konnte. Selbst wenn man Schlange stehen mußte vor provisorisch aufgerichteten Baracken und der Hintermann drängelte. Die Frauen dort jedenfalls konnten nicht nein sagen, sie waren dorthin «abgestellt» als «Ruhekissen des Kriegers», und zwar für Einheitspreise, die sich der «gemeine Soldat» leisten konnte.

Die Front, das war – zumindest solange «unsere Jungs» siegreich blieben – auch der unterworfene «Feind». Und erst recht die dazugehörigen Frauen. Hat irgend jemand Zweifel daran, daß auch deutsche Männer (mit und ohne Uniform) russische, polnische, tschechische, französische Frauen vergewaltigt haben?

Wenn ja, dann sollten solche Männer endlich den Mund aufmachen! Hat irgend jemand Zweifel daran, daß Jüdinnen, Zigeunerinnen, die sogenannten «rassisch minderwertigen» Frauen in Lagern und Gettos außer Hunger, Gefangenschaft, Zwangsarbeit und täglicher Todesgefahr auch noch Vergewaltigungen erlitten?

Wann endlich gibt der erste deutsche Mann, der erste kleine Mitläufer, Blockwart, Beamte öffentlich zu, daß er sich sexuell hat entschädigen lassen für die Heldentat, einer von KZ, Gefängnis oder Irrenanstalt bedrohten Frau zur Flucht verholfen zu haben? Wie viele deutsche Männer haben eine Jüdin geheiratet und – unbewußt? – davon profitiert, daß sie sich ihnen nur sehr schwer würde verweigern können, weil sie so tief in ihrer Schuld stand?

Böse Fragen zur «Sexualität»? Selbstverständlich! Warum sollten Frauen freundlich fragen? Und warum sollten Frauen auch noch die Antworten suchen? Wir haben keine Lust mehr, Männern die Arbeit abzunehmen!

Für uns Frauen ist «Sexualität» immer auch dieser Gewaltzusammenhang. Es wird höchste Zeit, daß die Männer selbst ihn zerreißen. Das «Tabu Sexualität» ist für uns schon lange keins mehr: Es sind die Machtverhältnisse zwischen den Geschlechtern, die in den rassistischen Machtverhältnissen ihre Entsprechung haben.

Dörtie: Wie ist das bei dir, Pat, gibt's bei euch auch verschiedene Nationalitäten, Hautfarben?
Pat: Ja, sicher. Vor allem jetzt. Jetzt kommen immer mehr Frauen aus Afrika, aus der Karibik. Manchmal sind es auch deutsche, Besatzungskinder – na ja, bin ich ja vielleicht auch, weiß man ja nicht so genau. Ich kenne zwei schwarze Frauen, die sind schon länger da, eine ist auch verheiratet, damit sie nicht rausfliegt hier. Die annoncieren auch, lieste ja jetzt auch oft in Anzeigen, früher waren es mehr Thailänderinnen, und seit ein paar Jahren sind es schwarze. Oh, und schön manche, erst hatte ich richtig den Neid! Die eine, die hatte Beine bis an den Hals ... Meine sind ja nicht so, nee.
(Gelächter)
Mit der einen will ich vielleicht zusammenmachen, bald. Wir haben uns das schon öfter überlegt, vielleicht kann man dann die Herren besonders freundlich zur Kasse bitten, eine ganz schwarz und eine blond ... Außerdem macht es mehr Spaß zu zweit, wenn du die Frau gern magst.
Dörtie: In der Bar hab ich mal zwei Mädchen kennengelernt, die kamen direkt aus der Karibik. Ich weiß nicht genau, woher. Sie sprachen beide eine Sprache, die ich nicht verstanden habe.
Angie: Französisch?
Dörtie: Das kann nicht Französisch gewesen sein, denn zur gleichen Zeit hat da auch 'ne schwarze Frau aus dem Senegal gearbeitet, die sprach fließend Französisch, aber die konnte sich mit den beiden auch nicht verständigen.
Angie: Das ist ganz oft so, schlimm!
Dörtie: Jedenfalls weiß ich noch, die sprachen kaum Englisch, kein Deutsch. Die waren rübergekommen, weil irgendwelche Typen sie angeblich rübergebracht hatten, so mit Touristenvisum und so. Dann durften sie ein paar Wochen bleiben, die Typen hatten die Jobs ausgemacht, und dann mußten sie wieder weg. Morgens wurden sie auch immer abgeholt.
Angie: Na ja, ich bleibe auch immer nur ein paar Monate, weil ich dann wieder zurück will, zu meiner kleinen Tochter. Die ist fast ein Jahr. Zweimal hab ich sie jetzt mitgebracht.

Monika: Als du gearbeitet hast?
Angie: Ja, sie wohnt dann bei mir oben mit in dem Zimmer. Das erste Mal hatte ich auch noch ein Mädchen dabei, die hat auf sie aufgepaßt. Ich habe ja auch gearbeitet, getanzt, bis zum vierten Monat!

Sexualität also als Arbeit von Frauen. Hausarbeit.
Hausarbeit nennen wir die Arbeit, die nicht entlohnt wird und deshalb nicht als Arbeit erkennbar ist. Die Arbeit, die immer anders genannt wird: Liebe, Natur, Wesen der Frau und ähnlicher Mysti-Pop.
Und sie findet durchaus nicht nur im Haus statt.
Es gibt Beispiele für Arbeit im Haus, die entlohnt wird: Dienstbotinnen. Und es gibt andere Beispiele für Hausarbeit, die aus dem Haus ausgelagert wurde – allerdings gegen Lohn. Es gibt außerhalb des Hauses, in den entlohnten Arbeitsplätzen von Frauen, außerdem Hausarbeit, die nicht entlohnt wird. Sie steckt also überall, diese verdammte und versteckte Ackerei. In unserer gesamten Existenz. Aber nicht mehr überall ist sie verborgen. Das heißt lohnlos.
Auch die «Sexualität», die eine Prostituierte liefert, ist Hausarbeit, aber sie ist nicht mehr Sklavenarbeit: Sie tut sie nur gegen Lohn.
Entlohnte Arbeitsplätze von Frauen – das ist das, was gewöhnlich «Frauenarbeit» genannt wird (mit dieser Einschränkung des Blickes vollzieht sich die Verleugnung, daß Frauen anderswo auch arbeiten) – sind vor allem «pflegerische» und «soziale» Jobs. Alle die, an denen unsere Mütterlichkeit zur Geltung zu kommen hat. Kindergärtnerinnen, Lehrerinnen, Krankenschwestern, Sekretärinnen, Ärztinnen wissen ein (Protest-)Lied davon zu singen. Unsere Mütterlichkeit ist das, was der Staat braucht, damit «seine» Arbeitskräfte heute und morgen funktionieren. Und die Gegenstände heil bleiben, die die Arbeitskräfte brauchen: Gebügelt, gewaschen, geputzt wird auch selten von Männern (sie würden sich weigern, derart mies bezahlte Jobs anzunehmen, recht haben sie!).
Prostituierte waren, bevor sie anfingen anzuschaffen,

merkwürdig oft in solchen «pflegerischen» Berufen tätig. Und sie bestehen, wenn sie das Wort bekommen, auch darauf, daß da ein Zusammenhang besteht: Diese Sorte Sex (und nicht nur die ...) ist eine ebenso «pflegerische Dienstleistung» – und sie bringt viel mehr ein. Wenn Sie mal von dem Film *«Alles hat hier seinen Preis»* (Regie: Petra Haffter, 1977, Chaos-Filmverleih Berlin) hören: sehen Sie ihn an! Es gibt dort unter anderem eine ehemalige Krankenschwester ...
Und dann stellen Sie sich vor, Prostituierte kämen auf die Idee, ihren Einzug in eine Gewerkschaft, beispielsweise für Öffentliche Dienste, Transport und Verkehr, zu organisieren, und zwar gemeinsam mit den immer noch unentlohnten Hausarbeiterinnen.
Schlafen Sie gut und denken Sie morgen darüber nach, warum Sie auf eine solche Idee so empört reagieren.
Und versuchen Sie lieber nicht, Ihre Ehefrau zu überreden, sich mit Ihnen dagegen zu verbünden, sonst müßten Sie sich vielleicht morgen die Socken selber waschen ...

Monika: Jetzt bin ich fünfunddreißig, aber ich glaube, seit ich zwanzig bin, habe ich immer wieder überlegt, daß ich gern in ner Bar arbeiten möchte, tanzen und so. Bloß, meine Eltern hatten so einen starken Einfluß auf mich, ich hatte nie den Mut, es zu machen, solange ich zu Hause gewohnt hab. Ich bin dann erst nach Heidelberg und später nach München gegangen, und die ganze Zeit hab ich mir vorgestellt, wie das wohl ist, wenn ich ne Prostituierte bin. Ich hab da immer drüber nachgedacht, irgendwie hat mich das fasziniert. Na ja, später war ich dann schwanger, dann hatte ich das Kind und war verheiratet, und so ging die Zeit mit Arbeit dahin ...
Mein Mann starb bei einem Unfall. Ich war Lehrerin, aber ich hatte keine große Lust zu dem Beruf. 1972 zog ich nach Berlin, und da fing das wieder an, daß ich daran dachte, irgendwie mit meinem Körper zu arbeiten. Dieses Studieren, dieses Rumsitzen auf dem Stuhl und Bücher lesen und für Examen pauken, das hat mich drauf gebracht: Ich fühl-

te mich so zerschnitten in Kopf und Körper. So geteilt. Ich hab mir immer überlegt, wieso ich so geteilt bin. Ich mag diese «normale» Arbeit meistens nicht, das ist so dämlich und langweilig. Ich stellte mir vor, mit meinem Körper zu arbeiten, das – also tanzen und mich bewegen, und damit kann man auch leichter Geld verdienen ... Ich weiß auch nicht, das hat mich dauernd beschäftigt, aber ich hab's erst lange nicht versucht. Ich dachte, das ist bloß mein sexuelles Problem.

Jetzt bin ich seit sechs Jahren mit nem Mann zusammen, und der ist der einzige, mit dem ich 'n Orgasmus habe. Mit anderen ging das nie, also dachte ich mir immer: Wenn ich sowieso keinen Orgasmus habe, wenn mir das nichts bringt, dann kann ich es auch für Geld machen.

Angie: Dann sind beide glücklich!

Dörtie: Das Sperma der Zukunft: Geld ...!

(Gelächter)

Pat: Alles ne Frage, wie man das Kind nennt. Vor ein paar Jahren, da hatten wir hier so eine Kneipe für Frauen, und da haben sich die lesbischen Frauen getroffen ... auch ein paar Männer. Und da kamen die Feministinnen dann rein mit ihren Flugblättern. War erst komisch. Aber war gar nicht so verkehrt, manches. Ich hab erst gedacht, nee, is nix für mich, bin ich zu alt für, die waren alle viel jünger. Aber manches fand ich gut. Und irgendwann fingen die mit Orgasmus an, Sexualität und so, da hab ich dann auch ganz neue Wörter gelernt, vaginaler Orgasmus – den durfte man nicht mehr haben, oder nee, den hatte man nicht, man hatte nen klitoralen ...

Konnt ich nicht viel mit anfangen, hatte ich irgendwie nichts mit zu tun, ich hab immer noch gelebt im Glauben, das mit dem Sex, das ist sowieso nix für mich. Aber ich hab dir ja gesagt, als wir schon mal darüber geredet haben, vielleicht ist mein Orgasmus 'n finanzieller Orgasmus!

(Gelächter)

Dörtie: Also nichts mit Samenbank. Wir gehen demnächst mit den Kontoauszügen ins Bett ...!

(Gelächter)

Zur Heterosexualität gehört, daß beide «auf den Punkt kommen». Jede Bewegung, Berührung, Entwicklung führt hin – zum Moment, in dem der Herr seinen Senf dazugeben kann. Und solange der Punkt nicht erreicht ist, wird alles andere null und nichtig. Eine Berührung darf nicht für sich allein stehen, jede Bewegung muß vereinnahmt werden können für das Ziel, die Entwicklung muß zu einem Ergebnis kommen. Ein Regelkreis von Vorspiel, Tragödie und Nachspiel, wenn's hoch kommt. Auch *dafür* haben Frauen gekämpft: daß wir nicht jemanden fünf Minuten über uns drüber steigen lassen müssen, der sich danach umdreht und einschläft. Auch *diese* Armut haben wir verweigert, so gut es ging.
Dabei ist der Punkt so lächerlich, aber das darf nicht ruchbar werden. Prostituierte wissen, dank massenhafter Erfahrung: Er ist durch ein paar lapidare Handgriffe herbeizuführen. Basta! Nichts Besonderes. Eine Technik, mehr oder weniger rüde. Gar kein Geheimnis. Prostituierte haben zur normalen männlichen «Sexualität» etwa so eine Beziehung wie Sekretärinnen zum Arbeitsbereich ihres Chefs: *Sie* kennen sich aus, wie die Sache funktioniert. Das heißt, beide kennen die Unfähigkeiten der Männer an ihrem Arbeitsplatz aus Erfahrung, und für die Männer ist es allemal besser, wenn die Ladies dichthalten ...
Es liegt also auf der Hand, daß vor allem die Herren ein ängstliches Interesse daran haben, daß die verschiedenen Damen nicht miteinander zu tratschen anfangen: Man muß sie spalten!
Stellen Sie sich vor, Ihre Lieblingsprostituierte erzählt Ihrer Ehefrau, und beide laufen dann kichernd und prustend zu Ihrer Sekretärin! Sie würden nie wieder das «kleine Fräuleinchen» hinter der Kasse Ihres Blumengeschäfts auf den Po klatschen, bei der Sie immer die Versöhnungssträuße für Ihre Ehefrau in Auftrag geben ...

Ich bin gegen Puffs. Ich sehe das so, daß da alles versteckt wird, nicht in die Öffentlichkeit kommt, und gleichzeitig jeder dort machen kann, was er will. Auf der Straße gibt es immer einen Kontakt, auch mit Hausfrauen und so. Dann passiert es auch, daß die miteinander reden, die Prostituierte und die Hausfrau. Die Hausfrau weiß nichts, aber die Prostituierte weiß viel von den Hausfrauen, weil deren Männer ja zu ihr kommen. Sie weiß genau, was der Ehemann über die Ehefrau denkt und wo's hapert. Wenn du dann einen guten Kontakt zu der Hausfrau hast, stellst du fest, daß sie ihren Mann auch manchmal haßt, und es kommen so komplexe Sachen raus. Moneta

Monika: Also dann hab ich's doch mal probiert. Ich hatte erst Schiß vor dem Trinken und dem vielen Rauchen, dem Reden mit Leuten, die ich gar nicht kenne. Aber ich hab's probiert. Einmal, als mein Freund nicht da war. Ich hatte so oft in der Zeitung die Anzeigen gelesen: «Sowieso-Bar sucht Barfrauen». Ich hatte vorher schon ein paarmal angerufen, war aber nie hingegangen. Und dann endlich bin ich mal in so nen Club gegangen. Ich war ja auch neugierig auf die ganze Situation, mit den Pornofilmen und den nackten Mädchen und so, ich wollte das alles mal beobachten. Ich sollte zuerst hinter der Theke arbeiten, also nicht animieren. Als ich sah, daß der Kellner mir immer die Sektflaschen brachte, und ich sollte die leerer machen, da hab ich gedacht: Na, ist ja gar nicht so schlimm mit dem Trinken, die Mädchen brauchen gar nicht immer alles auszutrinken, und der Kellner hilft ihnen sogar dabei.
Eines Nachts, ich war immer angezogen, hatte ich auch 'n Gast, und der wollte mit mir nach oben gehen. Es gab da Zimmer, das war 'n Club, keine Bar. Ich wußte nicht, was ich machen sollte, ob ich mit dem gehen sollte, oder was. Irgendwie endete es damit, daß eins von den Mädchen mit meinem Gast ging, der bezahlte, und ich mit dem Kellner, der stand auf mich.

Bei der zweiten oder dritten Flasche im Séparée sollen schon mehrere Kolleginnen unbedingt eine Sektdusche gewünscht haben. Das geht so: «Hach, Heinz, mir ist so warm, ich brauch was Kühles ...» – Sie nimmt die Flasche, schüttelt sie kräftig durch und hält sie in die Gegend ... Mindestens zwei Drittel des Inhalts gehen dann nicht mehr durch ihren Magen, sondern in den Teppich des Séparées.

Dörtie: Wie – hat der auch bezahlt?
Monika: Nee, natürlich nicht ... Die haben alle erzählt, ich dürfte ja sowieso nicht, ich wär ja hinter der Bar, ich dürfte nicht auf Zimmer und so.
War irgendwie komisch, aber ich hab mir dann gedacht, na, ich mach's mal mit. Ich war ja insgesamt auch nur drei Tage da. Dann kam mein Freund wieder, und ich hab's ihm erzählt, und er hat sofort gesagt: «Du gehst da nicht mehr hin! Aus! Lieber bezahl ich dich!»
Dörtie: Na, hallo! Was wollte er denn anlegen?
Monika: Dreihundert Mark, hat er gesagt. Hat er aber nie gemacht! Na ja, so war das. War also kein Job für mich. Ich mußte dann auch noch 'n Examen machen, war ne ganz schwierige Situation, ich hatte kein Geld und mußte trotzdem büffeln. Irgendwann hab ich dann in der Zeitung ne Anzeige von ner Peep-Show gelesen, und da hab ich mir gedacht, das wär vielleicht das Richtige für mich jetzt. Da kriegste Geld, brauchst aber nicht zu schlafen mit den Männern und nicht zu trinken, nicht mal reden.
Pat: Also, ich will ja nicht sagen, daß ich überhaupt nie Spaß gehabt habe am Sex. Ich hatte es ziemlich leicht mit dem, was die Männer so erwartet haben, und ich hab mir früher nicht groß Gedanken gemacht. Das gehörte für mich dazu, im Büro, was Eigenes war das nicht.
Erst viel später hatte ich ne richtige Krise. Da hatte ich ein paar Jahre schon das Zimmer, und da ist mir die Decke auf den Kopf gefallen, da hab ich mich gefragt, ob ich eigentlich ganz normal bin oder so. Ich hab dann ein paar Monate

aufgehört, wollte alles hinschmeißen, wieder normal werden, kleine Tippse, oder was weiß ich. Und dann war ich ne Zeitlang bei meiner Schwester zu Besuch, da hatte die gerade den Krach mit ihrem Mann, wo die sich dann scheiden lassen haben, war ganz schlimm. Die hat sich bei mir ausgeheult, und da hab ich dann auch ne ganze Latte erfahren, wie das bei denen so ging und daß meine Schwester auch nicht immer Lust hatte, das heißt überhaupt keine eigentlich. Ich hab ihr nix von mir erzählt, ich sag ja niemand aus der Familie was. Aber ich hab das alles dann ein bißchen anders gesehen. Ich glaube, vor allen Dingen eine Sache hat mich wieder hochgebracht, ich hab mir gedacht, das ist doch irgendwie nicht so stressig, mit ein paar Männern, die dann wieder gehen und die vor allem was dalassen. Und selbst das ganze Drumrum, die Aufmache, das Gespiele, ich meine, das ist schon Stress, aber irgendwann ist es vorbei, wie im Theater, Tür zu, aus! Obwohl ich manchmal noch davon träume nachts, was mir einer erzählt hat, seine Probleme, manchmal trag ich die richtig mit mir weiter rum. Wenn der längst sonstwo ist! Und dann rede ich in Gedanken weiter mit dem, ganz schön komisch!
Dörtie: Das ist mir auch so gegangen, ich hab einmal, als ich früher gegangen bin aus dem Laden, weil ich stockbesoffen war, mit meinem besoffenen Kopp im Traum immer weiter verdient, als wenn ich den Rest der Nacht noch vollmachen müßte! Das ist ganz schön zweischneidig: Bei der üblichen Bararbeit bist du zwar geschützter als auf der Straße, aber du mußt an einer anderen Stelle mehr ackern. Die Gäste, die in eine Bar kommen, kommen zum Teil extra in eine Bar, die gehen nicht auf den Strich. Bar – das ist irgendwie feiner. Da ist es nicht so «brutal»: «So, wir gehen mal eben einen einschieben, und dann herrscht Ruhe!» Die wollen was anderes. Auf dem Strich, da wird eben auch vorher gelöhnt, die Regeln sind da klar.
Kitty: Sicher!
Dörtie: Was dich auch mehr schützt. Da wird vorher gelöhnt, und dann herrscht *deine* Ruhe! Während in der Bar die Gäste sich manchmal so ein Image von unheimlicher Großzügigkeit geben und Kohle haben, aber du mußt dann wirklich sehen, wie du da rankommst. Manchmal ist es

wirklich ungeschickter, bei denen vorher zu kassieren. So was mußt du immer auschecken. Das ist manchmal wahnsinnig anstrengend, ob der das auch wahr macht, was du ausgehandelt hast, oder ob er dich verarscht …
Pat: Eins ist bei mir klar, und das ist, glaub ich, anders als in ner Bar. Es wird immer vorher gelöhnt, da gibt's gar nix, vorher is nix! Das wissen die auch.
Dörtie: … und lieb dabei bleiben. Scheiße! Denn, was willste von den Männern da, wenn nicht deren Geld? Das hat mich manchmal krank gemacht, wenn du die halbe Nacht rumsitzt, vier Stunden, fünf Stunden, immer noch nur fürs Fixum. Und dann kommt endlich mal einer rein, und sofort stürzen sich die ersten wie die Hyänen drauf.
Wenn du nackt arbeitest, kriegste 70 Mark Fixum, und wenn du angezogen arbeitest, sind es 40 Mark. Und wenn du die sechs Tage durcharbeitest, dann kriegste am Anfang der Woche 60 Mark Prämie. Also eigentlich ist das Fixum 80 und 50 Mark …

Inzwischen erhöht:
In Berlin gibt's kaum noch 'ne Bar, die für Nacktarbeiten unter 100 DM Fixum bietet!!!
Weitersagen!!!

… aber die haben da 'ne Bremse eingebaut seit neuestem: Wenn du nicht regelmäßig kommst, sondern immer mal fehlst, dann kriegste eben 10 Mark weniger pro Nacht. Das ist ein Anreiz, damit die Frauen regelmäßig ackern gehen. Das versteh ich. Das machen auch ein paar. Aber eigentlich hält es niemand ganz durch. Alle paar Wochen mußt du es dir leisten, mal einen Tag nicht hinzugehen. Dann kriegste aber 60 DM weniger pro Woche. Das ist dann natürlich unheimlich beschissen.
Kitty: Da ist es ja bei uns wieder besser. Aber is auch ein Glücksspiel. Siehste ja: heute 60 Mark, Freitagnacht von eins bis frühmorgens um halb fünf hab ich verdient – 80 Mark! Das is knallhart! Dafür stehst du nun auf der Straße! Das ist ein Witz! Du kannst aber auch 500 machen und 300.

Freitag ist überhaupt die einzige Nacht, wo ich mal draußen bin. Aber es ist nichts los gewesen. Dann kannste gehen. Ich mach mich doch nicht verrückt! Ich sag mir, den nächsten Tag wird es besser.
Dörtie: Habt ihr mal ausgerechnet, was ihr im Monat oder am Tag für 'n Schnitt habt?
Kitty: Ja, an und für sich hab ich im Schnitt am Tag 250, das wenigste. Da rechne ich jetzt auch die schlechten Tage mit, weil ich ja dann auch wieder Tage habe mit vier Scheinen, mit drei ... Dann gleicht sich das ja immer aus.
Dörtie: In der Bar kannste, glaub ich, nicht mehr verdienen als fünf, sechs, sieben Mille im Monat, bei fünf bis sechs Tagen Arbeit in der Woche. Sind auch so 200 bis 250 am Tag. Also, darüber kommste nicht.
Kitty: Draußen würdest du da vielleicht drüber kommen. Bloß, dann mußt du länger stehen.
Angie: Mit Gage und allem? Also, wenn es eine gute Nacht ist, dann hab ich so 400 bis 500 Mark.
Pat: Ich arbeite seit zwei Jahren vier Tage in der Woche, mehr nicht, damit fängt's schon mal an. Ich brauch mein Wochenende, kommt von meinem Bürojob, irgendwie muß das Wochenende frei sein. Das muß ich einfach für mich haben. Und meistens hab ich zwei bis vier Freier am Tag, das heißt, das kommt jetzt drauf an, wer das ist, ich meine, Stammkunden sind sie fast alle, oder die meisten, aber die haben ja auch verschiedene Programme. Also, zweihundert Mark habe ich mindestens, und eben mehr. Muß das Finanzamt auch nicht wissen. Ist jedenfalls mein Geld, da nimmt keiner dran teil, aber ich hab auch hohe Kosten –
Angie: Ich muß davon noch meinen Agenten bezahlen, der mich in die Clubs vermittelt. Der kriegt zehn Prozent von der Gage. Nur von der Gage, nicht von dem, was ich sonst noch verdiene, natürlich. Das weiß ja keiner. Und dann muß ich ja auch das Zimmer bezahlen. Normalerweise 200 Mark für ein Einzelzimmer und 400 Mark für ein Doppelzimmer. Aber ich mußte auch schon mal 700 Mark blechen! Die Zimmer vermietet der Chef, der holt sich richtig einen Teil von dem Geld wieder rein, was ich in seinem Laden verdiene!

Also, mit dem Tanzen allein sind es 4900 Mark im Monat. Das ist die Gage. Und dann kommt's drauf an: Wenn es ein guter Laden ist, dann kann ich noch mal 3000 bis 4000 Mark machen. In einer Bar bin ich mal auf 10000 gekommen.
Monika: 10000! Das verdient ein Manager.
Dörtie: Pressechef in einem Konzern reicht schon, die haben auch so zehn-, zwölftausend.

Bei Geschäftsführern und Vorstandsmitgliedern ist die Einkommensklasse zwischen 120000 und 140000 Mark am stärksten besetzt. Die gesamte Spanne ist allerdings wesentlich größer: Zwei Prozent verdienen noch unter 60000 Mark, acht Prozent über 300000 Mark im Jahr.
Der allgemeine Kenntnisstand über die Vergütung von Topmanagern wird stark von den veröffentlichten Einkommen der Vorstände großer Konzerne geprägt. Durchschnittliche Pro-Kopf-Bezüge, ausgewiesen im Geschäftsbericht des Jahres 1978, in Höhe von 796100 Mark für die Vorstandsmitglieder der Deutschen Bank ...
DIE ZEIT Nr. 5/1980

Angie: Also 10000 ist für 'n Mann nicht so reichlich!
Monika: Ob der dafür auch soviel arbeiten muß?
Dörtie: Nee! Der arbeitet viel weniger, da bin ich ganz sicher, das sind unsere Freier! Die erzählen mir, wie die ihr Geld machen. Du, da träumste von als Frau!
Angie: Allerdings!
Dörtie: Die haben ihre Sekretärin, die haben ihre Hausfrau, die haben ihre Putzfrau, die haben alle möglichen Frauen um sich rum! Kann mir doch keiner erzählen, daß die Männer soviel arbeiten. Und dann machen sie noch ein Riesenspektakel, wenn sie mal was zu Hause machen sollen, das Kind aus dem Kindergarten holen oder so was.
Angie: Und die haben die Kohle und kommen damit zum Beispiel in die Bar, bloß damit sie ihre Verklemmtheit loswerden!

Viele Freier von mir waren aus der Wirtschaft und so, wenn die öffentlich geredet haben, haben die immer gegen die Prostituierten gewettert und sie abgetan. Die kamen dann am Ende zu mir, waren meine Kunden. Ich hab das damals nie verstanden. Ich könnte einfach da mal hingehen und sagen: «Moment mal, ich bin eine Hure, und du kommst zu mir!» Der könnte nichts mehr sagen, so würde der sich schämen!
Du kannst das auch gar nicht an kapitalistisch oder kommunistisch festmachen, weil da auch nur die Männer regieren. Im Privatleben von denen sieht es genauso aus. In Rußland gibt es einen Haufen Prostitution, nur fürs Essen, für ein Kilo Fleisch mehr. Für die Frau ist Prostitution das einzige Mittel, schnell an viel Geld zu kommen.
Moneta

Dörtie: Und wir haben die Kohle nicht und wollen sie haben!
Pat: Die Freier mit der großen Kohle sind auch komisch oft, so was von staksig und verklemmt! Am Anfang hab ich mich fast für die geschämt, aber inzwischen lach ich mich manchmal krank insgeheim, wenn die auf mir rumrobben und dann ihre ganz geile Nummer auspacken! Muß ich mich richtig bremsen, damit ich nicht loslache.
Dörtie: Da kannste mal sehen, wie das mit der Arbeit ist: *Wir* haben die Arbeit mit dem Sex, während der sich hinsetzt und sich Vergnügen kaufen kann.
Angie: Ich hätte sowieso am liebsten, die geben uns das gleich und gehen wieder!

Wieso eigentlich wird Geld in dem Moment schmutzig, wenn es von der Tasche des sauberen Freiers in die der Prostituierten überwechselt? Etwa wegen der verschmutzten Luft, durch die es dann einen Augenblick lang schwebt?

Pat: Also weißt du, die haben ja manchmal wirklich unverschämte Mengen Kohle! Am Anfang hat mich das wahnsinnig neidisch gemacht. Ich hab immer gedacht: wieso die und ich nicht! Die konnten ja auch noch alles mögliche absetzen von ihrer komischen Steuer, wenn die mich zum Essen eingeladen haben, also *die* haben das jedenfalls nicht bezahlt! Jetzt macht mir das nix mehr, jetzt denk ich manchmal, von mir aus könnten sie das Geld gleich unten in den Briefkasten stecken, dann brauchen sie auch die Treppen nicht steigen ...
Kitty: Ich mag auch am liebsten welche, die schnell machen, die sind nicht so anstrengend. Auf der Straße macht's meistens die Menge. Ich meine, das kannste mit dem Geld ja auch so sehen. Es dauert ja keine drei Minuten, wenn du es richtig siehst. Wenn das einigermaßen läuft, hast du in einer Stunde auch deinen Hunderter. In normalen Zeiten, nicht so wie jetzt in der Urlaubszeit. Da mußt du echt strampeln. Und die Ausdauer hab ich leider Gottes im Moment gar nicht so. Wenn ich merke, es läuft nicht, dann geh ich nach Hause. Bringt mir ja nichts. Ich hab zu Hause noch genug zu tun.
Dörtie: Siehst du, und das zum Beispiel kannst du in der Bar nicht. Da muß ich acht Stunden bleiben.
Kitty: Deshalb kann ich da nicht arbeiten. Ich kann auch nicht in nen Puff gehen und da meine zig Stunden absitzen. Ich muß frei sein. Wenn ich sag, ich hab die Schnauze voll, ich geh nach Hause, dann muß ich gehen können. Ich will auch nicht trinken. Ich will zu nichts gezwungen werden. Das mag ich einfach nicht. Und das kann man sich auf der Straße gut einteilen.
Pat: Also, ich teil mir das so ein, daß ich mindestens zwei Freier hab am Tag. So ein Tag, wo gar nix läuft, das macht keinen Spaß. Da fängste plötzlich an mit so Quatsch wie: Ich bin wohl doch langsam zu alt fürs Geschäft oder zu blöd, oder was weiß ich. Für 'n Hunni den ganzen Tag rumsitzen, das schafft dich, das is ja weniger, als wenn du als Tippse irgendwo zeitmäßig was machst! Da kommste dir vor wie – ganz klein und mickrig.
Dörtie: Kommt auch nicht gut, wenn du mit dem Fixum nach Hause gehst. Das is ein Stundenlohn! Zum Heulen!

Und dann diese ganzen letzten Wochen im Juli und Anfang August – da ist ja Totentanz!
Kitty: Urlaubszeit. Macht sich immer bemerkbar, bei uns ja auch.
Dörtie: Und das hat dann auch seine Wirkung, wenn du ein paar Nächte hintereinander nicht gut verdient hast. Dann gehste ja wirklich verbissen wieder hin! Weil du selbst *diese* paar Scheißpiepen nötig hast. Dann wirst du plötzlich geizig und überlegst dir, ob du mit nem Taxi nach Haus fährst oder ob du lieber auf den Bus wartest oder zu Fuß gehst. Also ob du bei 70 Mark 10 Mark für'n Taxi ausgibst oder bei 500 Mark – das is 'n Unterschied!
Kitty: Geb ich dann auch aus. Trotzdem!
Dörtie: Klar, ich auch, aber das ist dann anders. Da kommste dann mit so lächerlichen paar Läppchen nach Haus, da kannste dir gleich Zigaretten draus drehen, da kannste dir doch nichts für kaufen.

Was man beim Anschaffen überdeutlich erfährt und was die Prostituierten den «anständigen» Frauen vorführen können, ist diese eigentümliche Dynamik des Lohns: Hast du erst mal ein bestimmtes Niveau erreicht, kannst du nur noch höher. Jedes Stehenbleiben ist Krise. Die Wünsche lassen sich nicht zurückdrehen, außer über Resignation. Der Tod spielt sofort mit, wo der Lohn dir nahebringt, du kannst alles (haben). Wenn du diese Potenz repräsentierst, bedrohen dich auch andere mit dem Tod. Einer Frau gehört eben immer wieder eingebleut, daß sie nichts zu haben hat.

Pat: Also bevor ich angeschafft habe, bevor ich die «Freunde» hatte, die mal was springen lassen, da hatte ich nie richtig Geld. Mit Miete und was ich so zum Leben brauch – mein Konto war immer überzogen. Mein Gehalt hat nie gelangt, ich meine, um gut zu leben. Und jetzt, na ja, ich hab was übrig, ich spar ne Menge, hab nen richtigen dicken Bunker da auf dem Konto, und das macht irren Spaß. Manchmal kuck ich mir dann was ganz Tolles an, ganz was

Feines, und denke mir: Wenn du willst, kannste jetzt los und dir das holen. Das ist irre! Und dann muß ich es gar nicht holen, weil, das Geld beruhigt schon echt. Manchmal schmeiß ich auch was raus, einfach so. Aber eigentlich ist es so, seit ich Geld habe, hängt es auch fester bei mir, kommt auch was dazu. Solange ich keins hatte, hab ich immer das Konto überzogen, immer mehr. Ich spiel ja auch mit den Scheinen manchmal ... Also, die Sicherheit, ich hab's da und könnt was Irres machen –

Dörtie: Als ich angefangen hab, in der Bar zu arbeiten, da hab ich, um mich wachzuhalten und bei Laune zu bleiben, mir immer überlegt, was ich kaufen kann von dem Geld. Ich hab immer die Arbeit und das Geld übersetzt in irgendwelche tollen Sachen, die ich unbedingt haben wollte. Da konnte ich mich dann dran freuen, und dann hab ich es auch ganz gut geschafft. Geht euch das auch so?

Kitty: Ich schaff das meistens gar nicht, weil das Geld immer für irgendwelche Sachen weggeht. Für meine Kinder, zum Beispiel. Denn als ich angefangen hab mit dieser Arbeit, da hatte ich ja schon ein Kind gehabt. Und praktisch ging mein Geld von Anfang an immer gleich für meine Kinder weg. Nachher hatte ich vier, und da hab ich das immer gleichmäßig aufgeteilt. Ja, so kannste das wirklich sehen. Und ich selber hab mir von meinem Geld praktisch am wenigsten geleistet. Schön, ich fahr jetzt ein Auto, hab ne anständige Wohnung, aber das is doch eigentlich ein bißchen wenig. Ich hab mir viele Krankheiten eingefangen, was ja auch bedingt ist durch die Arbeit im Freien, bei Wind und Wetter, das mit den Nieren und allem. Und jetzt bin ich so weit, daß ich gar nicht mehr so kann, wie ich will ...

Dörtie: Dabei kommt jetzt langsam die Zeit, wo du nicht mehr soviel für die Kinder ausgeben müßtest.

Kitty: Ja, und da kann ich nicht mehr.

Ich hab auch nicht sparen können, denn ich hab immer den Mann im Rücken gehabt, der mir das Geld weggezogen hat. Ich hab nie mehr als zehn Mark am Tag gehabt. Ich mußte den Mann auch immer für alles fragen. Wenn er um Mitternacht oder um eins kam und fragte: «Wieviel

hast du gemacht?», dann hat er das Geld eingesteckt, aber nie auf die Bank gebracht. Weil, ein Zuhälter ist es auch so gewöhnt, immer viel Geld zu haben. Er hat nie gespart, sondern das Geld immer ausgegeben, fürs Auto oder so. Und das Schlimmste ist, du kannst mit dem Auto, was du bezahlt hast, nicht mal fahren. Das Auto gehört ihm, nicht dir. Damals war ich noch nicht volljährig, und so wurde alles auf seinen Namen gekauft. Und zum Schluß hat er alles behalten. Ich bin beschissen worden, weil ich so blöd war und ihm vertraut hab. Hab gemeint, er ist der beste Mann – ich blöde Kuh! Ich hab gedacht, er weiß es besser als du, er macht das richtig, aber war nichts. Er hat immer gesagt, ich bin das goldene Ei, ne. Und in dem Moment, als ich das erfahren hab, ist für mich alles kaputtgegangen. Ich hab ihm das Geld gegeben, nicht weil ich ihn liebte, aber für mich war er die einzige Möglichkeit, mich vor dem Selbstmord zu bewahren. Ich hab mich an ihn angehängt, festgehalten. Ich hab immer gedacht, na, vielleicht, jetzt sind wir zusammen, ich kann mir keinen anderen suchen, weil mich niemand will. Weißt du, für mich ist das alles eine kulturelle Sache. Ich bin so erzogen worden, der Mann bleibt für dein ganzes Leben dein Mann, auch wenn er dich schlägt, er bleibt dein Mann, im Guten oder Schlechten. Ich kann ihn nicht ändern, ich muß ihn so akzeptieren, wie er ist. Bis zu dem Moment, wo ich alles gesehen hab, alles ausprobiert, die ganze Angst, Selbstmord und so weiter. Da war Schluß.
Moneta

Kitty: Du siehst ja, statt selber in Urlaub zu fahren, schick ich meine Tochter weg, ja! Ich hab viel Theater deshalb mit meinem Mann, der sagt, ich bin verrückt, warum ich ihr das Geld gebe, damit sie sich in Spanien ’n lustigen Tag macht, anstatt selber dahin zu fahren! Er hat im Grunde genommen recht, bloß – ich werd ihm nie recht geben. Das ist der Unterschied dabei. Und deshalb läßt er es dann auch. Er erzählt mir so was einmal, und dann schalte ich auf Durchzug, und dann ist das Thema beendet. Er sagt

dann auch nie wieder was darüber. Ich sage nur: «Das ist mein Geld!», und damit ist das Thema schon beendet.
Dörtie: Das wirkt, daß es dein Geld ist?

Ich bekam kein Wirtschaftsgeld, sondern morgens nur das, was ich brauchte ... Wenn ich morgens nicht einkaufen gehen konnte, weil ich kein Geld hatte, und er lag noch immer im Bett, er ging immer morgens erst sehr spät, dann wußte ich genau, wenn ich jetzt ins Schlafzimmer gehe, dann will er wieder, daß ich erst zu ihm ins Bett komme. Ich hatte aber weder Lust noch Zeit. Er hat nur gesagt: Los, komm ins Bett! Einmal hab ich gesagt: Ich ekel mich richtig vor dir! – das war meine einzige Waffe, solche Worte zu sagen. Aber dann hat er ganz klar gesagt, daß ich erst dann Geld kriege. Manchmal hab ich mich richtig so hingelegt: So. Bitte. Jetzt los, aber mach schnell! Ich dachte, dann vergeht ihm auch die Lust, das hat ihm aber gar nichts ausgemacht.
Frau S.

Kitty: Klar, das ist das einzige, was wirkt! Ich will ja auch nichts von seinem Geld haben. Ist alles ein bißchen hart, aber – ich hab soviel Lehrgeld zahlen müssen, und dadurch bin ich ein bißchen hart geworden.
Und steck mein Geld dann meinen Kindern in den Hintern, auf deutsch gesagt. Ob es gut ist, weiß man nicht.
Dörtie: Auf jeden Fall bedeutet das auch was für die Kinder. Die werden sich nie an so eine Armut gewöhnen wie ich früher.
Angie: Meine Tochter wird auch anders aufwachsen. Also, in einem guten Monat kann ich ungefähr 6000 DM nach Hause schicken, wenn ich alles hier bezahlt habe, die Prozente an den Agenten, Miete und alles, was das so kostet, wenn du auf Reisen bist. Das ist ja auch nicht billig.
Monika: Also dann schickst du das Geld nach Hause zu deiner Familie oder zu deinen Eltern.
Angie: Nee! Auf mein Konto!
(Gelächter)

Nach fast allen Berichten über Prostituierte scheitern Prostituierte immer irgendwann mit allem. Komisch, daß es dennoch so viele von uns gibt, immer mehr sogar. Liegt das angebliche Scheitern vielleicht daran, daß die meisten dieser «Berichte» von Männern verfaßt werden, die mit ihrer Phantasie auf Kriegsfuß stehen?

Angie: Ich schick das an meine Bank, doch nicht an meine Familie! Ich mach doch diesen Job nicht aus Liebe zur Arbeit! Ich will das Geld, und zwar *für mich!* Wenn die was brauchen, können sie mich ja fragen. Dafür muß ich zu hart dafür arbeiten. Der Mann, mit dem ich zusammenlebe, hat auch sein eigenes Konto, und ich hab meins. Er bezahlt die regelmäßigen Ausgaben, für die Wohnung, Essen, für seine Tochter. Ich arbeite für mich und die Kleine, er arbeitet für mich, für die Kleine und für sich.
Dörtie: Klingt gut!
Angie: Ist auch gut! Ich sag ihm, wenn er lieber gehen möchte, dann kann er das ruhig machen, ich halte ihn nicht. Und das klappt.
Dörtie: Ja, klar, es macht ihm angst, daß er weiß, du *kannst* das sagen, du meinst es ernst.
Angie: Ja, sicher, ich meine, ich mag ihn gern, so ist das nicht. Aber wenn er gehen will wegen meinem Job, soll er gehen. Ich wollte immer unabhängig sein, deshalb will ich ja das Geld! Sonst könnte ich ja auch zu Hause bleiben und von seinem Lohn leben. Aber ich will mein Geld haben und damit machen können, was ich will.
Dörtie: Ich glaube, das ist wirklich der Punkt, an dem werden die Männer entweder böse oder eifersüchtig, oder sie kriegen Schiß.
Angie: Ob der Schiß hat, weiß ich nicht, aber eifersüchtig ist er! Weil ich mehr Geld verdiene als er. Deswegen sag ich ihm auch nie, wieviel ich habe, das weiß er überhaupt nicht. Manchmal nehm ich ihn ein bißchen hoch damit. Ich verdiene eben mehr in einer Nacht hier als er in einer Woche in London. Schwarze Männer haben nicht die höchsten

Löhne. Ich sag ihm: «Wenn du gehen willst, geh, ich komm ohne dich besser zurecht, hab ich weniger Arbeit. Du bist auch eine Last für mich!»
Dörtie: Wirklich komisch, das heißt eher schlimm. Was du in der Bar oder auf dem Strich mit Männern machst, auch das Geheimhalten, ne Maske aufsetzen, das mußt du zu Hause gegenüber deinem eigenen Mann weitermachen. Umsonst. Du verschweigst ihm, was du verdienst, damit er sich nicht zu ohnmächtig fühlt. Diese ganze Diplomatie.
Pat: Ich bin froh, daß ich keinen Mann hab. Obwohl ... ne Zeitlang hab ich mich gefragt, ob bei mir 'n Kratzer auf der Platte ist. Sexuell. Aber wenn ich mir vorstelle, das wär jetzt mein ganzer Horizont, daß ich mit einem Kerl die ganze Zeit auskommen müßte, daß der alle meine Macken kennt, und ich wär das Frauchen! Nee! Ich muß das Gefühl haben, ich hab mein Leben in meiner Hand ... So mein Geld verdienen – das könnt ich dann gar nicht. Ich müßte immer Angst haben, der spekuliert auf meine Kohle.
Angie: Ich glaube nicht, daß es überhaupt einen Mann gibt, dem du alles erzählen kannst. Du kannst denen das nicht erzählen, die haben sofort was gegen dich in der Hand, oder dich haben sie in der Hand damit. Und in dem Moment, wo er mein Geld ankuckt, ich glaube, da hätte ich sofort das Gefühl, ich arbeite für ihn, verstehst du?
Monika: Aber die Männer sind das Problem. Die können nicht unterscheiden zwischen Liebe und Arbeit. Die Frauen können das, und die Frauen brauchen auch Liebe, aber die Männer sehen sie nur als Arbeiterinnen.
Dörtie: Die sehen uns nicht nur so, die brauchen uns so!
Pat: Ich glaube langsam, die Männer haben die Probleme mit der Liebe. Ich hab mir ja lange einreden lassen, ich bin diejenige, welche, aber seit ich die wirklich kennengelernt habe – hör mal, ich mach das jetzt über zehn Jahre! –, ich kenn keinen, der mir nicht über kurz oder lang seine Impotenz hinknallt. Und probieren tun sie's immer erst mal, hängen da bei dir rum wie 'n Schluck Wasser in der Kurve, dieses ganze Gequatsche, uns fehlt was – bloß damit se sich besser aufspielen können. Is doch komisch. Und ich muß mir das anhören, zwar nur 'ne dreiviertel Stunde, ich sitz ja nicht zwei Stunden mit dem auf'm Sofa und trink Sekt,

aber mir reicht das schon so. Von mir aus können die sich das alles hinter die Vorhaut schieben, wenn sie eine haben, echt! Also, ich kann da so sauer werden, dieses Gejammere, wenn se mit der Holden daheim nicht mehr klarkommen – mit so was soll ich auch noch mein Privatleben verzieren, nee!

Es ist klar, daß eine Frau ohne Mann leben kann, aber der Mann kann das nicht, er fühlt sich alleine, er braucht immer eine Frau. Die Frau ist ein bißchen Mutter, Freundin, Liebhaberin. Er kann es nicht mit einem Loch in der Wand machen. Er braucht einen Körper, den Körper einer Frau, den er besitzen kann.
Moneta

Pat: Und wenn du anschaffst, schnallen die Typen auch sofort, daß es mit der «Liebe» dann nicht so läuft, wie die sich das denken. Ich überleg mir, wo da der Unterschied is, zwischen dem und nem Freier. Hatte ich auch schon, mit Freund nebenbei, is aber schon lange her, das kann keiner aushalten, wenn du dich mehr für die Nullen auf'm Konto interessierst als für die Null zu Hause. So sehen die das sofort, und ich meine, is ja auch so. Ich brauch Sicherheit!
Dörtie: Ich weiß noch, vor Jahren, als ich noch mit nem Mann befreundet war und in der Bar gearbeitet hab: Das erste, was passierte, war, daß *der* Probleme mit *meinem* Job hatte! Nicht ich – *er*! Ich hatte keine, also ich meine, klar, technische Probleme schon, aber die konnte ich mit den Frauen zusammen lösen. Aber dieser Mann, der hatte moralische Probleme, so in dem Stil: «Bist du denn da nicht in Gefahr? Rennen da nicht Zuhälter rum?» Diesen ganzen Scheiß! Und das war noch das leichteste. Das andere war viel komplizierter: «Ich hab Schwierigkeiten, dich anzufassen, nachdem dich so viele Männer angefaßt haben. Ich weiß ja gar nicht, was du mit denen machst ... Wie kriegst du das hin mit denen und mit mir und mit dem Geld und mit dir selbst?» Ich konnte ihm in Ruhe sagen: «Weißt du, wenn du all diese Schwierigkeiten hast und dich nicht sel-

ber anstrengst, sie zu lösen, dann geh, schönen Dank auch, ich bin doch nicht dazu da, *deine* Probleme zu lösen!»
Es war ganz eindeutig ein Machtproblem und nicht ein sexuelles oder ein «Liebes»-Problem! Er hatte nicht mehr genug Kontrolle über mich. Ich hatte so viel Macht, daß ich ihm ganz schnell nein sagen konnte. Er mußte sich schon selber was einfallen lassen.
Monika: Wär besser, wenn die sich mal ändern würden!
Dörtie: Wir könnten ihnen sogar sagen, wie, aber das sollen sie sich selber einfallen lassen. Wir müssen ja unsere Probleme auch irgendwie hinkriegen.

Von wem das Signal zur Verweigerung ausgeht, ist von entscheidender Bedeutung für die Beziehung zweier Leute. Besonders für die Person, der verweigert wird.
Der SPIELRAUM wird vermessen von der oder dem Verweigernden.

Dörtie: Und noch so ne Schote hatte er sich in den Kopf gesetzt: Jetzt wo ich einen «Haufen Geld» hätte (was der sich überhaupt dachte!), könnte *ich* ja *ihn* zum Essen einladen!
Monika: Wie mein Freund: Ich hab da mal in einem Pornofilm mitgespielt, so aus Neugier, und hab 300 DM dafür gekriegt. War ein Tag Arbeit, acht Stunden. Aber ich bin eine Stunde zu spät nach Hause gekommen und hab erzählt, wo ich war. Und da ist der ganz sauer geworden!
Dörtie: Wieso erzählst du ihm denn das?
Monika: Ich hab's eben gemacht. Eigentlich wollte ich da noch mal arbeiten, aber das war an einem Samstag, und Samstag ist mein Freund zu Hause und überhaupt Familientag.
Jedenfalls kam ich mit den 300 Mark nach Hause und hab zu ihm gesagt: Kuck mal, ich hab 300 Mark, wir gehen essen! Und das fand er dann wieder toll. Hätte er sich nie leisten können, 60 Mark in nem Restaurant auszugeben! Da war's kein schmutziges Geld!
Dörtie: Das find ich viel schmutziger, wenn du das Geld,

das du verdient hast, ausgeben mußt, um ihn zu kaufen! Das ist doch ein Stück Kontrolle über dich, damit du eben nicht dein eigenes Geld hast! Ihn einladen? Also, ich hab da auch «Nein, danke!» gesagt.

Wieso eigentlich wird eine sexuelle Dienstleistung dadurch schmutzig, daß sie «sauber» entlohnt wird? Und wieso ist eine Frau, die nein sagt zum Umsonst-Arbeiten, unanständiger als eine, die «sich fügt»? Gibt es die eigentlich wirklich irgendwo, diese «Anständigen»? Oder entstammen auch sie der Phantasie von Männern, die mit «ihren» Frauen auf Kriegsfuß stehen?

Monika: Wirklich verrückt, erst ist es schmutziges Geld, was du verdienst, und dann gibst du es aus, damit er vergißt, wie du's verdient hast!
Dörtie: Das ist Zuhälterei!
Pat: Wenn mein letzter Freund was von mir wollte, hab ich ihn immer aufgezogen und gefragt, ob er jetzt einen auf Loddel machen will. So zum Spaß, und das hat der absolut nicht vertragen.
Dörtie: Sollte lieber den Freier mimen!
(Gelächter)
Angie: Ich sag dem nie, was ich verdiene. Der weiß bloß, daß ich als Tänzerin arbeite, und mehr nicht. Wenn der wüßte, daß ich mich von Männern anfassen lasse! Oder wenn er mich mit zuviel Geld sieht, dann kann er sich's auch denken ... Wir leben zusammen in London, aber eben mit getrennten Bankkonten.
Dörtie: Kennt ihr das auch? Wenn die Freier wenig Geld haben, werden sie besonders schmeichlerisch und neugierig. Ist das auf der Straße auch so?
Kitty: Ja. Das gleiche wie bei euch.
Dörtie: «Bist *du* aber schön!»
Kitty: «Warum machst du das denn?» Und: «Konntest du nichts andres werden?», «Wie lange machst du das denn schon?»

Dörtie: Und was sagst du?
Kitty: Ich sage: «Weeßte wat, über mein Leben möcht ich gar nichts sagen. Weil, erstens braucht man viel zuviel Zeit dafür, da müßtest du mich reichlich bezahlen, und soviel Geld wirste ja wahrscheinlich nicht bei dir haben, ne?»

Versuchen Sie nie, einer Prostituierten Fragen über sich oder über ihr Leben oder sonst etwas «Wirkliches» zu stellen. Sie ist gewöhnt, Antworten gemäß den Erwartungen und dem Portemonnaie des Fragenden zu erfinden – oder den Fragenden (und das lernt sie zuerst) mit staatlicher Gewalt zu identifizieren. Denn die ersten, die sie danach fragen, sind Polizei und Staatsanwalt ...

Dörtie: Testgespräch ...
Kitty: Na ja, dann hört der meistens auf. Oder sie haben doch! Und dann erzähl ich auch. Klar, warum nicht?
Dörtie: Was erzählst du denen dann?
Kitty: Dann erzähl ich «wat aus meinem Leben».
Dörtie: Erzähl mal, wollen wir auch hören!
(Gelächter)
Kitty: Aus meinem soliden Leben ...! Die fragen meistens, wie das so angefangen hat. Ob ich ein gutes Zuhause habe. Na, dann erzähl ich ihnen, daß ich im Heim aufgewachsen bin und mit einem Kind aus dem Heim gekommen bin und daß mir an und für sich gar keine andere Wahl blieb, als wie auf'n Strich zu gehen, denn ich hatte niemanden, ich hatte kein Zuhause und mußte mir erst mal alles aufbauen. Und das ist der einfachste Weg dann, so sein Geld zu verdienen. «Na ja, das stimmt schon. Aber hättest du nicht einen Mann kennenlernen können, der dir das gegeben hätte?» Ich sage: «Na ja, die stehen ja nun auch nicht gebündelt draußen rum!»
Dörtie: Weiß Gott nicht. Die sind heute nicht mehr so, daß sie einem dann gebündelt die Scheine überreichen. Die Männer haben auch keine Lust, ihr Geld mit ner Frau zu teilen!

Kitty: Nee, nee, machen sie auch nicht. Aber im allgemeinen sind es immer dieselben Fragen, die sie einem stellen.
Pat: Schlimmer als über die Freier reden, finde ich, wenn die über mich reden wollen. Und dann noch verknallt sind: «Du bist eigentlich *die* Frau für mich ...» Ich sag so einem manchmal: «Kannst mir ja zehn große Scheine im Monat rüberschieben, daß ich nur für dich da bin.» Und wenn er dann entgeistert kuckt, ist die Frage erledigt. Weißte, die großen freundlichen Tausender!
Dörtie: Bei mir wundern die sich auch immer, daß ich «so anders» bin. Ich spring eben den Gästen nicht gleich an die Hose, ich bin meistens kühl.
Kitty: Das kann ich auch nicht.
Dörtie: Und dann ist ganz schnell dieses Image da: kindlich-unschuldig und ein bißchen schüchtern oder eben unnahbar-kühl. Dann kommt oft die Frage: «Was machst *du* denn *hier*?» Und: «Was machst du denn sonst?» Die fragen ganz oft: «Was machst du denn *sonst*?» Vor allem wenn sie sich tagsüber mit mir verabreden wollen und ich sage, ich hab zuviel Arbeit, ich hab nicht lange Zeit. Ja, und manchen erzähl ich dann auch, daß ich «sonst» zum Beispiel Übersetzungen mache. Also bin ich für die «Übersetzerin», und dann fallen die manchmal vom Hocker, weil sie denken, das ist doch 'n anständiger ordentlicher Job, da kann man doch auch Karriere machen: «Warum machst das du dann hier?» «Na ja», sag ich dann, «vom Übersetzen allein kann man nicht reich werden, und außerdem ist das auch ne Scheißarbeit, bei der man sich dauernd in jemand anders reindenken muß, von sich selbst Abstand nehmen muß ...» Manchmal erkläre ich auch, daß ich nur immer mal wieder, wenn ich Kohle brauche, in der Bar arbeite, denn ich weiß, das beeindruckt sie, weil sie es sehr geschäftstüchtig finden. Männer sind immer sehr beeindruckt, wenn sie merken, daß eine Frau geschäftstüchtig ist und nichts umsonst macht, daß sie kalkuliert, wo was zu holen ist. Dann machen sie auch die Taschen auf! Das kennen sie irgendwie aus ihrem eigenen Berufsleben, während sie bei Frauen normalerweise immer erst mal denken, von denen kriegt man alles umsonst. Na, und bei «Nutten» weiß man ja, da gibt's nix umsonst, aber mich als «Nutte»

wahrnehmen wollen sie nicht, und dann kommen sie unheimlich ins Schleudern, wenn sie merken, daß ich mich genauso verhalte und das auch noch mit Worten vertrete. Da gerät dann ihre heile Welt von Anstand und Schmutz ins Wanken. Ich hab sogar schon mal jemandem eine Spende für die Bewegung abgeknöpft! Ich hab ihm erklärt, daß die Frauen alle kämpfen und in Bewegung sind, und je mehr Geld sie haben, desto besser können sie kämpfen, denn desto weniger müssen sie anderen Arbeiten nachrennen! Das hat ihm eingeleuchtet. Eine englische Kollegin hat mir in Paris bei einem großen Frauentreffen erzählt, daß sie ihren Freiern manchmal sagt, sie finanzieren mit ihrem Geld, daß sie an der Frauenbewegung teilnehmen kann!

Monika: Ich hab immer den Eindruck, das Geld, das man mit Prostitution verdient, das gibt man schneller wieder aus.

Alle: Macht mehr Spaß!

(Gelächter)

Dörtie: Na, jedenfalls brauchst du nicht solche Skrupel zu haben, nicht so ein schlechtes Gewissen. Aber andrerseits mußt du auch mehr Geld ausgeben: für Kosmetik, Gesundheit und so.

Obwohl, das Geld, das du in der Hand hast, ist nicht Geld – ich weiß nicht, wie ich es sagen soll –, das Geld bedeutet ein Kunde, und es erinnert dich daran.
Moneta

Pat: Das Geld, das ist so ne Sache für sich. Ich find das toll, das in die saufeine Boutique zu tragen oder in den ersten Kosmetiksalon. Fehlt bloß noch der Handkuß und «Gnädige Frau!», wenn du die Scheine hinlegst. Echt gut, das tut auch gut, weil, da bist du dann ganz was Ehrenwertes, nicht «so eine». Aber wenn du zu Hause mal ausrechnest, was das kostet, wenn du dich für diese Arbeit belohnen willst! Und das brauchst du, du mußt dir was Gutes tun, oft, dafür geht irre viel Geld weg, is wie ne Entschädigung für das, wofür du sonst herhalten mußt. Echt! Aber damit halt ich mich selber bei Laune, und gute Laune macht auch die Freier fröhlich, also ist auch das 'n Kreislauf, den *du* bezahlen mußt.

Dörtie: Wißt ihr eigentlich, wo das Geld bleibt, das ihr verdient habt? Ich hab da immer hinterhergerätselt, ich schreib ja immer genau auf, was ich wann verdient hab, aber es war immer weg.

Kitty: Nee, das hab ich mir abgewöhnt, weil – paß mal auf, wenn ich jetzt 250 Mark verdiene, dann geh ich einkaufen und hab da schon mal 70 Mark gelassen; dann geh ich Zigaretten holen, sind 25 Mark, und beim Bäcker rein, und dann ist auch ein Hunderter rund. Und dann brauch ich vielleicht noch was aus der Apotheke, dann geht mein Sohn baden, und dann sind noch mal 20 Mark weg. Ja, dann fahr ich tanken oder muß irgendwas an Sachen wieder neu kaufen. Mein Geld ist ewig weg!

Dörtie: Das ist bei mir auch so.

Kitty: Und ich find das so blöd!

Pat: Aber ich hab eben auch hohe Ausgaben, kuck mal, ich muß ja zwei Wohnungen halten, dann brauch ich Kleider, weil ich manchmal mit den Freiern ausgehe, also mit zweien, mit den andern nicht. Außerdem mag ich gern schön sein, klar. Na ja, und wozu hast du das Geld, willst ja auch nicht nur bunkern! Ich muß auch am Wochenende ausgehen können, ohne Freier, mein ich, so, für mich, mit ner Freundin oder so. Da hab ich denn auch keine Lust, daß mir da immer 'n Pfennig an ner Mark fehlt!

Dörtie: Und für Schminksachen geht viel weg, die gehören ja auch zur Arbeit. Bei mir ist das unheimlich angestiegen, was ich für Kosmetik ausgebe.

Kitty: Ich mach das gar nicht. Ich brauche eine gute Creme, und Schminke brauch ich nicht viel, Make-up benutze ich gar nicht. Ich brauch einen Lippenstift, und dann brauch ich ein bißchen Eyeliner, das ist alles.

Dörtie: Ich brauch was, um mir die Augen abzuschminken, und zwar was Teures! Ich brauch das, weil ich das Gefühl haben muß, ich kann mir wirklich das Beste leisten! Und dann brauch ich, daß ich Tausende von Medikamenten hier zu stehn habe: Alka-Seltzer und Magentabletten und Vitamine und Gesundheitstees und all so'n Zeug.

Kitty: ... und die Doppelspalt und die Smarties, die Fifis, ne?
Dörtie: Das muß man einfach alles dahaben, damit man es notfalls zur Verfügung hat. Ich brauch die gar nicht so oft, ich geb sie auch oft weiter, weil irgendwer Kopfschmerzen oder Magenschmerzen hat. Ich hab die Sachen da, und dann sind sie auch bald alle, und ich muß sie wieder kaufen. Ich muß das Gefühl haben, ich tu was für meine Gesundheit!

Höhere Kosten für die Gesundheit: Wenn eine Frau keine Lust hat, sich vom Amtsarzt untersuchen zu lassen – und untersuchen lassen ist Zwang –, dann muß sie eben einen privaten Gynäkologen bezahlen. Blutabnahme: 50,– DM. Abstrich: 30,– DM. So etwa die üblichen Preise. Und manchmal sind es auch die Schikanen beim Amtsarzt, die Frauen veranlassen, zum privaten Gynäkologen zu gehen. Die Wege sind zahlreich, auf denen versucht wird, die Frauen am Verdienen zu hindern ...

Pat: Noch was mit dem Geld, was mir gefallen hat, gleich am Anfang. Ich hab meiner Mutter und meinen Schwestern was schenken können oder konnte die mal einladen oder ihnen einen Blumenstrauß mitbringen. So was mach ich gern. Bloß bei Männern, da bin ich altmodisch, die lade ich nicht ein, das gehört sich nicht. Aber es ist schön, einfach was spendieren zu können, ohne zu überlegen.
Kitty: Is ja auch 'n hübsches Gefühl!
Dörtie: Das geht mir auch so. Aber das kann man nur, wenn man Geld sicher hat, wenn man auch wirklich was zu verschenken hat. Ich hab immer gern locker Geld ausgegeben, zum Beispiel so gedacht, na, ich koch mal was zu essen, und dann kommt diese oder jene, Freundinnen, auch Freunde. Also, ich fand das immer schön, und irgendwann mal hab ich gemerkt, wie das ins Geld geht, und die Schulden blieben alle auf meinem Konto. Und dann mußte ich wieder anfangen zu rechnen. Also, das zerstört auch wirklich Beziehungen zu Leuten, gute Kontakte, wenn du ewig

dran denken mußt, wie oft habe ich jetzt eigentlich die oder den zu was eingeladen, und haben die auch mal was für mich bezahlt? Und damit will ich überhaupt nichts zu tun haben, solche Fragen interessieren mich gar nicht, die nerven mich nur. Ich will was ganz anderes mit Leuten zu tun haben, was weiß ich: tanzen gehen, mich unterhalten oder mich einfach wohl fühlen, sie kennenlernen ... Jedenfalls nicht über Geld nachdenken müssen. Und wenn ich weiß, ich verdiene ne starke Mark, dann hab ich auch kein Problem, mein Geld auszugeben.
Kitty: Ich muß immer noch vorher überlegen, weil: bei mir kommen immer noch erst die Kinder dran, ja. Also, ich komme bei mir immer noch an letzter Stelle. Irgendwann müßte ich auch mal mehr an mich denken. Ich komme echt zu kurz!
Monika: Ich bin ja nicht so hinterm Geld her, aber weißt du, wenn ich sowieso vom Sex immer nichts habe, dann denke ich mir auch, warum soll ich eigentlich nicht Geld kriegen dafür? Bloß jetzt bin ich nicht mehr frei. Aber auf jeden Fall kann ich mir nicht vorstellen, daß Prostituierte unglücklicher sind als andere Frauen.
Pat: Also, ich will höchstens noch das Geld *zählen* müssen, rechnen mußte ich lange genug. Meine Mutter hat früher immer gestöhnt, sie müßte so viel arbeiten, daß sie gar nicht zum Geldverdienen kommt. Haben wir nie verstanden als Kinder. Dann hat sie gesagt, das wär ’n alter jüdischer Witz, aber das haben wir immer noch nicht verstanden. Als ich Sekretärin war, da hat’s mir dann gedämmert. Besser ist es mir da auch nicht gegangen, also, ich meine, es heißt ja immer, unsereiner ist todunglücklich. Klar, gibt auch ne Menge, die sehen nicht viel Sonne, trotzdem steh ich mich besser so. Als Tippse konnte ich mir nix leisten. Ich hatte zuletzt, glaub ich, rund 2000 Mark. Davon geht erst mal ein Drittel ab für Abzüge, Steuern, Versicherung und so. Du kannst da nicht mit Feudeln auftreten, also brauchst du Klamotten, welche, die du leiden magst für Freizeit, und welche, die sie im Büro haben wollen, also doppelt. Hab immer das Konto überzogen gehabt, denn Überstunden hab ich fast nie bezahlt gekriegt. Ich hab jeden Monat das Gehalt gebraucht, damit mein Konto nicht

mehr im Minus war. So war das damals im Büro. Wo ich doch so auf Geld steh!
(Gelächter)
Dörtie: Also, dann bin ich eben hinterm Geld her! Meine Mutter hat mir ne Menge beigebracht. Sie hatte nicht dieses schlechte Gewissen, das die Leute in Deutschland gegenüber dem Staat immer raushängen lassen. Sie hat mir beigebracht, wie ich mich verhalten muß, beim Sozialamt zum Beispiel, welche Sachen zieht man da am besten an, wie zeigt man sich da, was für'n Eindruck macht man da. Bis ich 27 war, mußte ich das machen. Danach, wenn du 27 bist, hast du ne Existenz zu haben, sonst bist du einer von den ganz Bedürftigen, da kriegst du dann keine Rente mehr, sondern Fürsorge. Jedenfalls waren das, diese ganzen Geldchen zusammen, immer so 500 bis 600 Mark im Monat, das höchste der Gefühle waren, glaube ich, 650 Mark. Ich hab ja 'n paar Jahre mit Männern zusammengelebt, und das war ja nun ganz toll: Die hatten nämlich kein Geld oder gerade soviel wie ich, also mußte ich die auch noch mit durchziehen. Ich meine, mit dem bißchen Geld! Ich hatte nicht nur die Arbeit, hinter dem Geld herzurennen und hinter den Typen herzurennen, sondern mußte auch noch die paar Kröten mit den Männern teilen! Und die hat keiner Zuhälter genannt ...
Ich hatte dann auch immer Jobs zwischendurch, Tippse, Verkäuferin in ner Boutique, Fließband in ner Autofabrik, Putzen, alles. Aber das brachte nie mehr als zehn, zwölf Mark Stundenlohn, davon konntest du überleben, aber mehr auch nicht. Das war nie so, daß ich Geld mal vergessen konnte. Deshalb: Ich *mußte* immer hinterm Geld her sein. Wenn du wenig hast, dann *mußt* du nämlich immer dran denken. Ich möchte so viel Geld haben, daß ich's vergessen kann, das Geld! Ich will nicht dauernd kucken und rechnen müssen: Wo ist die Butter zwanzig Pfennig billiger, und wo kostet dies und das weniger. Und so weiter. Das hört ja damit nicht auf, da mußt du ja dann auch in vier verschiedene Läden gehn, und die sind eben weiter weg. Das ist mir alles zuviel Arbeit!
Deshalb war ich so froh, daß das wirklich gestimmt hat, was die mir erzählt hatten über die Bar, wieviel du da ver-

dienen kannst in derselben Zeit! Ich war froh, das war nämlich 'n Job, für den brauchte ich nix zu lernen. Wir werden doch ewig trainiert als Mädchen, mit so was umzugehen. Also, wie Männer so sind, wie man sie behandeln sollte, damit ... Dafür brauchst du keine extra Ausbildung mehr.

Angie: Ich mochte meinen Beruf ganz gern, da im Labor, aber die Kasse hat nicht gestimmt. Wenn ich noch was vom Leben haben will, dann ... Ich kann das nicht so schluren lassen, ich muß mir was einfallen lassen. Ich möchte irgendwann nach Jamaika zurück und ein Geschäft haben, wo das Geld für mich arbeitet, ohne daß ich hinter dem Geld herrennen muß!

(Gelächter)

Angie: Ich will gar nicht unbedingt reich sein, ich will bloß genug Geld haben.

Gisela Bock

«Keine Arbeitskräfte in diesem Sinne»

Prostituierte im Nazi-Staat

Abolitionisten siegen über Reglementaristen

Im April 1931, gut vier Jahre nach der Verabschiedung des heftig umstrittenen «Reichsgesetzes zur Bekämpfung der Geschlechtskrankheiten» (RGBG), wurde in Berlin eine «Sachverständigenkonferenz» zum Thema «Das Straßenbild nach Inkrafttreten des RGBG» eröffnet. Unter den «Sachverständigen» befanden sich – jedenfalls: meldeten sich – keine Prostituierten, obwohl in jenen Jahren, mitten in der großen Wirtschaftskrise und kurz vor der nationalsozialistischen Machtergreifung, in mancher Stadtverwaltung ernsthaft erwogen wurde, Prostituierte zur Vertretung ihrer Interessen selbst zuzulassen. Nicht so auf dem Expertenkongreß. Hier fanden sich Frauen und Männer zusammen, die sich seit vielen Jahren dem «Prostitutionsproblem» gewidmet und in der fast zehnjährigen Debatte um das RGBG engagiert hatten: Vertreter/innen der seit kurzem bestehenden Pflegeämter und Beratungsstellen für Geschlechtskranke, der Gefährdetenfürsorge, der Kirchen, der Polizei und Justiz, des Reichstags und der Reichsregierung, der Arbeiterwohlfahrt, von Sittlichkeits-, Frauenschutz- und Jugendschutzvereinen, von Gesundheitsbehörden und Jugendämtern, von Stadträten und sozialpolitischen Vereinen, etwa der Deutschen Gesellschaft zur Bekämpfung der Geschlechtskrankheiten (DGBG). Ein wahrhaft beachtliches Aufgebot an Instanzen, die sich amtlich oder ehrenamtlich mit dem Konferenzthema befaßten und in denen nicht wenige Vertreterinnen der organisierten Frauenbewegung Fuß gefaßt hatten. Einige der

Anwesenden gehörten auch zu den Autorinnen und Autoren der seit der Jahrhundertwende kaum mehr übersehbaren Flut von Gedrucktem über Prostitution und Prostituierte; wohl fast alle gehörten zu den Leserinnen und Lesern der Literatur über dasjenige «Problem», das unumstritten den Kern der nunmehr fast 30 Jahre alten «Sexualwissenschaft» und «Sexualreform» und der schon etwas älteren «Sittlichkeitsbewegung» ausmachte.

Einig waren sich fast alle Autoren und Sozialreformer dieser Jahrzehnte darin, daß «Bekämpfung» nötig und «Abschaffung» erwünscht sei; weniger einig darin, wie «bekämpft» werden solle und ob «abzuschaffen» nötig und möglich sei; uneins waren sie sich schließlich darin, ob «Bekämpfung» und «Abschaffung» sich in erster Linie gegen die staatliche Reglementierung, gegen die Prostitution oder gegen die Prostituierten richten solle. Die internationale abolitionistische Bewegung war seit den 1860er (in Deutschland seit den 1890er) Jahren entstanden und hatte sich, getragen von Prostituierten und solidarischen Nicht-Prostituierten, gegen die Kriminalisierung der Prostitution durch den Staat und dessen Rolle als Zuhälter gewandt. Das Wort «Abolition» war von der früheren Abolitionsbewegung, nämlich der Antisklaverei-Bewegung, übernommen worden, in der es den Schwarzen – ähnlich wie später den Frauen – um Abschaffung der Sklaverei der unbezahlten Arbeit gegangen war. Um 1930 war das politische Spektrum des Abolitionismus weit diffuser geworden, der Übergang vom Kampf gegen den Reglementarismus zur Bekämpfung der Reglementierten war fließend und oft fast bruchlos geworden. «Reglementarismus»: das war das System staatlicher Intervention, das ungefähr geradeso alt ist wie das Wort «Prostituierte» oder «Hausfrau». Es war während der jakobinischen Terreur in Frankreich ausgearbeitet, gegen Tausende von Prostituierten eingesetzt und im 19. Jahrhundert in weiten Teilen Europas durchgesetzt worden. Es kombinierte die grundsätzliche Bestrafung «gewerblicher Unzucht» mit ihrer partiellen polizeilichen Duldung, oft in Bordellen, und es schuf den Typus der polizeilich «eingeschriebenen» hauptberuflichen Prostituierten, der «Kontrollmädchen» oder «Sittendirnen», die ständig

durch «die Sitte» (Sittenpolizei) und durch Polizeiärzte überwacht wurden. Das Gesetz von 1927 symbolisierte den Sieg des Abolitionismus über den Reglementarismus. War zuvor «gewerbliche Unzucht» prinzipiell strafbar, unter bestimmten polizeilich verordneten Bedingungen jedoch geduldet gewesen, so galt nun das Umgekehrte: Prinzipiell war sie nicht mehr strafbar, aber doch dann, wenn sie gegen bestimmte Bedingungen verstieß, die jetzt aber nicht mehr die Polizei festlegte, sondern der Gesetzgeber.
Ein Sieg für die Dirnen, ein «Freibrief für die Prostitution»? Reichstagsdebatten und Kongreßprotokolle lassen keinen Zweifel daran, daß Gesetzgeber wie Sozialreformer anderes im Sinn hatten. Vielmehr sollte das RGBG dazu dienen, den «unerfreulichen Erscheinungen, wie sie sich seit der Revolution herausgebildet haben, mit aller Gewalt entgegenzutreten», hatte ein Abolitionist in einer Reichstagssitzung ausgerufen. Der Reglementarismus war ineffizient geworden. Er hatte genau da versagt, wo man sich von ihm einst Abhilfe erhofft hatte: in der Frage der Verringerung, Eingrenzung und Überwachung der «geheimen» Prostitution als Massenphänomen, die sich der Kontrolle der «Sitte» entzog, und zweitens in der Frage des Verbraucherschutzes, nämlich der Geschlechtskrankheiten.
Mit den Worten einer Abolitionistin im Reichstag: «Man wird den Strom der Prostitution, der längst alle ihm gezogenen Dämme überflutet hat, nie zum Versiegen oder auch nur zu einem stärkeren Rückgang bringen, solange seine Quellen nicht verstopft sind, die fort und fort fließen und ihn auch anschwellen lassen. Die Quellen aber sind das mangelnde sittlich-religiöse Verantwortungsgefühl von Mann und Frau, die sozialen und wirtschaftlichen Notstände, vor allem der Alkoholismus, die Wohnungsnot, das Wachstum der Großstädte. Diesen sittlichen und sozialen Ursachen gegenüber hat aber das bisherige System mit seinen Strafbestimmungen völlig versagt. Es mußte versagen, weil neben der grundsätzlichen Strafbarkeit die Straflosigkeit derjenigen Prostituierten bestand, die sich einer besonderen Polizeiaufsicht mit ärztlicher Präventivkontrolle und allerlei Verhaltungsmaßregeln unterwarfen. Die Strafvorschrift hat außerdem nicht verhindert, daß neben der

reglementierten die freie Prostitution entstand, ja sie längst überflutete.»

Das neue Gesetz sollte die Unterscheidung zwischen «eingeschriebenen» und «geheimen Dirnen» aufheben und ihre Kundenwerbung dem Maßstab von «Sitte und Anstand» unterwerfen (RGBG § 16.3 = StGB § 361.6). Damit sollte erstens ermöglicht werden, gegen die polizeilich konzessionierte Prostitution vorzugehen, «gegen diejenigen, die sich in sittenwidriger Weise betragen, einerlei, ob Frau, ob Mann. Diese Möglichkeit war der Polizei bislang nicht gegeben, weil gerade diejenigen, die sich am schamlosesten betrugen, die für Leib und Seele anderer die größte Gefahr waren, sozusagen mit einem obrigkeitsstaatlichen Schutzschein ausgestattet waren.» Die «Geheimen» dagegen, die eine auffällige Kundenwerbung nicht hatten riskieren können, betraf es auf andere Weise: «Personen, die dringend verdächtig sind, geschlechtskrank zu sein und die Geschlechtskrankheiten zu verbreiten», kurz HWG-Personen («häufig wechselnder Geschlechtsverkehr») genannt, wurden zur ärztlichen Behandlung verpflichtet, im Notfall gezwungen (RGBG § 4). Daß «gewerbliche Unzucht» 1927 für straffrei erklärt wurde – Zentralpunkt unzähliger Debatten –, sollte bewirken, daß auch die geheimen Prostituierten freiwillig, da in ihrem eigenen Interesse, sich dem Arzt oder der Gesundheitsbehörde stellten. Auf «volkshygienischer» Ebene sollte damit, wie ein Kongreßteilnehmer sagte, ein neues «Fahndungssystem systematisch ausgebaut werden» – und als «Fahndungsdienst» (1942) verstanden später auch Nazis ihre Anti-Prostituierten-Politik. Jedenfalls nahm die Behandlung von Geschlechtskrankheiten ab 1927 sprunghaft zu. Sofort wurden auch Geschlechtskrankenzählungen unternommen, und die meisten zeitgenössischen Stimmen waren sich einig – auch von 1933 bis 1945 – über die volkshygienische Effizienz des Gesetzes. Doch das «Prostituiertenproblem» war alles andere als gelöst und war einen Kongreß wert: Quellen waren noch nicht gestopft, Fluten schwollen weiter an, Dämme wurden immer noch überschwemmt ... Prosaischer: «Das Straßenbild nach Inkrafttreten des RGBG», Thema des Sachverständigenkongresses, wurde in diesen Jahren der Weltwirtschaftskrise ebenso heftig debattiert wie zuvor das Gesetz und seine künftige Wirkung. Aus diesen und ähnlichen zeitgenössischen Debatten erfahren wir mehr über Prostituierte selbst, über ihre Arbeit und deren Bedingungen, darüber, wieviel sie mit (wessen? welcher?) Sexualität und wieviel mit (wessen?) Geld zu tun hat, als aus den zahllosen Abhandlungen, damals wie heute, über «Ursachen» und «Funktion» der Prostitution: praktisch nie ist in diesen Abhandlungen die Rede von Arbeit, Arbeitsbedingungen, Einkommen von Prostituierten.

Arbeit, Sex, Geld: Prostituierte in der Wirtschaftskrise

Was bedeuten die endlosen und bewegten Klagen unzähliger Staatsangestellter und Sozialreformer, Männer wie Frauen, über «das Straßenbild» dieser Jahre? Es scheint mehr Prostituierte zu geben als zuvor und mehr auf den Straßen. Und doch war das um 1927 gar nicht mehr so neu: Schon seit der Revolution von 1918/19 hören wir Klagen über Prostitution, Prostituierte und Straßenbild, von rechts wie von links. Warum also die Aufregung? Jetzt, seit dem Gesetz, hören wir: «Die Mädel sind kecker geworden.» Sichtbar und hörbar sind sie geworden, haben sie sich gemacht. Ganz offenbar benutzten sie das neue Gesetz in einer Weise, die kaum im Sinne des Gesetzgebers gelegen hatte. Dieser Sinn war: Um dem «Würgengel der Geschlechtskrankheiten», der «den Volkskörper zersetzte und verseuchte» und seine «Entartung» betrieb, beizukommen, war es trotz aller sittlichen Bedenken notwendig geworden, Prostitution zu entkriminalisieren, um die Prostituierten zu erfassen. Prostituierte kehrten diesen Sinn um. Sie, die oft genug weniger mit der «Lustseuche» zu tun hatten als zum Beispiel Kriegsheimkehrer oder Vertreter der «freien» Liebe und die mit ihr jedenfalls wirksamer und menschlicher als Ärzte umzugehen wußten, mögen sehr wohl die Geschlechtskrankheiten als Waffe gesehen haben: Waffe im Kampf um ihr Recht, Geld für Dienste zu verlangen, die gefragt waren und die

andere umsonst machten. In dieser Perspektive war das Gesetz von 1927 gleichsam ein Handel und Vertrag zwischen Staat und Prostituierten. Letzteren ging es dabei um ihr Recht auf Einkommen für ihre Arbeit. Die Entkriminalisierung dieser Arbeit war eine entscheidende Voraussetzung dafür, daß sie die Bedingungen des «Tauschs» zwischen Lohn und Arbeit selbst bestimmen konnten.
Obwohl sie zum Teil gegenüber der neuen Gesundheitskontrolle höchst mißtrauisch waren, nahmen sie die staatlich zugesicherte Straffreiheit sehr ernst. Im Zusammentreffen mit Freiern, mit polizeilichen, medizinischen, gerichtlichen Instanzen, mit Fürsorge und Frauenbewegung bestanden sie darauf, daß sie «nicht mehr rechtlos» seien. Sie waren «überzeugt von der Berechtigung ihres Gewerbes» und faßten es geradezu als «einen Dienst an der Allgemeinheit» auf, der unter polizeilichem Schutz stehe. Sie organisierten sich selbst und führten teilweise die Häuser, die nach dem Gesetz als ausbeuterische Bordelle abgeschafft werden mußten, in eigener Regie weiter; dies wurde dann von jenen, die nicht die Ausbeutung, sondern das Selbstbewußtsein der Prostituierten hatten abschaffen wollen, «freiwillige Kasernierung» genannt. Auf der Straße riskierten sie nicht mehr die Individualisierung, traten nicht mehr einzeln auf, immer wieder war die Rede von ihren «Rudeln», sie lassen die betuchten «männlichen Straßenpassanten gleichsam Spießruten laufen»: Was von Männern so formuliert wurde, ist weitgehend identisch damit, daß Frauen, die anschaffen gingen, sich gegen Preisunterbietung organisierten. Denn natürlich brachte die Zunahme von Prostituierten und ihre zunehmende Sichtbarkeit auch einen verschärften Konkurrenzdruck zwischen ihnen mit sich. Ob als «Rudel» auf der Straße oder als «freiwillig Kasernierte» oder in der Vielfalt neu entstandener Animier-, Tanz-, Gastwirtschaftsprostitution, sicher war: «Die Gefahr liegt in der Zusammenballung», wie sich einer der Herren von der DGBG äußerte.
Der Zusammenhang zwischen Geschlechtskrankheiten und Geld war unter Prostituierten eine tägliche Erfahrung. Und doch wurde er in den wortreichen öffentlichen Debatten um die «Bekämpfung der Geschlechtskrankheiten» nur sel-

ten gestreift, denn Einkommen und Arbeit von Prostituierten waren ja nicht Gegenstand der Debatte: Je höher der Tarif, desto weniger Freier sind abzufertigen, desto geringer also die Gefahr der Ansteckung. Die Sicherung des Einkommens von Prostituierten als Mittel gegen «Lustseuche» und «Sittenverfall» war in den Debatten um das Gesetz und seine Wirkung aufs «Straßenbild» natürlich nicht in Erwägung gezogen worden – außer von Prostituierten selbst. So fingen sie in diesen Jahren an, sich als «Staatsbeamtinnen» zu bezeichnen, und «beklagten sich über die Ungerechtigkeit, daß sie nicht pensionsberechtigt seien». Hier wie auch in allen überlieferten Interviews mit Frauen, die anschaffen gingen, selbst noch in denen, wo sie auf schockierend unwürdige Weise «wissenschaftlich» atomisiert wurden, ist dies deutlich: Für sie steht im Zentrum jeglicher Reform die Frage nach dem Einkommen für diese Arbeit, der Verminderung von Arbeit über eine Erhöhung dieses Einkommens und die Verbesserung ihrer Arbeitsbedingungen durch Selbstorganisation.
Dies alles hatte natürlich mit dem Gesetz, wie es der Gesetzgeber interpretierte, wenig zu tun. Wir können aber aus dieser Perspektive deutlicher seine Bedeutung und die seiner Vor- und Nachgeschichte erfassen. Reglementarismus wie auch Abolitionismus der zwanziger und frühen dreißiger Jahre stellten jeweils unterschiedliche Systeme staatlicher Lohnbeschränkung für Prostituierte dar: entweder direkt durch Festlegung von Tarifen, Abführung von Steuern (1929 hatte der Reichsfinanzhof schon zugeschlagen) usw. oder indirekt durch Eingriffe in Arbeits- und Marktbedingungen, das heißt durch Beschneidung der Verhandlungsräume von Prostituierten, in denen sie das wechselvolle Machtverhältnis zwischen Arbeit und Lohn mit Freiern und öffentlicher Ordnung austrugen. Ob die älteren Verhältnisse des polizeilichen Reglementarismus oder die der abolitionistischen Gesundheitskontrolle erfreulicher waren, konnte je nach historischer Situation wechseln. In den Jahren zwischen dem Inkrafttreten des RGBG und der nationalsozialistischen Machtergreifung wurde die staatliche Gewährung relativer Freizügigkeit an die Prostituierten überlagert von anderen Marktmechanis-

men: Die Wirtschaftskrise erschwerte, vor allem für Frauen, den Zugang zu Lohn und Lebensunterhalt. Die Zahl der sichtbaren Prostituierten – in Köln waren zum Beispiel ab 1927 mehr als doppelt soviel Prostituierte bei der Gesundheitsbehörde eingeschrieben als zuvor bei der Sitte – nahm aus verschiedenen Gründen zu: Die Straffreiheit ermöglichte vielen «Heimlichen», ihrem Erwerb nun öffentlich nachzugehen; anderen ermöglichte sie, sich erstmals zu dieser Erwerbsquelle zu entschließen; viele hatten keine andere Wahl, und auf jeden Fall scheint ein Netz von Beziehungen zwischen Frauen, die anschafften, und anderen Frauen den Zugang zur Prostitution erleichtert zu haben. Die öffentliche Sichtbarkeit gerade der Straßenprostitution war aber auch eine Folge ihres niedrigen Lohns. Die Frauen mußten öfter und länger auf die Straße, weil die Tarife niedrig lagen: in Provinzstädten bei 1,50 bis 2 RM pro Freier, in Großstädten oft nur wenig höher, davon abzuziehen waren die (höchst unterschiedlichen) Mietkosten für den Arbeitsplatz. In dieser Situation hielt sich die Straßenprostitution nicht mehr streng an bestimmte Orte und Straßenzüge, die Frauen gingen natürlich dahin, «wo das Geld sitzt», und das hieß meistens: in die Geschäftsstraßen. Die Debatten über das «Straßenbild» in diesen Vierteln zeigen recht deutlich einen wichtigen Kern der Besorgnisse über die Auswirkungen des RGBG: daß sich in diesen Zentren öffentlicher Kommunikation die Kunde vom «leichten» Erwerb trotz Arbeitslosigkeit schnell rumsprechen könnte. Ein weiteres Sorgenkind der Reformer war die «Verseuchung der Bürgerquartiere». Ohne Zweifel hatte die «Seuche» – und zwar nicht die der «Lust», sondern die des «unanständigen» Erwerbs – auch auf «anständige» Frauen übergegriffen.

Vor allem aber wandte sich die Besorgnis den Arbeiterquartieren zu, die zum großen Teil ebenfalls in diesen verkehrsreichen Altstädten lagen. Hier waren auch die Zentren der nicht erfaßten, geheimen, der «Winkelhurerei» gewesen, die das RGBG abschaffen wollte, der «Absteigequartiere» und «unsoliden Wohnungen». Unter den Arbeiterinnen, Arbeiterfrauen und -mädchen war die Gelegenheitsprostitution stark verbreitet – weniger allerdings da,

wo sie in parteipolitische, gewerkschaftliche, religiöse, kulturelle Vereine einbezogen waren, denn dort, so berichtet ein (männlicher) Zeitgenosse, «wird das Sexualleben in ruhigere Bahnen gelenkt». Sozialismus und Arbeiterbewegung hatten nämlich zur Prostitution kein grundsätzlich anderes Verhältnis als die Mächtigen und die Sittenwächter. Unter den Arbeitern konnte es sich nur eine Oberschicht leisten, zu einer Prostituierten zu gehen, deren Preise ihr einen Lebensunterhalt verschafften. Die gleichen Männer warfen ihren Klassengenossinnen, die in der Fabrik 6 oder 8 RM pro Tag verdienten und als «Fabrikmensche» ohnehin als Dirne galten, «Klassenverrat» vor, wenn sie betuchten Freiern hohe Tarife abhandeln konnten. Gegen solchen Erwerb propagierten die Genossen die Gratisarbeit der Hausfrau, nach dem Modell der Bürger. Die Führer der Arbeiterbewegung, die sich gern als Sprachrohr der «arbeitenden Massen» verstanden, blickten mit unverhohlener Verachtung auf Frauen, die in ihren Augen nicht etwa «arbeiteten». Demzufolge durften sie in den einschlägigen Theorien nicht den Ehrenplatz «Arbeitskraft» besetzen – er war «ehrlicher Arbeit», wahrer Produktivität vorbehalten und Voraussetzung dafür, autonome Rechte beanspruchen und Forderungen erheben zu dürfen; statt dessen galten sie schlicht als «Ware». Nicht ganz zu Unrecht, wenn wir uns die sexuelle Normierung (auch) sozialistischer Theorie und Politik gegenüber Frauen vergegenwärtigen: Was für den Freier die «Ware», ist für die Prostituierte Arbeit, und zwar oft harte. Da linke wie rechte Analysen von (potentiellen) Freiern stammen, gibt es da eben nur «Ware», «käufliche (!) Liebe (!)» usw. Die Alternativen, ähnlich wie heute: Gratisarbeit am Oberhaupt der neuen Arbeiterfamilie, Fabrikarbeit, gebildete Berufe – schlecht bezahlt, wirklichkeitsfern oder gar nicht alternativ.
Gegen diese Pseudo-Alternativen reagierten Frauen in den zwanziger Jahren, und das Gesetz, seine Vor- und Nachgeschichte müssen letztlich vor dem Hintergrund dieser Reaktion von Frauen betrachtet werden. Die Straßenprostitution hatte ihre Wohnzentren in den ärmeren Vierteln, und die Jahre der Weimarer Republik sahen das massenhafte Aufkommen von Gaststätten- und Tanzdie-

lenprostitution mit unzähligen Übergangsformen zwischen «offen» und «geheim», mehr oder weniger Arbeit, mehr oder weniger Geld. Der Mythos der mannstollen, von (Hetero-)Sexualtrieb gejagten Dirne hatte mit der Wirklichkeit der Prostituierten nichts zu tun, wenn er auch stark genug war, um zu bewirken, daß Theoretiker von rechts wie links das «Problem» unter dem Titel «Sexualität» oder «Kriminalität» (nie unter «Erwerbstätigkeit») abhandelten und daß «frigide» Ehefrauen über den Sittenverfall seufzten, der ihnen zusätzliche Dienstleistungen abzuverlangen schien und jedenfalls das Haushaltsgeld schmälerte. Tatsächlich standen jedoch Prostituierte diesen Ehefrauen, deren «Frigidität» die damaligen Sexualreformer mit der Proklamierung des weiblichen Orgasmus beim heterosexuellen Beischlaf abhelfen wollten, sehr nahe. Selbst wo sie sich gegenseitig, bewußt oder unbewußt, des Lohndrückens bzw. Streikbrechens bezichtigen mochten, teilten sie die Auffassung, daß Sex = Heterosexualität = Arbeit sei. Mit Lust und Liebe hatte es wenig zu tun, viel mit Arbeit und Abhängigkeit.
Kein Wunder, daß Frauenbeziehungen unter Prostituierten selbstverständlich waren, meist offener als in anderen Bereichen und oft genug unerläßlich fürs Überleben. Seit Anfang des 19. Jahrhunderts – seit Parent-Duchâtelets berühmtem und einflußreichem Werk über die moderne Prostitution – hatte auf gedrucktem und ungedrucktem Weg vor allem dieser geheimnisvolle Aspekt der Prostitution die Gemüter fasziniert und beunruhigt: die «Tribadie». Die Mehrzahl der Prostituierten war, wie man später sagte, lesbisch: Ihre tieferen Beziehungen, die zu ökonomischer Abhängigkeit quer lagen, galten Frauen, «Sex» war das nicht. Dies gilt vor allem, vielleicht in erster Linie, für die Straßenprostitution, das heißt also für die ärmeren Frauen aus den überfüllten Arbeitervierteln. Auch das Bild von sorgloser, frisch-fromm-fröhlich-freier proletarischer Heterosexualität der zwanziger Jahre, die zu Unrecht öfter als bloßer Gegensatz zur exklusiveren Frauenkultur «vermögender» Frauen und von Teilen der organisierten Frauenbewegung dargestellt wird, ist eine männliche Mystifikation. Zeugnisse jener Jahre zeigen vielmehr: Die proletarische

Tanzdielenkultur – entstanden aus der weiblichen Verweigerung einer innerhäuslichen und arbeitsreichen Idylle, propagiert von der männlichen Arbeiterkultur – war tatsächlich erst mal «Anschaffen» und beruhte auf Frauenfreundschaften. Sie war komplementäres Gegenstück zur Verweigerung der Hausarbeit an Männern, wie sie von vielen alleinstehenden und lesbischen Frauen der Frauenbewegung praktiziert wurde: respektlose Forderung nach Bezahlung dieser Arbeit, gefordert von Frauen, die Sex als Frauenarbeit durchschauten und ihre Beziehungen zu Männern als offenes Machtverhältnis.

Rassismus gegen Prostituierte

Das Aufkommen des Nationalsozialismus verwirklichte den schon zuvor angelegten Übergang vom «Kampf gegen die Prostitution», also gegen Gelderwerb durch sexuelle Arbeit, zum «Kampf gegen die Prostituierten». Um diesen Übergang zu begreifen, sind einige Bemerkungen zur rassistischen Tradition unerläßlich. Diese Tradition hat vom 19. Jahrhundert bis in die 1940er Jahre (und bis heute) Prostituierte als «minderwertig» klassifiziert und ihre Ausgrenzung aus der ordentlichen und ordentlich arbeitenden Gesellschaft betrieben und programmiert. Medizin, Anthropologie, Psychiatrie arbeiteten hier zusammen. Der Körper dieser Frauen, sein Inneres und Äußeres, ihre Seele und ihr Geist wurden von Scharen von Forschern registriert, vermessen, fotografiert, klassifiziert; an ihnen wurde mit Methoden experimentiert, die später auf «anständige» Frauen angewandt werden sollten. Rassentheorien krudester Art, Erbtheorien, Milieutheorien sortierten einmütig die Prostituierten in eine zentrale Kategorie der Diskriminierung ein: «moralischer Schwachsinn». Diese Kategorie wurde im Rahmen einer Wissenschaft definiert, die zu Anfang des 20. Jahrhunderts ihre wesentlichen und sozial wirksamen Diagnosen entwickelte, nämlich der Psychiatrie. Minderwertigkeit: kein Recht auf Existenz, also kein Recht auf Lohn. Rassismus und Sexismus als Mittel, das Sichtbarmachen von Arbeit und die Forderung nach Lohn

im Ansatz zu ersticken: Dem Mehr-Wert gegenüber steht der Minder-Wert.
Trotz ihrer offenen oder subtilen Brutalität – oder wegen ihr – finden wir in der rassistischen Tradition Erkenntnisse, Hinweise auf die Prostituierten, die auf die Doppelzüngigkeit abolitionistischer Legitimationsversuche und -verzerrungen verzichten. Nazis sprachen es ohne Umschweife aus und konnten dabei auf beste, wenngleich oft nur verschämte, abolitionistische Gesellschaft rechnen, wenn sie zum Beispiel sagten: «Die Definition des Bordells und des bordellartigen Betriebes bezieht sich nämlich im wesentlichen nur auf den Schutz der Dirnen. Die Dirne kann uns aber gleichgültig sein; ob eine Dirne ausgenutzt wird oder nicht, geht uns nichts an. Je mehr sie ausgenutzt und je schneller sie dadurch ausgemerzt wird, um so besser ist es. Für uns kommt es nur darauf an, wie die Wirkung auf die Allgemeinheit und auf das Straßenbild ist ... Auf keinen Fall ist das Bild so, daß wir es im neuen Deutschland dulden dürfen.»
An dieser rassistischen Tradition, oft, aber keineswegs immer auf der rechten Seite des politischen Spektrums angesiedelt, lassen sich die Hinter- und Hauptgründe einer alten Debatte um «Abschaffung» und «Bekämpfung» ablesen: Prostituierte seien «arbeitsscheu», verweigern sich «ehrlicher Arbeit», sie seien «gefühlskalt», und – Kernpunkt des «moralischen Schwachsinns» – sie nehmen Geld für etwas, was das ganz andere sei gegenüber einer Welt von Arbeit, Konkurrenz, Geschäft, Geld (der Männer). Einst hieß es «Sünde»: damals wurde noch offen über diese Arbeit und dieses Geld geredet und geschrieben. Dann hieß es «Laster» für Frauen, «Natur» für den Mann: Das Schlagwort der Frauenbewegung von der «Doppelmoral» entstand. Schließlich hieß es «Sex» und wurde für die einen zum Reich der Freiheit, für die anderen zum Reich der Notwendigkeit, der Arbeit, nicht oder schlecht bezahlt. Die sich dafür bezahlen ließen, verfielen dem sexistischen Verdikt, keine Frauen zu sein, und dem rassistischen, das – scharfsinnig, herablassend, mörderisch zugleich – zum Beispiel im Tagebuch eines Wohlfahrtsdezernenten 1932 festgehalten ist: «In ihrem geistigen und moralischen Blödsinn ist sie

die geborene Feindin der Ordnung und des Privateigentums ... Sie erregt durch ihr ganzes Gebaren, das an Kinder innerafrikanischer Stämme erinnert, öffentliches Ärgernis ... Vor den Toren stehen 280000 Schwachsinnige, die noch zeugungsfähig und fortpflanzungsfähig sind.»
Noch: bald werden es weniger sein ...

Identifikation von Prostituierten mit schwarzen, jüdischen, zigeunerischen Frauen und dieser Frauen mit Prostituierten: kruder Rassismus, nach «außen». Zuschreibung von Schwachsinn, Schizophrenie, Epilepsie: psychiatrischer Rassismus, nach «innen», gegen «das Fremdrassige in uns». Erfindung, Anwendung von «Heil»-Mitteln und Organisation eines gesundheitlichen Erfassungsnetzes: medizinischer Rassismus. Kruder und wissenschaftlicher Rassismus, nach innen wie nach außen, im Dienst von Sexismus: der Ausbeutung vielfältiger unbezahlter Arbeit von Frauen. Solcher *Sexual- und Sozialrassismus* schafft auch die Diagnose, mit der der Nationalsozialismus bis lange nach 1945 siegreich bleiben wird: Asozialität. Bei Frauen meint das die Negation und Verweigerung unbezahlter Hausarbeit: Schlampe, Prostituierte.

Asozial: «Gemeinschaftsunfähig ist ..., wer besonders unwirtschaftlich und hemmungslos ist und aus Mangel an eigenem Verantwortungsbewußtsein weder einen geordneten Haushalt zu führen noch Kinder zu brauchbaren Volksgenossen zu erziehen vermag ... schließlich Personen, die durch unsittlichen Lebenswandel aus der Volksgemeinschaft herausfallen bzw. ihren Lebensunterhalt dadurch verdienen.»
(Amtliche Definition, 1941)

Auf all diesen Ebenen wird der Nationalsozialismus vollenden, was vor seiner Machtergreifung angelegt wurde. Den Ton hatte Hitler seit 1925 angeschlagen, und wenn auch «Sein Kampf» selten gelesen wurde, so finden sich doch die einschlägigen Stellen in den Quellen immer wieder zitiert. Nicht so sehr «Heim-und-Herd» werden hier propagiert,

sondern der völkische Haß auf alles, was dazu quer stand, und dessen «Ausmerze». Besonders vorgesehen war dafür die «Prostituierung der Liebe» als «Verjudung unseres (!) Seelenlebens» und «Mammonisierung unseres (!) Paarungstriebes». Nicht um altmodische «Sittlichkeit» geht es, sondern ums Geld: «Verjudung» und «Mammonisierung», was wieder das gleiche ist, «werden früher oder später unseren gesamten Nachwuchs verderben, denn an Stelle kraftvoller Kinder eines natürlichen Gefühls werden nur mehr die Jammererscheinungen finanzieller Zweckmäßigkeit treten. Denn diese wird immer mehr die Grundlage und einzige Voraussetzung unserer Ehen.» Denn auch die Ehe ist nicht mehr, was sie einst (bei den «Germanen») war, so manche(r) hat in ihr schon verhüllte Prostitution erkannt: Sex für Kost und Logis. Symbol des nationalsozialistischen Sexismus wurde die Prostituierte, denn er legte größten Wert darauf, daß alle Hausarbeit von Frauen unbezahlt blieb, und selbst die bürgerliche Ehe enthielt noch zuviel Ansprüche der Frau: «Das ist», so philosophiert der Machtergreifer in seinen Tischgesprächen, «das Schlimme an der Ehe: sie schafft Rechtsansprüche! Da ist es schon viel richtiger, eine Geliebte zu haben. Die Last fällt weg, und alles bleibt ein Geschenk.»
Vehikel und Instrument zur Durchsetzung solcher Frauenverachtung aber war: Frauen, die unbezahlte Sex-Arbeit verweigerten und offen Geld dafür verlangten, erfuhren zusätzlich zur sexistischen Ab-Wertung aller Frauenarbeit die rassistisch begründete Minder-Wertigkeit ihrer besonderen Arbeit.

«Der Staat ist der größte Zuhälter»

Kaum an der Macht, verhafteten die Nazis Tausende, eher sogar Zehntausende Prostituierte und «Prostituierte», Frauen, die offen, insgeheim oder vielleicht auch gar nicht anschafften. Zweck der Aktion: endlich das «Straßenbild zu säubern», das heißt, die provozierenden Tatsachen Sex = Arbeit und Arbeit = Lohn, die alltäglich hier demonstriert wurden, durch Absonderung unsichtbar zu machen.

Aus der Arbeit der Sittenpolizei.

Düsseldorf, 19. Sept. Die Kriminalpolizei hat in der vergangenen Woche wieder mehrere Sonderaktionen durchgeführt, um die Straßen von Frauenspersonen zu säubern, die in sitte- und anstandsverletzender Weise der Gewerbeunzucht nachgehen. Bei mehreren Sonderstreifen von Kriminalbeamten und SS-Leuten in Zivil an verschiedenen Tageszeiten und einer großen Razzia wurden insgesamt 82 Frauenspersonen, darunter in der Mehrzahl bekannte Dirnen, zwangsgestellt

Aus Hamburg berichtet das Fremdenblatt in Nr. 248: Der neue Staat nimmt nach den Verordnungen des Reichspräsidenten zum Schutz des deutschen Volkes vom 4. Februar 1933 und zum Schutz von Volk und Staat vom 28. Februar 1933 eine weit schärfere Bekämpfung der öffentlichen Unsittlichkeit und der Straßenprostitution vor, die nach der Aufhebung der öffentlichen Häuser und infolge der wirtschaftlichen Verhältnisse in den letzten Jahren stark zugenommen hatte. Daraus ergibt sich zwangsläufig eine weit höhere Zahl von Frauen, die jetzt auf Grund dieser Verordnungen festgenommen wurden. Während 1932 von März bis Juni nur 969 Personen zwangsgestellt wurden, sind 1933 in den gleichen Monaten 2095 Frauen erfaßt worden. In der Zeit vom 1. März bis 31. August 1933 wurden nach einer Mitteilung der Polizei insgesamt 3201 unzuchttreibende Frauen zwangsgestellt; davon sind 814 in Schutzhaft und 274 wegen Krankheit in Zwangsbehandlung genommen worden.

Aus Mühlhausen schreibt die Saale-Zeitung in Nr. 210: Die Mühlhäuser Polizei hat scharfe Maßnahmen getroffen, um das in Mühlhausen sich immer mehr verbreitende Dirnenunwesen restlos zu beseitigen. Den Dirnen ist es polizeilich verboten, sich auf öffentlichen Straßen oder in Lokalen zu zeigen, aus einem der Straße zu gelegenen Fenster zu sehen, oder sich sonst in irgendeiner Weise bemerkbar zu machen. Jede Zuwiderhandlung wird sofort mit Polizeischutzhaft geahndet. Außerdem wird jede Dirne photographiert und in einem sogenannten Dirnen-Album geführt. Soweit Dirnen verheiratet sind, haben deren Ehemänner Unterbringung in einem Konzentrationslager zu erwarten. Den Wirten wird verboten, der Unzucht verdächtige Personen in ihren Lokalen zu dulden; widrigenfalls verlieren sie die Konzession. Auch Männer, die mit Dirnen zusammen getroffen werden, haben damit zu rechnen, daß ihr Name in der Oeffentlichkeit bekanntgemacht wird.

In Schutzhaft und KZ saßen Prostituierte Seite an Seite mit den ebenfalls eingesperrten «Politischen», von denen das Regime allerdings keine Solidarisierung mit «solchen» Frauen zu befürchten hatte. Im Gegenteil wurde für die «Politischen» dieser Zustand zum Anlaß tiefster Depression und Demoralisierung, auch außerhalb Deutschlands wurde er zuweilen voll Empörung als unschlagbarer Beweis für die politische und moralische Depraviertheit des NS-Regimes gewertet, und auch die Internationale Abolitionistische Föderation rührte sich nicht.
Diese Verhaftungswelle, die sich auf nicht gerade unbekannte Verordnungen stützte – mit der «Verordnung zum Schutz von Volk und Staat» vom 28. Februar 1933 wurde zum Beispiel die Asylierung von «Asozialen» betrieben –, wurde bisher in keinem Geschichtsbuch registriert; heute werden einschlägige Polizei- und Gerichtsakten – im Unterschied zum Beispiel zu solchen über «Heimtücke»-Prozesse und «politische» Verfolgung – für nicht archivwürdig erklärt und vernichtet. Sowenig nach gängiger Meinung Prostituierte vergewaltigt werden können, sowenig kann ihre massenhafte Verfolgung als politisch wahrgenommen werden: denn sind sie nicht «asozial»? Durchaus vergleichbar sind sie hierin den Zigeunerinnen und Zigeunern, die bis vor kurzem nicht einmal als rassisch Verfolgte anerkannt wurden und deren hunderttausendfache Ermordung lange nach 1945 mit «Sicherheitsgründen» und ihrer «Asozialität» gerechtfertigt wurde (es ging dabei natürlich um Geld). Aber neuerdings haben uns Zigeuner/innen gezeigt, wie auch solche Wahrnehmung sich ändern kann.
Bei den Verhaftungen von Prostituierten handelte es sich keineswegs, wie es scheinen könnte, um einen Rückfall vom Abolitionismus in den Reglementarismus. «Gewerbliche Unzucht» an sich war weiterhin straffrei, gesundheitliche Kontrolle hatte den Vorrang vor der polizeilichen. Gewiß attackierten (vor allem «kleine») Nazis seit 1932 das RGBG eifrig und amtlich, die Debatte ging hin und her, aber die entscheidenden Instanzen wußten gut, was sie an ihm hatten.

«Ich lasse es mir nicht nehmen, daß die gesetzlichen Handhaben vollkommen gegeben sind, einen Zustand herbeizuführen, der vom Standpunkt der allgemeinen Moral aus, wenn auch nicht ideal, so doch erfreulich ist. Ideal läßt es sich nur gestalten, wenn man alle Dirnen sofort greift und in Konzentrationslager schafft.»
Ministerialrat Dr. S., 1934

Auf der Basis des Gesetzes von 1927 konstituierte sich im Nationalsozialismus der Staat offen und systematisch als Zuhälter: als Nutznießer der Arbeit und als Kassierer des Lohns von Frauen. Sittlichkeitspredigten («eine Sexualethik, die auf der Würde und Hoheit der Frau beruht, die Frau vor Ausnützung und Herabwürdigung schützt und der Einehe wieder die Bedeutung gibt, die sie in unserem Volksleben haben muß!»), «natürliche» Sexualethik und Männergeilheit hielten sich in der Propaganda die Waage. Der staatlichen Politik insgesamt ging es jedoch weder um «Abschaffung» von Prostituierten (wie mancher sittenstrengen Frau bis hin zur Reichsfrauenführerin Scholtz-Klink) noch ums bezahlte «Ausleben» von Männern, sondern um Lohnsenkung für sexuelle Dienstleistungen, durchgesetzt durch Überwachen, Strafen, Einsperren, durch staatlichen Eingriff in Leib, Seele, Geist der Prostituierten.

«Unser Aufbruch hat nichts mit bürgerlicher Tugend zu tun. Wir sind der Aufbruch der Kraft unserer Nation. Meinetwegen auch der Kraft ihrer Lenden. Ich werde keinem meiner Leute ihren Spaß verderben. Wenn ich von ihnen das Äußerste verlange, so muß ich ihnen auch freigeben, sich auszutoben, wie sie wollen, nicht wie es alten Betschwestern paßt. Meine Leute sind, weiß Gott, keine Engel und sollen es nicht sein. Sie sind Landsknechte und sollen es bleiben.» Hitler

«Dirnen stehen an den Türen und locken. Halbnackt. Furchtbare Anklage! Körpergeschäft! Ich möchte weinen! Kann das ein Mann? Für Geld? Die Brunst wird zur Schamlosigkeit. Die Gesellschaft. So ist sie! Es girrt und lockt. Schmährufe hinter uns! Pfui! Wer trägt die Schuld! Abgesperrt im Ghetto der Lust. Auf den Straßen umarmen blonde Mädchen feixende Chinesen. Die Polizei lacht dazu. Das ist der Bürgerstaat! Alles, alles nur Brunst und Geschäft.»
Goebbels

Unmittelbar nach der Machtergreifung werden Frauen mit einer neuen Gesetzgebung geradzu bombardiert, die auf ihren Körper und ihre Arbeit zielt; fast alle Gesetze betreffen besonders auch Prostituierte:

22. 5. 33	Verschärfung der Verfolgung von Abtreibung
26. 5. 33	Änderung des RGBG § 16.3 und 4 (= RStGB § 361.6)
1. 6. 33	Einführung von Ehestandsdarlehen
20. 6. 33	Einführung des «Abkinderns» dieser Darlehen
14. 7. 33	Gesetz zur Sterilisation «Minderwertiger»
24. 11. 33	«Gewohnheitsverbrecher»-Gesetz
15. 12. 33	Sterilisation von «Gewohnheitsverbrechern»
3. 7. 34	Gesetz zur Vereinheitlichung des Gesundheitswesens
18. 10. 35	Ehegesundheitsgesetz

Die offen prostituiertenfeindliche Politik des NS-Regimes stand im Zentrum seiner frauenfeindlichen Politik insgesamt. Mit dem Angriff auf die (relative) Unabhängigkeit und Macht von Prostituierten in der bestimmten Situation der Weltwirtschaftskrise vermochte sie, die (relative) Unabhängigkeit und Macht aller Frauen zu untergraben. Dies konnte nicht zuletzt deshalb gelingen, weil diejenige Kombination von Rassismus und Sexismus, die Prostituierte

und Prostitution für «minderwertig» erklärte, von einer großen Mehrheit der Deutschen – und nicht nur von ihnen – bewußt oder unbewußt akzeptiert wurde.
Diese nationalsozialistische Politik war im übrigen sehr differenziert; sie beschäftigte Staat und Partei kontinuierlich und intensiv, fast vom ersten bis zum letzten Tag des Regimes. Es ist hier nicht möglich, vielleicht auch nicht nötig, diese Politik im Detail zu beschreiben (obwohl auch hier der Teufel oft im Detail steckt); einige große Linien mögen genügen. Gravierender ist, daß in diesen Jahren die Stimmen von Prostituierten noch weniger vernehmbar sind als vorher und nachher. Die Arbeit, sie hinter den Verlautbarungen und Maßnahmen von Staat und Männern (und einigen wenigen Frauen) zu entziffern, wird um so größer. Verlautbarungen und Maßnahmen aber häufen sich. Kein Jahr von den zwölfen geht vorbei ohne einschneidende Paragraphen und Eingriffe. Neben vielen anderen ist auch dies ein Indiz für die Zentralität des Angriffs auf Prostituierte im Rahmen nationalsozialistischer Sozial-, Lohn-, Frauenpolitik. Der Angriff bewegte sich auf der Ebene von Rassen-, Bevölkerungs-, Familien-, Gesundheitspolitik; Gesetzgeber, Polizei, Gemeindeverwaltungen, Ärzte und Psychiater waren seine Protagonisten.
Die Novelle vom 26. 5. 33 zum RGBG § 16.3 und 4, die bis heute gilt, betraf genau den Punkt, um den seit Jahren debattiert wurde: «das Straßenbild». Nunmehr konnte die Polizei nicht nur diejenige Kundenwerbung verfolgen, die «Sitte und Anstand» verletzte – was immer das sein mochte –, sondern jegliche, die «auffällig» war. Außerdem brauchte sich niemand Bestimmter mehr «belästigt» zu fühlen; es genügte, wenn das, was die Frau tut, «geeignet» ist, zu belästigen. Eine große Anzahl von Verhaftungen der Folgezeit geschah dann auf der Grundlage anonymer Denunziationen; bei mehrmaligem Verstoß gegen den Paragraphen wurde eine Frau zur «Gewohnheitsverbrecherin» und konnte als solche bald grenzenlos gefangengesetzt werden. Unabhängigkeit und Verhandlungsspielraum von Prostituierten gegenüber Freiern wurden also drastisch eingeschränkt. Es verdient hervorgehoben zu werden, daß die Novellierung von § 361.6 StGB eine doppelte Funktion er-

füllte: Die gleiche Maßnahme, die auf diese Weise den Lohn von Prostituierten bedrohte, bedrohte auch alle «anständigen» Frauen damit, als Prostituierte zu gelten, wenn sie die Norm des «sauberen Straßenbildes» verletzten.
Am 1. Juni 1933 wurde das «Gesetz zur Verminderung der Arbeitslosigkeit» erlassen, das in seinem 5. Abschnitt unter dem Titel «Förderung der Eheschließungen» die Vergabe von Ehestandsdarlehen in Höhe von maximal 1000 RM vorsah (faktisch wurden es dann bloß 500 RM). Es sollte denjenigen Männern gezahlt werden, deren Frauen bei der Eheschließung den außerhäuslichen Erwerb aufgaben. Die übliche Erklärung des Darlehens, es habe Frauen von «der Arbeit» abziehen und Arbeitsplätze für Männer schaffen sollen, wurde zwar als eine der Begründungen für das Gesetz angeführt. Aber ganz abgesehen davon, daß es nicht in diesem Sinn funktionierte und funktionieren sollte (Frauen arbeiteten weiterhin doppelt und dreifach für wenig oder gar kein Geld) und auch bald widerrufen wurde, stand das Ehestandsdarlehen in einem anderen, umfassenderen Zusammenhang. Dieser wird offensichtlich, wenn wir die vielen gedruckten und ungedruckten Dokumente von Staat und Partei und ihren Ausschüssen aus dieser Zeit lesen. Hier wie schon seit Jahren wurde die «Frühehe» zur «Reduzierung der Nachfrage» nach Prostituierten propagiert als das einzig übriggebliebene Mittel, das im Kampf gegen die Prostitution noch Erfolg zu versprechen schien, nachdem die Politik der «Reduzierung des Angebots» gescheitert war. Dieser Zusammenhang ist zum Beispiel in Hitlers Buch ebenso ausgesprochen wie in Schriften von Sexual- und Sozialreformern, in den Äußerungen der DGBG wie im Reichstagsausschuß für Bevölkerungspolitik (der 1915/16 wegen der Prostitutionsfrage gegründet worden war) und nach 1933 in den entscheidenden juristischen und sozialpolitischen Instanzen, zum Beispiel im «Sachverständigenbeirat für Bevölkerungs- und Rassenpolitik» beim Innenminister oder im «Ausschuß für Rechtsfragen der Bevölkerungspolitik».
Durch die Frühehe sollten die Bedürfnisse des deutschen Mannes, von dessen angeblichem Naturtrieb Prostituierte sich ihren Lebensunterhalt verschafften, gratis und auf sitt-

liche Weise befriedigt werden. Das Ehestandsdarlehen war ein Versuch, diese Bevölkerungspolitik der Frühehe zu verwirklichen: Der Staat ermöglichte dem Mann die Gründung eines Hausstands, auch wenn er noch zuwenig verdiente, um sich eine Frau zu nehmen (denn vor den Zeiten massenhafter «romantischer Liebe» pflegten Frauen einen Habenichts allenfalls zu lieben, aber nicht zu heiraten). Allerdings ging das Geld nur an «rassisch Hochwertige», «Erbgesunde», Geschlechtsgesunde. Unter denen, die davon ausgeschlossen wurden, waren auch viele Prostituierte. Bezeichnend auch, daß sich die rassistisch-sexistische Bevölkerungspolitik da, wo es um Geld ging, nicht nur und vielleicht nicht einmal so sehr an der Förderung von Geburten und Mutterschaft (von «Gebärmaschinen», heißt es in einer gewissen frauen-, mütter- und kinderfeindlichen Literatur) orientierte: Kinderbeihilfen, wiederum auf rassistische Weise verteilt, gab es erst mehr als drei Jahre später. Die viel früher einsetzende und zielbewußter verfolgte Propagierung eines hohen und hehren, nordischen, deutschen usw. Frauenbilds bezweckte dagegen, als Kern- und Ausgangspunkt nationalsozialistischer Sexualethik und Bevölkerungspolitik, den weiblichen Gratisdienst am Mann. Wie sehr den Nazis das gesundheitliche Kontrollnetz zustatten kam, das 1927 für Frauen, die anschaffen gingen, programmiert worden war, zeigte sich sehr bald, und zwar im gleichen Maß wie der platte Sexismus und Rassismus des kleinen Parteigenossen verwissenschaftlicht und verstaatlicht wurde. Vieles von dieser «Rassen- und Bevölkerungspolitik» läßt sich nur auf der Ebene der Gemeindeverwaltungen rekonstruieren. Als Modellfall kann die Stadt Köln dienen. Im Jahr 1934 wird berichtet, daß seit 1927 die Gesundheitsbehörde zusammen mit der Geschlechtskranken-Beratung, Kriminal- und Schutzpolizei im Rahmen der «Infektionsquellenforschung» (das heißt, ein Geschlechtskranker muß angeben, mit wem er verkehrt hat, diese/r wird erfaßt und, falls nötig, polizeilich vorgeführt) eine Zentralkartei aufbaute. Diese enthielt folgende «Sonderkartotheken»:

1. eine Prostituierten-Kartothek nach Namen mit **Lichtbild**,
2. eine Prostituierten-Kartothek nach Straßen,
3. eine Prostituierten-Kartothek, in der sämtliche Spitz- und Kosenamen verzeichnet sind,
4. eine Sammelkartothek über alle Personen, die bei der Gesundheitsbehörde irgendwie bekannt geworden sind.

Die Zentralkartei erwies sich als besonders fruchtbringend für die Ermittlung aller derjenigen Ansteckungsquellen, bei denen der Kranke nähere Angaben über die Personalien der in Frage kommenden Person nicht machen kann. So genügte in sehr vielen Fällen, falls der Patient keinen Namen wußte, eine kurze Personalbeschreibung und die Angabe der Straße, um die betreffende Person an Hand der Straßenkartothek zu ermitteln. Weiterhin bewährte sich in der praktischen Infektionsquellenforschung die seit 1927 planmäßig durchgeführte Aufzeichnung der in der Gesundheitsbehörde bekannten Spitz- und Kosenamen der Prostituierten. Aus den vielen vorliegenden Beispielen der Ermittlung von Ansteckungsquellen auf Grund von Spitz- und Kosenamen sei hier nur ein Beispiel aus der jüngsten Zeit genannt:

Ein auswärtiger Arzt meldete der Kölner Gesundheitsbehörde, daß ein Patient sich in Köln bei einer „Cilly" mit Tripper infiziert habe. Außer einer kurzen Beschreibung der Person konnte der Patient nähere Angaben über die Personalien nicht machen. An Hand der Kartothek der Gesundheitsbehörde wurde die Betreffende in etwa 10 Minuten ermittelt, obwohl sie in Wirklichkeit einen ganz anderen Namen, nämlich M. Sch. hatte. Ein Beaufragter der Gesundheitsbehörde begab sich dann sofort in die Wohnung der Betreffenden und erfuhr von ihrer Wirtin, daß sie vor 2 Tagen in eine andere Großstadt abgereist sei. Die Kölner Gesundheitsbehörde übermittelte dann sofort der Gesundheitsbehörde in der anderen Stadt die von der Wirtin dem Beamten aufgegebene Adresse. Nach drei Tagen traf schon die Meldung in Köln ein, daß die M. Sch. wegen Tripper ins Krankenhaus eingeliefert sei. So konnte vor Ablauf einer Woche dem meldenden Arzt mitgeteilt werden, daß die unter „Cilly" angegebene Ansteckungsquelle bereits ermittelt und der Behandlung zugeführt sei.

Mit der Kartothek konnte «Cilly» nicht nur «ermittelt und der Behandlung zugeführt» werden. Im Rahmen eines «individuell gestalteten Überwachungssystems» wurden auch Personalakten angelegt, auf denen unter dem Titel «Sozialhygienische Anamnese» die seit über einer Generation unablässig erforschten «Faktoren» eingetragen wurden, die angeblich dazu führten, daß Frauen für Heterosex Geld nahmen, oder die «prostitutionelle Erbanlage» zum Ausbruch brachten: berufliche Herkunft, Tätigkeit der Mutter, uneheliche Geburt, Zahl der Geschwister, «ist die Schule gern oder ungern besucht worden», «Lust und Liebe zu geistiger Beschäftigung», «Berufswechsel». Was sich hier an offenem und subtilem Sexualrassismus zeigt, wird ergänzt

durch die nicht weniger interessante «ärztliche Anamnese»: hier wird, außer nach Geschlechtskrankheiten und Abtreibungen, gefragt nach «angeborenem Schwachsinn, Schizophrenie, Epilepsie, erblicher Blind- oder Taubheit, schweren erblichen Mißbildungen, schweren Alkoholikern in der Familie». Warum gerade diese Zusammenstellung von «Minderwertigkeiten»? Es sind genau diejenigen Diagnosen, für die das Gesetz über eugenische Sterilisation vom 14. Juli 1933 die Zwangssterilisation vorsah. Seit diesem Datum haben Gesundheits- und Wohlfahrtsbehörden eine zusätzliche Aufgabe: Prostituierte daraufhin zu untersuchen, ob man für sie beim neugeschaffenen Erbgesundheitsgericht die Sterilisation beantragen und durchsetzen kann.
Seit den letzten Jahren des 19. Jahrhunderts debattierte man die «eugenische» Sterilisation, das heißt die Unfruchtbarmachung wegen «erblicher» Formen von «Minderwertigkeit» im Interesse von Volk, Gemeinschaft, Volksgemeinschaft, Volkskörper. Seit dem Ersten Weltkrieg wurde sie zunehmend öffentlich und engagiert zur Lösung vieler drängender sozialer Probleme empfohlen, von rechts wie von links, von Männern wie von Frauen, von Anhängern der Erbtheorien wie der Milieutheorien, von Mendelisten wie Lamarckisten. Ab und zu wird sie auch schon angewandt. 1932 lag in Preußen ein erster Gesetzentwurf der SPD vor, der noch die Zustimmung der Betroffenen zur eugenischen Maßnahme vorsah. Aber freie Entscheidung des Individuums und Eugenik schließen sich aus, «Freiwilligkeit» in «eugenischer» Sache war von Anfang an eine Farce. Wer erklärt sich schon freiwillig für minderwertig? Wie lange vermag jemand die eigene «Wertigkeit» gegen den Druck eines Volkskörpers zu behaupten? Wie lange dauert es, bis die angestrengten Bemühungen eines halben Jahrhunderts zum Tragen kommen, «Minderwertigkeit» als soziale Kategorie im Bewußtsein und Geldbeutel des «Volkes» einzuprägen? Sind wir Frauen nicht alle minderwertig? Als Prototyp weiblicher Minderwertigkeit war die Prostituierte eingeprägt worden. Sex als Arbeit zu sehen und Geld dafür zu verlangen mußte um so mehr als «moralisch schwachsinnig» gelten, als diese Generation gelernt

hatte, (Hetero-)Sex nicht mehr nur als «natürlich», sondern als Triebgrund menschlicher Motive und Lust zu definieren. In einem komplizierten und vieldeutigen Prozeß wurden viele, die als «psychopathisch», «schwachsinnig», «schizophren» abgestempelt worden waren, zu «Psychopath(inn)en», «Schwachsinnigen», «Schizophrenen». Diese stellten fast 90 % der etwa 300000 registrierten Zwangssterilisationen der ersten zweieinhalb Jahre nach Inkrafttreten des Gesetzes. Unzählige Prostituierte waren unter ihnen. Was hier vor sich ging, war ein Höhepunkt der bisherigen männlichen Angriffe auf die weiblichen Geschlechtsorgane, der in einer – bisher noch kaum erforschten – Tradition der Unterwerfung von Frauen unter die staatlich organisierte Macht der Medizin seit dem 19. Jahrhundert stand.

Der Angriff auf den weiblichen Körper hatte viel zu tun mit den staatlichen Finanzen. Um die Gelder zu erhalten, die unter dem Titel «Bevölkerungs- und Rassenpolitik» in den Bereich der unbezahlten Hausarbeit flossen – zum Beispiel Ehestandsdarlehen –, mußte frau/mann sich einer Untersuchung unterziehen; hier wurde festgestellt, ob ein Antrag auf Zwangssterilisation zu stellen wäre. Wer sich hier und in verschiedenen anderen Tests nicht als nützlich für den Volkskörper erwies, ging leer aus, und zwar bei Ehestandsdarlehen auch dann, wenn der Antrag vom Erbgesundheitsgericht abgelehnt wurde: Der Antrag allein machte schon verdächtig.

Kein Wunder, daß Prostituierte wieder in den Untergrund gingen; die Zahl der heimlichen Prostituierten nahm wieder zu, Gesundheitsbehörde und Polizei wurden für sie fast ununterscheidbar. 1937 riet ein Experte einem, der es werden wollte: «Wenn Sie sich das Bild solcher Bordellstraßen ansehen wollen, würde ich empfehlen, das als Privatmann und nicht mit polizeilicher Führung zu tun. Die Dirnen haben ein so feines Nachrichtensystem, daß sie die Annäherung eines Kriminalbeamten rechtzeitig erfahren. Wenn man dann hinkommt, ist natürlich alles tadellos in Ordnung.» Prostituierte griffen wieder auf ihre klandestinen Organisationsformen zurück.

Inzwischen bezog sich der Zugriff längst auf alle HWG-Personen, denn in der Tat ging es ja offiziell nicht um Pro-

stituierte, sondern um Träger von Geschlechtskrankheiten, ungeachtet ihres Geschlechts und ihres Gelds. Trotz aller Bemühungen war das Problem offenbar nicht einfach in den Griff zu bekommen. Dies läßt sich ablesen an den Dokumenten, die es detailliert diskutieren, an den Um- und Anfragen, wie es denn anderswo gehandhabt werde. Der wichtigste Punkt war die «Anstaltseinweisung» für Prostituierte (Arbeits- und Irrenhaus, Gefängnis und Lager). Da sie nach dem RGBG nur in genau benannten Fällen und nur ins Krankenhaus möglich war, suchte man jetzt geflissentlich nach neuen Möglichkeiten für eine «segensreiche Ausfüllung» dieser Gesetzeslücke. Sehr deutlich tritt hier der – viel ältere und vielfach popularisierte – rassistische Diskurs über Absonderung und Einsperrung (= «Anstalten») zutage. Auf der einen Seite mußten Volksgemeinschaft, Volkskörper, Rasse usw. vor solchen, die schädigten oder nicht nützten, geschützt werden, indem man sie absonderte. Auf der anderen Seite hämmerte der rassistische Diskurs ein, daß auf diese Weise der schönste Teil des Volksvermögens, statt für «Begabte» verwendet, für parasitäre Insassen verschwendet wurde. Nur oberflächlich widersprachen sich beide Argumentationen; die Lösung des Widerspruchs war im rassistischen Diskurs (trotz aller humanitären Einsprengsel und Legitimationen) von Anfang an angelegt: Wenn die «Parasiten» auch («leider», «noch») nicht ausgemerzt werden können, so doch wenigstens ihr Nachwuchs. Der rassistische Diskurs von Minder-Wertigkeit und «ökonomischen» Ressourcen führte über die Sterilisation und Euthanasie zum Massenmord.
Diesen Weg sollten auch Prostituierte gehen. War die erste Möglichkeit, über die Daten der Gesundheitskartei eine Sterilisation durchzusetzen, aus irgendwelchen Gründen nicht gangbar, so wurden neue Möglichkeiten geschaffen. Gerade die Anstalten waren in den ersten Jahren der staatlichen Zwangssterilisation das ungeschützteste Terrain: Ausgesondert, eingesperrt, abgeschirmt war den Opfern die Möglichkeit zum Widerstand genommen, die es draußen zuweilen noch gab. Die Verordnungen vom 4. und 28. Februar 1933 wurden ergänzt durch das Gesetz gegen «gefährliche Gewohnheitsverbrecher» vom 24. 11. 1933, dem-

zufolge Frauen, die gegen § 361.6 StGB verstießen, ins Arbeitshaus eingewiesen werden konnten; eine Verordnung vom 15. Dezember zu diesem Gesetz machte zur Pflicht, solche Leute den Sterilisationsbehörden zu melden. In Köln «nehmen (seither) die Anträge, ... Prostituierte ... und Strichjungen unfruchtbar zu machen, beachtlich zu», heißt es in einer Untersuchung; oft werden sie gleich in den Gefängniskrankenhäusern sterilisiert. «Gesetz»-widrige Sterilisationen, die also ohne den juristisch vorgeschriebenen Gang vors Erbgesundheitsgericht zustande kamen, gab es auch; natürlich wurden sie nicht registriert (und allenfalls diese – aber auch nicht immer – werden von den späteren Wiedergutmachungsstellen anerkannt und entschädigt; die anderen gelten heute als «gesetzlich»). Das Kölner Erbgesundheitsgericht lehnte in einem Fall einige Unfruchtbarmachungen von Prostituierten und Strichjungen ab mit der Begründung, «Prostituierte und Strichjungen sind nicht von vornherein erblich schwachsinnig», aber das Erbgesundheitsobergericht machte diesen Beschluß wieder rückgängig. In Köln finden wir, was typisch auch für andere Städte gewesen sein dürfte: Die Wohngebiete derer, die wegen «intellektuellen» und «moralischen Schwachsinns» zwangssterilisiert wurden, waren in der Altstadt konzentriert. Hier, in den ärmeren und Arbeitervierteln mit ihrem traditionellen Straßenstrich, wurde unter anderem ein neues deutsches Frauenbild mit Hilfe der Zwangssterilisation durchgesetzt.
Hamburg, 1935: Prostituierte, die wiederholt in ein Krankenhaus eingewiesen werden «mußten», werden, «da in diesen Fällen ein dringendes Bedürfnis nach einer zwangsweisen Unterbringung der Mädchen» besteht, «wegen Geistesschwäche» entmündigt. «Durch einen Sammelvormund wird die Anstaltsunterbringung gesichert. Die Hamburger Gerichte haben in einer großen Anzahl von Fällen eine Geistesschwäche bejaht, wenn moralischer Schwachsinn nachgewiesen werden konnte, und haben häufig notwendig werdende Krankenhauseinweisungen neben anderen Umständen als Indiz dafür angesehen, daß das Mädchen ihre Angelegenheiten nicht zu besorgen vermag. Durch diese Entmündigungen gelingt es, einen großen Teil der wieder-

holt in Krankenhäuser eingewiesenen Mädchen zwangsweise in einer Anstalt, und zwar auf längere Dauer, unterzubringen.» Für die Sterilisation entmündigter Personen war deren Zustimmung nicht einmal mehr pro forma einzuholen.

Vorbeugehaft für Prostituierte ergänzte ab 1937 das Spektrum der Vorkriegsmaßnahmen. Mit Ausbruch des Kriegs wurden die Maßnahmen ausgedehnt auf «Frauen, die sich zur Animierung, Unterhaltung usw. der männlichen Gäste in Gaststätten und ähnlichen Einrichtungen aufhalten (Tisch- oder Unterhaltungsfrauen, Eintänzerinnen)», und mit einem Erlaß des Reichsinnenministers vom 18. September 1939 wurde angeordnet, «daß Personen mit häufig wechselndem Geschlechtsverkehr, bei denen eine ansteckungsgefährliche Geschlechtskrankheit festgestellt wird, stets in einer Anstalt unterzubringen, im Weigerungsfalle sofort polizeilich dorthin zu überführen sind.»

Insassinnen und Insassen dieser Anstalten fielen zu Hunderttausenden der Zwangssterilisation ab 1934 und der Euthanasie ab 1939 zum Opfer.

Lesben und Prostituierte

Im Jahr 1928 hatte die NSDAP verkündet: «Wer an mannmännliche Liebe oder weibweibliche Liebe denkt, ist unser Feind. Alles, was unser Volk entmannt, zum Spielball seiner Feinde macht, lehnen wir ab, denn wir wissen, daß Leben Kampf ist und Wahnsinn, zu denken, die Menschen lägen sich einst brüderlich in den Armen.» Eine «rücksichtslose Bekämpfung» von «gleichgeschlechtlichen Verfehlungen zwischen Personen weiblichen Geschlechts» forderte eine Schrift von 1942. Lesben, die seit der Jahrhundertwende teils in der Homosexuellenbewegung, teils in der Frauenbewegung öffentlich geworden waren, verschwanden 1933 gleichsam spurlos von der Bildfläche. Hunderte von Homosexuellen-, Prostituierten-, Lesben-(«Damen»-)Lokalen wurden in Berlin in denselben Razzien geschlossen. In der Mädchenerziehung der folgenden Jahre wurde vor Zärtlichkeiten unter Frauen dringend gewarnt. Im übrigen

wurde weibliche Homosexualität – im Unterschied zur männlichen – mit aller Konsequenz totgeschwiegen.
Mitte der dreißiger Jahre entspann sich jedoch unter nationalsozialistischen «Rechts»-Reformern eine Diskussion darüber, ob angesichts der klaren politischen Linie in dieser Frage nicht endlich eine «Gleichstellung» der Frauen mit den Männern, also eine strafrechtliche Verfolgung lesbischer Frauen durch § 175 oder ein neues Gesetz beschlossen werden sollte. Ausgelöst wurde die Diskussion 1936 offenbar durch die Beobachtung verschiedener Rassenpolitiker, daß «die weibliche Homosexualität (Tribadie) ... in starker Zunahme begriffen sei». Man einigte sich darauf, sie nicht unter Strafe zu stellen. Die angeführten Gründe zeigen, wie subtil nationalsozialistische Politik gegen Frauen vorging.
Erstens sei strafrechtliche Verfolgung nicht nötig, «weil im allgemeinen wohl angenommen werden könne, daß eine verführte Frau dadurch nicht dauernd dem normalen Geschlechtsverkehr entzogen werde, sondern bevölkerungspolitisch nach wie vor nutzbar bleiben werde». Der Grund liegt auf der Hand und brauchte nicht einmal ausgesprochen zu werden: Da Frauen über ihre Sexualität ohnehin nicht zu verfügen haben und auf vielfache Weise an Männer gebunden werden, da außerdem unabhängig von ihrer sexuellen Entscheidung mit ihrem Kinderwunsch gerechnet werden kann, ist die Angelegenheit «bevölkerungspolitisch kaum schädlich». Ferner sei Homosexualität unter Frauen weniger staatsabträglich, denn «der wichtige Grund für die Strafbarkeit der Unzucht zwischen Männern, der in der Verfälschung des öffentlichen Lebens durch die Schaffung von persönlichen Abhängigkeitsverhältnissen liegt, trifft bei Frauen wegen ihrer weniger maßgebenden Stellung in staatlichen und öffentlichen Ämtern nicht zu». Die Organisation des nationalsozialistischen Staats garantierte dafür, daß die Macht der Frauen so gering blieb, daß auch das «Private» privat blieb.
Zweitens sei ein Verbot weiblicher Homosexualität nicht möglich oder geradezu gefährlich. Denn «wegen der natürlichen Neigung der Frau zu Überschwenglichkeiten und Liebkosungen» mit anderen Frauen sei die «Feststellung

solcher Handlungen» (Nazi-Sprache und Nazis lieben das Fest-Stellen) außerordentlich schwierig und die Abgrenzung zwischen homosexuellen und heterosexuellen Frauen unmöglich. Ihre «Betätigung», so heißt es weiter, «entzieht sich angesichts der innigeren Umgangsformen des gesellschaftlichen Verkehrs zwischen Frauen mehr der Beobachtung der Öffentlichkeit». Während dies zwar voyeuristisch, aber nicht ganz falsch beobachtet ist, machen die weiteren Schlußfolgerungen mißtrauisch: es bestehe deshalb, sagt mann, die «Gefahr unberechtigter Anzeigen», von «Denunziationen».

Merkwürdig: Millionenfach wurde im «Dritten Reich» denunziert, «Einfach»-Verdiener denunzierten «Doppel»-Verdiener, Gesunde denunzierten Psychopathen, Normale Anormale, Männer Frauen, Rechte Linke, der Friseur seine Kunden, Kinder ihre Eltern, dann alles auch wieder umgekehrt – und gefördert und geschürt von der nationalsozialistischen «Bewegung». Warum plötzlich solch Zartgefühl für die «natürliche Neigung der Frau» und solcher Respekt vor ihrem privaten Raum, der ansonsten beliebtes Ziel der Gestapo ist? Alles spricht dafür, daß der nationalsozialistische Staat keineswegs aus Zartgefühl so handelte, sondern aus Angst vor Frauenwiderstand: unmöglich, ihren einzigen Raum zu zerstören, wo sie, die ansonsten für Männer und Kinder im Haus und außer Haus umsonst arbeiten und von niemandem wieder aufgerichtet werden und dafür sowieso nur wenig Zeit haben, wieder aufgerichtet und gestärkt wurden – nämlich durch andere Frauen. Die nationalsozialistischen Gesellschaftsplaner – wenn auch wohl nicht die SA-Rabauken von 1930–1934 – scheinen sich dies wohl überlegt zu haben. Die Unterwerfung der Frauen mußte auf subtilere Weise erfolgen, ohne daß man ihnen ihre Reserven nahm, denn ihre Arbeit zur eigenen Selbsterhaltung war allzu wichtig als Grundlage für einen Staat der Arbeits- und Leistungsmoral, der seinerseits in erster Linie Frauen brauchte, um bestehen zu können.

Offensichtlich bedeutete eine solche Politik alles andere als eine Liberalisierung gegenüber den früheren Zielen der Nazis, gegenüber der faktischen (wenn auch nicht immer strafrechtlichen) Diskriminierung homosexueller Frauen

vor 1933 oder im Vergleich mit der Verfolgung homosexueller Männer durch § 175. Im Gegenteil: Denn tatsächlich führte diese Politik die älteren Versuche zur Standardisierung von Frauenbeziehungen nach heterosexuellem (Gewalt-)Muster, die Kanalisierung und Instrumentalisierung weiblicher Homosexualität nur logisch weiter zu ihrem Höhepunkt: zum Versuch, auch Frauenbeziehungen auf Arbeit zu reduzieren, auf Reproduktion von Frauen für Frauen. Und umgekehrt erhoffte sich Himmler von seiner Billig- und Zwangsprostitution, die männliche Homosexualität in Schach zu halten: «... man kann nicht einesteils verhindern wollen, daß die ganze Jugend zur Homosexualität abwandert, und andererseits jeden Ausweg sperren. Das ist Wahnsinn. Schließlich bringt jede Möglichkeit, mit Mädchen in Großstädten zusammenzukommen – auch wenn es für Geld ist –, die ich zusperre, ein großes Kontingent auf die andere Seite.» Ein langer Weg war zu gehen, bevor weibliche Homosexualität und Prostitution sich wirksam gegen diese Arbeit und Standardisierung auflehnen konnten, sich aus der Zwangsjacke befreiten, Widerstand und Stabilität zugleich zu repräsentieren.
Und dennoch ist das merkwürdig stille und spurenlose Verschwinden der alten Lesben-Bewegung ungeklärt. Daß viele in die neuen Frauenorganisationen übergewechselt sein mögen, aus Überzeugung oder als Tarnung, ahnungslos oder subversiv, reicht meines Erachtens noch nicht aus, einen solchen Bruch, solches Schweigen zu erklären. Weiter reicht die Tatsache, daß Frauen wegen ihrer Homosexualität ins Lager kamen: In einigen Frauenlagern gab es Häftlinge mit rosa Winkel. Denkbar auch, daß die Prostituiertenverhaftungen und das Unsichtbarwerden lesbischer Frauen mehr als nur gleichzeitig sind; möglich, daß mit der Absonderung von Frauen, die anschaffen gingen, auch ein Pfeiler der Lesben-Bewegung gebrochen war. Umgekehrt gibt es Hinweise, daß die Zunahme an weiblicher Homosexualität in den dreißiger Jahren hauptsächlich «in Dirnenkreisen» beobachtet wurde. Sicher jedenfalls ist, daß ein sehr großer Teil derjenigen Lesben, die so plötzlich unsichtbar und unhörbar wurden, in Irrenanstalten und Lager eingewiesen wurde und dort das Schicksal der Insassen teil-

te: nämlich lesbische Prostituierte. Sicher ist auch, daß ihnen jenes Schicksal zuweilen erspart wurde, wenn sie ihr Lesbischsein versteckten: So wird 1935 von Frankfurt berichtet, daß dort Prostituierte ins Arbeitshaus eingewiesen wurden; man verzichtete jedoch darauf, «wenn durch Verheiratung oder sonstige Umstände die Voraussetzungen für die Unterbringung weggefallen sind». Der Ehemann staatlich als Zuhälter eingesetzt, die Ehe als staatlich anerkannter Ersatz fürs Arbeitshaus?

Gerade als Lesben waren Prostituierte also hochgradig gefährdet, und gerade als Prostituierte waren es Lesben. Die Politik, Frauenbeziehungen zu Reproduktionsarbeit zu degradieren und die Frau-Mann-Beziehung als Nicht-Arbeit und als «Würde der deutschen Frau» zu propagieren, scheint im Nationalsozialismus (und sicher nicht nur dort) konsequent verfolgt worden zu sein: Ausdruck des Versuchs, zwischen Lesben und Prostituierten zu spalten, der bis heute nachwirkt.

Ausmerze und Zwangsarbeit von Prostituierten im Krieg

Offensichtlich bedurfte es bedeutender Anstrengungen, um «das Straßenbild zu säubern», insbesondere in den Altstadtvierteln. 1935 wurde schließlich in Köln (und sicher nicht nur hier) «die Möglichkeit» geschaffen, «im Rahmen eines großzügigen Bauprogramms die alten schmutzigen Elendsviertel niederzureißen»; dies «biete die einzigartige Gelegenheit, auch die unwürdigen Dirnenstraßen, die in solchen Stadtteilen liegen, verschwinden zu lassen». Der Bombenkrieg ab 1940 übernahm schließlich auch diese Aufgabe der Stadtsanierung. Im übrigen brachte der Krieg sowohl Anlaß wie Mittel, die zuvor konzipierte Politik präzis zu Ende zu führen. Der Staat als Zuhälter, als Nutznießer der Arbeit und als Kassierer ihres Lohns, wurde perfektioniert. Der «Einblick in das Geschlechtsgeschehen» (so ein Bekämpfungs-Planer 1942) all derjenigen, deren Geschlechtsgeschehen nicht der Norm von sauberer Gratislust für Männer und sauberer Gratisarbeit für Frauen

entsprach, wurde zu einem zentralen Bestandteil der Kriegspolitik an der äußeren wie an der inneren Front. Ab April 1939 riß die Reihe einschlägiger Befehle Hitlers und Himmlers, von Gesetzesänderungen, Erlassen, Verfügungen, Verordnungen, Anweisungen zu diesem Thema nicht mehr ab. Das RGBG wurde konsequent angewandt in seinen gesundheitspolitischen Abschnitten, Organisation und Kostenfrage durchrationalisiert, und seine «Sittlichkeits»-Abschnitte wurden ergänzt durch neue (kriminal-)polizeiliche Befugnisse, ausgehend von den «Bestimmungen des Reichsministers des Innern für die polizeiliche Behandlung der Prostitution» vom 9. September 1939 («gez. Heydrich»). Abolitionismus und Reglementarismus wurden auf eine Weise kombiniert, daß Conti, seines Zeichens «Reichsgesundheitsführer», 1942 bemerkte, daß «wir die grundsätzliche Gegensätzlichkeit der damals streitenden Parteien heute gar nicht mehr verstehen können».
Es handelte sich um einen doppelten Zugriff auf Prostituierte und mit seiner Hilfe um eine endgültige Entwertung ihrer Arbeit. Auf der einen Seite: verschärfte Überwachung, Ausmerze, Lohnreduktion für «HWG-Personen», also für registrierte und nichtregistrierte «freie» Prostituierte; auf der anderen Seite: Aufbau eines staatlich geplanten, gelenkten und ausgebeuteten Systems von Bordellen für solche Männer, denen Gratissex nicht zugänglich war oder sein sollte, die aber mit Sex gefügig und leistungsfähig gehalten werden sollten: Prostitution als Zwangsarbeit, Zwangsarbeit für Prostituierte. Aber als Drittes, daneben und dagegen, als Widerstand: «wilde» Prostitution.
Arbeitshaus und Arbeitserziehungslager wurden jetzt zur üblichen Einlieferungsstätte, und zwar um die gleiche Zeit, als an denen, die zuvor in «Heil- und Pflegeanstalten» gelandet waren, die Euthanasie praktiziert wurde. Seit einigen Jahren hatte sich außerdem eine politisch-wissenschaftliche Diskussion um die Frage entfacht, ob die häufig praktizierte Sterilisation von «Asozialen» und «moralisch Schwachsinnigen» juristisch tatsächlich abgedeckt sei oder ob nicht ein neues, eventuell ein «Sonder»-Gesetz zu diesem heiklen Zweck fällig sei. Damit sollten – anders als bei den Masseneinlieferungen «Asozialer» ins KZ von

1936–1941 – solche Leute jetzt auf legale Weise eingesperrt werden. Zweitens sollte ein solches Gesetz ihre Zwangssterilisation rechtfertigen, denn offensichtlich waren Sterilisation und Euthanasie auf nicht geringen Widerstand gestoßen. Der Krieg machte es indessen möglich, auch ohne Fertigstellung dieses Gesetzes «Asoziale» – darunter in großer Zahl Prostituierte – einzusperren und unfruchtbar zu machen; das Gesetz wurde bis nach dem Krieg aufgeschoben.

Führte der Weg vom Irrenhaus zur Sterilisation und/oder Euthanasie, so der vom Arbeitshaus ins KZ. In der strengen KZ-Hierarchie gehörten Prostituierte zur untersten Schicht, Freiwild für die tiefe und empörte Verachtung gerade seitens der «Politischen», für die die Prostituierten oft per definitionem auf der Seite der SS standen. Die Parole «Arbeit macht frei» überm KZ-Eingang, Kernsatz nationalsozialistischer Lehren und Zynismus gegenüber Millionen durch Arbeit Ermordeter, sollte hier für Frauen einen makabren Sinn erhalten: Zuweilen entkamen Frauen der Hölle um den Preis von sexueller Arbeit an ihren Bewachern; öfters wurde ihnen jedoch Freiheit bloß versprochen und dann versagt. Die Diffamierung solcher Frauenarbeit – wie viele andere Häftlinge erhofften sich Freiheit durch willige Arbeit! – und die zynische Unterstellung von weiblicher «Freiwilligkeit» oder «Hemmungslosigkeit» seitens «politischer» wie «unpolitischer» Männer (deren selbsternannte Lager-Hierarchie ihnen das Überleben sichern sollte!) trieb viele Frauen zur Verzweiflung, ließ sie Tod dem Leben vorziehen und in tiefer Enttäuschung oder in lebenslangem Schuldbewußtsein enden.

Die andere Seite des Angriffs: Neben der Einrichtung von Bordellen für Deutsche (das Kasernierungsverbot des RGBG wurde ab 9. 9. 39 auch offiziell schrittweise aufgehoben), vorwiegend in Häusern vertriebener Juden, wurde das System der kontrollierten und ausgebeuteten Zwangs-Prostitution während des Kriegs auf drei Ebenen ausgebaut. Für die sexuelle Versorgung des Militärs und der SS sorgten, wie aus einer 1977 erschienen Untersuchung hervorgeht, das Oberkommando der Wehrmacht und Himmler, soweit sich Soldaten und SS nicht durch Vergewaltigung der «Frauen des Feinds» in den eroberten Gebieten selbst versorgten. Im Auslese-System der KZ wurden zweitens anpassungsfähige Häftlinge nach dem «Primitiv-Akkordsystem FFF» (Freiheit, Fressen, Frauen) bei Laune und Leistung gehalten. Hierzu – zum Beispiel für die Bordelle in den Lagern Neuengamme, Buchenwald, Dachau, Flossenbürg, Mauthausen, Sachsenhausen, Auschwitz – beschaffte man Frauen aus den Frauen-KZ, zum Beispiel in Ravensbrück und Auschwitz. War erkennbar, daß sie zuvor schon anschaffen gegangen waren, oder waren sie gar als Prostituierte ins KZ gekommen, so wurden sie mit besonderer Infamie behandelt (selbst wenn – oder vielleicht weil – sie mit dieser Art von Zwangsarbeit wegen ihrer höheren Qualifikation vielleicht gefaßter umzugehen wußten als andere Frauen). An die Stelle der anfänglich verwendeten SS-Aufseherinnen der Bordell-Baracken («Sonderbau») setzte man bald erfahrene einstige Bordellmütter, die man zuvor als «ausbeutende Kupplerinnen» ins KZ verschleppt hatte, um außerhalb des Lagers Bordellchefinnen durch männliche und Polizeiaufsicht zu ersetzen. Während moralisierende Häftlinge dem staatlichen Bordell-System im KZ nur Diffamierungen der dort eingesetzten Zwangsarbeiterinnen und die Ehre der deutschen Frau entgegenzusetzen hatten, war für Leute wie Himmler das Problem alles andere als ein moralisches, nämlich eines von Arbeit und Leistung. So schrieb er zum Beispiel 1943 dem Chef des SS-Wirtschafts- und Verwaltungshauptamts: «Im Lager Buchenwald habe ich auch festgestellt, daß dort noch kein Lager-Bordell ist. Ich bitte Sie, sich den ganzen Fragen eines Akkordsystems unter unseren Häftlingen intensiv zu widmen. Ich stelle mir vor, daß die erste Stufe die Zuteilung von Zigaretten und ähnlichen Zulagen ist. Die 2. Stufe für den angelernten Arbeiter muß ein kleiner Lohn sein von Minimum 18–20 Reichspfennigen am Tage. Er darf aber nur als Akkordlohn ausbezahlt werden, so daß die Möglichkeit besteht, daß der Mann bei guter Leistung und gutem Akkord auch bis zu 30 und 40 Reichspfennigen am Tage verdient. Die 3. Stufe muß in jedem Lager die Möglichkeit sein, daß der Mann ein- oder zweimal in der Woche das Lager-Bordell besucht. Dieser ganze letzte

Komplex ist nicht übertrieben schön, aber er ist natürlich, und wenn ich diese Natürlichkeit als Antriebsmittel für höhere Leistungen habe, so finde ich, daß wir verpflichtet sind, diesen Ansporn auszunützen. Sehen Sie doch zu, ob Sie nicht einen Mann bekommen, der in einer genialen und geradezu künstlerischen Weise dieses ganze Leistungssystem in allen Lagern entwickelt. Es muß doch möglich sein, daß wir Deutsche dieselbe Intelligenz aufbringen wie der Russe, der durch sein Lohn- und Nahrungssystem dieses an und für sich träge russische Volk zu den unglaublichsten Leistungen antreibt und hier geradezu ein perpetuum mobile erfunden hat. Diese Umstellung auf das Leistungssystem müssen wir in den Lagern bis spätestens 1. Mai überall durchgeführt haben ...»

Bei der Einrichtung von Bordellen für «fremdvölkische» Arbeiter – rund 14 Millionen kamen während dieser Jahre ins Reich, davon schätzungsweise 2–3 Millionen Frauen – war neben der Leistungssteigerung durch Sex noch ein anderes Motiv entscheidend: die «Gefährdung des deutschen Blutes», die «volksbiologischen Gefahren», der «Schutz der (natürlich ungefragten) deutschen Frau» – Kernstück rassistischer Bevölkerungspolitik. Seit Kriegsgefangene und Zivilarbeiter in deutsche Arbeit gesetzt wurden, pflegten viele deutsche Frauen mit ihnen etwas, was als «verbotener Umgang» nach § 4 der Volksschädlingsverordnung streng bestraft wurde: Trotz Lynchjustiz, Pranger, Haare-Abschneiden und Lager stellten Frauen in wachsender Zahl die sexuelle und rassische Machthierarchie in Frage, derzufolge sie sich dem «Schutz» des deutschen Mannes zu unterwerfen hatten, zum «Schutz des deutschen Blutes» (lies: Aufwertung deutschen Spermas). Diesem «Umgang» sollte ein Riegel vorgeschoben werden: «Propaganda Bordell Puffi abseits. Lieber im Freien als im Gehege jagen! Verbot des Geschlechtsverkehrs», notierte sich ein deutscher Regierungsbeamter in einer der vielen Besprechungen ab 1940 zum Thema «Bordelle für ausländische Arbeiter». Deutsche Arbeitsfront, Industrie- und Handelskammern, Arbeits-, Innen- und andere Ministerien und vor allem die Kriminalpolizei waren mit Planung, Aufbau, Kosten, Effizienz beschäftigt. Waren an der Arbeitsstelle der

«Fremdvölkischen» schon Frauen ihres eigenen «Volkstums» eingesetzt, so verzichtete man auf ein Bordell: Zusätzliche sexuelle Gratis- und Zwangsarbeit an ihren Landsmännern war für die ausländischen Zwangsarbeiterinnen schon fest eingeplant. Waren keine vorhanden, so erklärte die Kripo ein Bordell für notwendig. Natürlich hatte es sich schleunigst zu amortisieren – auf wessen Kosten, braucht wohl nicht mehr gesagt zu werden: Bezahlt wurde fast nichts und das Nichts noch abgestuft nach «Rassen». Man suchte Frauen gleicher «Rasse» wie die Freier einzusetzen; die Mehrzahl waren Polinnen, Französinnen, Tschechinnen. Außerdem wurden in großer Zahl Zigeunerinnen, zu Tausenden sterilisiert, als Zwangs-Prostituierte eingesetzt.
Auch hier galt: Wer schon früher anschaffen gegangen war oder wer in deutschen Städten (angeblich) beim «freien» Anschaffen aufgegriffen wurde, war Freiwild für Zwangsrekrutierung als Bordellarbeiterin. Diejenigen, die den Schutz der deutschen Frau und die Leistung der «Gastarbeiter» mit ihrer eigenen Arbeitskraft garantieren sollten, galten – und gelten bis heute – nicht als Arbeiterinnen und konnten dementsprechend verheizt werden. Der «Generalbevollmächtigte für den Arbeitseinsatz», Sauckel, der auch an dem Sterilisierungsgesetz mitgewirkt hatte und die «Anwerbung» von Prostituierten betrieb, betonte 1943, daß «es sich hier um Personen handelt, die nicht als Arbeitskräfte in diesem Sinne angesprochen werden können».
Im Gegenzug gegen all diese staatlich diffamierten, kontrollierten und erzwungenen Formen von Prostitution breitete sich jedoch während des Kriegs und nach seinem Ende eine «wilde» Prostitution aus, Sorgenkind der Sozialplaner. Sie fand ähnliche Formen, wie sie durch die Maßnahmen der vorausgegangenen Jahrzehnte hatten gebannt werden sollen und in denen Frauen, die anschaffen gingen, sich Löhne holten, die ihnen in staatlicher Zwangs-Prostitution und anderer Kriegsarbeit versagt blieben. Ausländische Arbeiterinnen, zum Beispiel aus Dänemark, deutsche Frauen, Polinnen und Ostarbeiterinnen gaben sich mit der Sex- und Rassehierarchie von Lohn und Arbeit nicht zufrieden. Ihre Aktivität verband sich auf vielfältige Weise

mit den Verweigerungs-, Widerstands-, Aneignungsformen anderer deutscher und ausländischer Frauen, Jugendlicher und Ausländer, sei es als Protektion von Dienstmädchen aus dem Osten, als «Rassenschande» oder Selbstversorgung aus Lebensmittellagern der SS. Hierher gehören auch die Versuche von Frauen in Rumänien, von Polinnen, von Französinnen, deutsche Soldaten absichtlich mit Geschlechtskrankheiten anzustecken, um sie außer Gefecht zu setzen; aber auch diejenigen deutschen Soldaten, die sich absichtlich anstecken ließen, um sich der Front zu verweigern.

Was in diesem Zusammenhang als Widerstand und Verfolgung lebendig war, wurde nie so genannt und erst recht nicht finanziell «wiedergutgemacht». Sexistisch-rassistische Diffamierung von Prostituierten und anderen Frauen war 1945 nicht zu Ende. Nach Kriegsende bemühte sich eine Frau, die 1941 wegen «erblicher Asozialität» – auch die Eltern waren schon arm gewesen, Heimerziehung, HWG – zwangssterilisiert worden war, um finanzielle Entschädigung und moralische Rehabilitierung. Ein Gericht versagte ihr 1949 zwar das Geld, gestand ihr aber zu, die Sterilisation sei zu Unrecht erfolgt: denn die angebliche Asozialität sei nicht zweifelsfrei erwiesen gewesen. Eine neue Etappe – oder war sie gar nicht so neu? – in der Auseinandersetzung zwischen Prostituierten und Staat hatte begonnen.

«Reicht doch, wenn *du* fertig wirst!»

Arbeit und Arbeitsverweigerung

Pat: Das war ja nicht nur Tippen und Steno. Das war ja auch Kaffeekochen und vor allem hübsch sein für den Chef und für seine Besucher. Sexy, klar, mußtest du irgendwie auch sein. Kein Chef traut sich, einen dazu aufzufordern, aber man kriegt das ja schnell mit: Wenn man ins Bild paßt, dann läuft das besser, du wirst nicht so oft angeschnauzt, und du kannst dich öfter mal «nett unterhalten» mit dem. Und das sind dann Momente, wo der Chef auch privat wird, erzählt aus seinem Leben und von seiner Familie oder wo er mal «klein angefangen» hat. Na ja, und dann fragt er einen auch aus, ich hab das ein paarmal mitgemacht, dann gibt eins das andre, du wirst so ne Art Vertraute, mit der man Pferde stehlen kann, und wenn du dann nach den Überstunden die Einladung zum Essen annimmst und plötzlich mit zu ner Geschäftsreise genommen wirst, dann kommt eben auch noch das andere. Der Sprung, ich meine, mit nem Chef schlafen, weil du dann im Büro mehr Ruhe hast, und dann den ganzen Kram drumherum gleich ganz weglassen und sich nur noch auf den Rest konzentrieren, der Sprung ist gar nicht riesengroß. Obwohl, klar ist da ein Riesenunterschied, ob du nun angestellt und seriös bist oder ob du wirklich anschaffst. Ich meine, bei mir kriegt das keiner so richtig mit, ich hab so oft in meinem Leben gebumst, ohne Spaß, ohne daß *ich* davon was gehabt habe, ich finde, das ist ein Vorteil, Geld dafür zu kriegen. Das andere, das mit der Sexualität, das seh ich irgendwie anders. Also, wenn ich es alleine mache, ist das ganz anders und viel besser.

Monika: Wie ist das eigentlich in der Bar oder auf dem Strich, also wenn ihr bumsen müßt, habt ihr da manchmal sexuell was davon?
Alle: Nee!
Angie: Ich glaub, das ist alles so ein Vorgaukeln. Du gaukelst vor. Ich jedenfalls, ich find's ekelhaft, daß die mich anfassen, ich find schon die Vorstellung ekelhaft, daß ich mit denen ins Séparée gehen soll. Du beißt eben die Zähne zusammen, so ungefähr.
Monika: Gibt's keine Männer, die du vielleicht magst?
Angie: Nein! Nicht einen, ich find die alle zum Kotzen! Alle! Von Anfang an war das so. Ich mochte die nie.
Monika: Weil sie alt sind?
Angie: Ist mir doch ganz egal, ob die alt sind oder jung. Ich mach das für Geld, im übrigen find ich die zum Kotzen. Warum können die mir nicht einfach das Geld geben und sich verpissen?!
Dörtie: Ja, das sind wirklich die nettesten Gäste, die, bei denen das Verhältnis zwischen wenig Arbeit und viel Geld hinhaut!

Sexualität als «Pausenfüller» zwischen der Lohnarbeit des Mannes: Mittwochs und freitags sind die Duschanlagen in den großen Fabriken überlastet. In der Woche zwier ... Mit der Einführung reformatorischer Buchhaltung in die familiäre Sexualität endet unter anderem der Status der Prostituierten: Vor der Reformation waren sie in ihren «Frauenhäusern» staatlich akzeptiert und in Grenzen sogar geschützt gewesen.
Sexualität als Freizeitbeschäftigung des Mannes zwischen seinen Arbeitstakten. Für Frauen keine Freizeit, sondern weiteres Glied in der endlosen Kette von Arbeitsgängen – zwischen Putzen, Einkaufen, Essenkochen, Bettenmachen und Pillennehmen ...
Und unsere Rebellionen. Manchmal ist es schwerer, unseren Widerstand durchzusetzen, als fünf Minuten stillzuhalten. Zweifelt irgend jemand daran, daß die berühmte Migräne eine weltweite Widerstandsform von Frauen gegen erzwungene Sexualität ist? Und zweifelt irgend je-

mand daran, daß es ein schreiendes Unrecht ist, wenn wir zu Widerstandsformen greifen müssen, die uns selber auch Schaden zufügen, weil wir noch immer nicht mächtig genug sind, um uns andere zu leisten? Wenn alle Frauen für ihre tägliche Arbeit Lohn hätten, gäbe es diese Migräne nicht mehr, und die Überlebenschancen für Depressionen, Schizophrenie, Paranoia und andere Krankheiten wären zweifelhaft.

Wir kennen noch andere Kampfformen. Viele Frauen haben sich die Möglichkeit erobert, Männer sexuell zu ignorieren. Dazu braucht man Geld, eigenes Geld, nicht das aus der Lohntüte des Mannes, um die sich die meisten Frauen überall zu scharen gezwungen sind. Hinter den vielen öffentlichen Lesben stehen noch viel, viel mehr, die kein eigenes Geld haben, dafür aber Kinder, einen Mann, eine Familie, und die deswegen nicht öffentlich werden können.

Doch die öffentlichen Lesben wissen auch: Ein riesengroßer Teil von Frauenbeziehung ist Hausarbeit, gegenseitige Hilfe, gegenseitige Stützung.

Andere Frauen lehnen Sexualität überhaupt ab, aus der Erfahrung, dort immer wieder nur Wunden geschlagen zu bekommen und nichts wirklich für sich herauszubekommen. Auch Frigidität ist eine Kampfform ebenso wie sich häßlich zu machen. Beide sehr zweischneidig, immer auch zum Schaden der Frau, die sie als Waffe ergreift.

Manche Frauen machen Karriere in Männerdomänen. Frauen, die zu klug, zu energisch, zu reich oder zu schön sind, wirken bedrohlich. Auch das ein Stückchen Schutz vor der Unterwerfung, auch das teuer bezahlt mit Einsamkeit, Härte und Kälte. Zu teuer.

Und dann gibt es ganz viele, die reißen innerhalb der Beziehungen zu Männern so die Klappe auf, daß sie sich ein bißchen eigenen Raum für eigene Wünsche und eigene Bedingungen erzwingen können. Das ist harte Arbeit. Zweifelt irgend jemand daran, daß den Männern die Aufgabe ihrer Herrschaftsbereiche abgekämpft werden muß und daß das immer Frauenarbeit ist? Von Großmüttern, Müttern, Schwestern, Tanten und Freundinnen, Ehefrauen und Töchtern ...

Aber es gibt auch welche, die ganz deutlich machen, daß diese übliche Sexualität etwas mit Arbeit zu tun hat, indem sie dafür Lohn fordern und nehmen.
Die einen also sagen mehr oder weniger deutlich nein, die anderen scheinen ja zu sagen. Aber nur für Geld. Eine Komödie ... denn das scheinbare Ja ist das drastischste Nein: «Sexualität» – nein danke. Ich kann für Sie arbeiten, eine Viertelstunde, eine Nacht, kommt ganz drauf an, was Sie anlegen wollen ...
Glaubt irgend jemand ernsthaft, einer Prostituierten macht Heterosexualität mehr Spaß als anderen Frauen? Auch das eine Männerphantasie – irgend jemandem *muß* das Scheißding doch gefallen!

Pat: Die Freier haben sich gar nicht so besonders unterschieden von den Leuten, mit denen ich vorher gebumst hab, für Geschenke oder so. Hab ja auch hauptsächlich meine Stammkunden, die immer wieder kommen. Die schicken manchmal noch neue. Ich hänge auch manchmal einen ab, wenn er zu schwierig wird. Noch kann ich mir das leisten. Ich finde die alle, wie soll ich das mal sagen, im Grunde sind sie alle langweilig, Leute, die du eben überall siehst. Macht mich nicht heiß und nicht kalt. Ich werde nur sauer, wenn einer anfängt zu handeln und dummes Zeug zu erzählen.
Dörtie: Hast du schon mal welche rausgeschmissen?
Pat: Ja, einen. Is aber schon lange her. Is besser, wenn man sich die erzieht. Die müssen sich anständig benehmen, die müssen irgendwie nach meiner Pfeife tanzen, sonst reißt bei mir der Faden. Mit einem hatte ich mal wochenlang ein Hin und Her, wo ich dem immer wieder nein gesagt habe, nicht ans Telefon gegangen bin, ach ja, und beim Bumsen hab ich ihm zwischendurch erzählt: «Weißte, L., macht mir gar keinen Spaß mehr mit dir ...» (Gelächter) Hat geklappt. Aber das war auch stressig. Gott sei Dank ist der nach nem halben Jahr weggezogen.
Dörtie: Ich glaub auch, man kann überhaupt nicht sagen, so und so ist das sexuell beim Bumsen, egal, ob im Séparée oder sonstwo. Weil erstens, jedenfalls für mich persönlich,

überhaupt nichts von meiner Sexualität im Spiel ist. Das ist Arbeit, und aus! Und wenn ich mit jemand ins Séparée gehen kann, um so besser, dann hab ich mindestens schon achtzig Mark mehr verdient, soviel krieg ich von der Flasche, und dazu kommt eben, was der noch locker zu machen gedenkt. Unter hundertfünfzig Mark bumst da keine. Und für die Prozente macht keine was, nicht mal Handarbeit.
Und was die Freier für eine Sexualität haben, ist nicht mein Problem, da sind wirklich die am besten, die das Geld gleich hintun und in zwei Minuten fertig sind, und dann herrscht Ruhe. Schlimm ist, wenn du ne halbe Stunde sülzen mußt, gibste mir nun was, oder wie? Also, wenn du dauernd aufpassen mußt, daß die dich nicht übers Ohr hauen wollen. Das ist richtig 'n Psychokrieg, und *du* mußt ihn gewinnen! Sonst bist du angeschissen, und *die* Ackerei ist viel härter als zwei Minuten stillhalten!

Meiner Meinung nach spielst du von dem Moment an Theater, wenn du auf die Straße gehst und deine Arbeit anfängst. Du mußt eine Art Maske aufsetzen. Du zeigst nie, daß du Probleme hast, daß du Angst hast. Du mußt dich immer so verhalten oder zeigen, daß du froh bist. Wie ein Kleinkind, das Hahaha macht. Und das mußt du auch mit 20 Männern machen. Aber jedesmal ist der Kunde nur 5–10 Minuten mit dir zusammen, und damit ist es aus, und du hast ein paar Minuten für dich. In dem Moment, wo er mit dem Auto wegfährt, bist du wieder fünf Minuten du selber, bis der nächste Kunde kommt. Aber wenn du nur mit einem zusammen bist, dann sind diese Stunden für dich sehr stressig. Du brauchst dann zwei, drei Tage, um dich wieder aufzuziehen und allein zu sein. Wenn du drei Männer in deiner eigenen Wohnung machen mußt, gibt es auch ne Regel: Auch wenn dein Liebhaber dir die Wohnung bezahlt hat, muß er dich, bevor er dich sehen will, anrufen und fragen: «Bist du bereit, heute mit mir zusammen zu sein?» Oder: «In einer halben Stunde komme ich, mach dich schön.»
Du mußt auch psychologisch vorgehen. Du mußt sehen,

was das für ein Mann ist, was er will, wie du ihn umdrehen kannst. Ich weiß ganz genau, der Mann, der zu uns kommt, will oft nicht nur dein Loch. Er sucht in dir ein bißchen die Mutter, dann mußt du ihn umschmusen. Du bist seine zweite, seine illegale Frau, wo er sich hinsetzen kann, ruhig, und er weiß ganz genau, daß die Frau nie gegen ihn geht, nie Streit anfängt. Die perfekte Frau, dafür bezahlt er dich. Er bezahlt dich für Diskussionen, wo du ihm recht gibst, dafür, daß du intelligent bist, ihm gefällst, mit ihm redest, aber am Ende ihm immer recht gibst, auch wenn du drinnen für dich denkst: «Scheißkerl, ich könnte dich zum Fenster hinauswerfen.» Ich laß ihn dann, weil er dafür bezahlt, daß er scheinbar die Macht hat. Wenn du einen Mann im Bett siehst und er ist ausgezogen, kennst du seine ganze Persönlichkeit. In dem Moment, wo er nackt ist, weißt du alles und kennst ihn ganz genau. 90 % der Männer können sowieso keine Liebe machen.
Moneta

Pat: Was ich hasse, ist, wenn die einen noch dafür verantwortlich machen, wenn sie keinen hochkriegen. Als ob das *mein* Bier ist! Warum müssen sie denn? Legen sich hin und sagen: «So, nun mach mal, ich bezahl dich doch dafür!» Also, das ist doch komisch. Die kannst du nur zum Arzt schikken. Weil, oft kommt das ja, wenn sie Probleme haben, in der Arbeit oder zu Hause. Sollen die doch zum Psychiater gehen, obwohl ich glaube, manchmal ist das genau umgekehrt: Die haben Knatsch zu Hause, weil sie mit dem Bumsen nicht mehr klarkommen. Ich weiß nicht, ich bin doch kein Psychiater!
Dörtie: Aber es gibt doch was Sexuelles, wenn du Prostituierte bist. Nicht immer, aber manchmal kannst du das mitnehmen: Du bist begehrt, einfach so, wie du da bist. Du kannst aussehen, wie du willst, du kannst Probleme mit deiner Schönheit haben, soviel du mußt, aber du bist begehrt! Dafür brauchst du nicht zu arbeiten, das liegt am Job, ich meine, da zahlt es sich wirklich mal aus, «Sexobjekt» zu sein! Wirklich, ich merke das in der Bar, ich kucke

die andern Frauen auch anders an, wenn ich mich selber schön finden kann.

Pat: Mich interessiert das nicht besonders, wie denen ihr Geschmack ist. Ich weiß bloß, *sie* kommen zu *mir*, also muß irgendwas dran sein. Sie kommen ja auch wieder, jedenfalls die meisten. Wenn sie mich toll finden, das gefällt mir natürlich, das ist, glaube ich, so ähnlich wie mit dem Chef früher, wo ich mich dann nicht so anstrengen brauchte. Is schon besser, als wenn die muffelig sind. Klar, schmeichelt ja auch, dann bist du auch besser in Stimmung, brauchst nicht soviel drüber nachzudenken. Das fällt mir aber noch gar nicht so lange auf, ich glaube, erst seit ich «älter» werde, ich sag immer, ich bin Anfang dreißig, und wenn da keiner dran zweifelt, ist nicht schlecht. Und Komplimente höre ich ja auch gern, wenn ich mich selber gerade dick finde.

Monika: Ich find das wichtig, daß du für den Job nichts lernen brauchst. Während du für die anständigen Berufe immer ne Ausbildung brauchst, und dann sind die auch noch langweilig.

Dörtie: Prostitution ist auch langweilig.

Angie: Also ich mußte ne Menge lernen für das Labor. Und dann bin ich von da direkt in den Striptease.

Dörtie: Machst du jetzt immer noch den Laborjob?

Angie: Nee, nicht mehr. Ich könnte das wieder machen, vielleicht mach ich's, wenn ich älter bin. Aber jetzt noch nicht, kommt mir vor wie Zeitverschwendung. Da arbeitest du bloß für den Staat, und wenn du alt bist, kriegste ne winzige Rente, davon kannste nicht leben.

Dörtie: Den Laborjob könntest du natürlich in aller Ruhe allen Leuten erzählen, das Tanzen schon weniger. Das ist ja nicht so ganz «anständig», und oft kriegt man Ärger deswegen.

Kitty: Das hab ich auch erlebt! Weißte, was die zu meiner Tochter gesagt haben? «Na, du alte Nutte ...!» Und dann kam die nach Hause und sagt: «Mutti, stell dir vor, das und das ham die zu mir gesagt.» Ick sage: «Na, wie kommen die da eigentlich drauf?» – «Na ja, die ham gesagt, du stehst auf der Straße.» Ick sage: «Die mußt du mir mal bringen!»

Und das Schlimme an der ganzen Sache ist, ich hab den Klops, der das erzählt hat, wirklich letztens gesehen, mit Motorrad, und jetzt konnte ich das gar nicht mehr abstreiten! Lief der da an mir vorbei und kuckt mich mit großen Augen an! Bin ich doch gleich in mein Auto gestürmt, aber det hat mir ooch nich mehr viel geholfen!

Dörtie: Hat dich gesehen, ja?

Kitty: Na ja, klar! Das kann natürlich wieder 'n Nachspiel haben!

Dörtie: Klar, auch wenn du keine Kinder hast, mit denen sie dich erpressen können. Reicht ja auch schon, wenn man über dich weiß –

Kitty: Gibt immer schiefe Blicke.

Dörtie: – du machst das und das: schiefe Blicke, Gerüchte und so. Man muß unheimlich starke Nerven haben, um das durchzuhalten.

Für mich hat es nichts Unehrenhaftes, Prostituierte zu sein, ich verliere dabei nicht meine Würde ... Geld stinkt nicht, wirklich nicht, und außerdem braucht man, um in dieser Gesellschaft halbwegs gut zu leben, ne ganze Menge davon. Wenn eine Prostituierte was kauft, dann ist sie Kundin wie alle andern Kunden, vielleicht sogar noch besser, sie kauft nämlich mehr.

Von dem Augenblick an, wo jemand mir was bezahlt hat, um (meinen Körper) einen Moment lang zu haben, da hat mein Körper Wert.

F.

Kitty: Vor allen Dingen triffste ja die Leute überall, ob du einkaufen gehst oder sonstwohin. Überall triffste deine Gäste! Und ich hab das schon so oft erlebt: Im Supermarkt steht eener hinter mir, ick dreh mich um, ick hab mich so erschrocken, ja! Ick dachte, um Gottes willen, hier auch schon! Das ist schlimm! Der is mir gefolgt bis vor die Haustür!

Aber ich weiß nicht, irgendwie bin ich darüber weg. Ich beachte die Leute gar nicht mehr, und wenn sie mich nicht ankucken, dann hab ich eben Pech gehabt. Die sind auch nicht besser.

«Herrgott, ich danke Dir, daß ich kein Pharisäer bin!»

Aber mit den Kindern wird das immer schwieriger. Bei meinem Sohn seh ich sehr schwarz, na ja, vielleicht ist der auch noch ein bißchen jung, zwölf. Zu dem hat mal ein Bengel gesagt: «Deine Mutter is ne Nutte!» Und er hat darauf geantwortet: «Wenn ich weiß, daß meine Mutter auf 'n Strich geht, dann kiek ich se nich mehr an, dann hau ich ab!» Und da hab ich mir den Bengel da vorgenommen und hab mit ihm gesprochen, und er hat ein bißchen Schiß gekriegt, weil er es nicht hundertprozentig wußte. Aber jetzt hat er mich ja nun gesehen! Damals wußte er es von seinem Vater, der bei mir Freier war.
Dörtie: Das ist die Scheiße: Die Freier bleiben immer ganz versteckt und du selber nicht ... Die können so tun: «Was? Nee, Sie haben mich wohl verwechselt!»
Kitty: Ich würde nie auf die Idee kommen und irgendeinen so bloßstellen. Aber du siehst ja, die haben das echt drauf! Die unterhalten sich mit ihren Kindern darüber. Der Bengel da ist auch erst fünfzehn, und der kommt neuerdings mit seinem Mofa da draußen bei uns an. Ich mach immer 'n Satz ins Auto. Aber es hilft mir nichts, er hat mich ja nun gesehen. Ich kann nur hoffen, daß er nicht mit meiner anderen Tochter darüber spricht, die weiß es noch nicht.
Dörtie: Was sagst du der?
Kitty: Weiß ich nicht. Ich weiß es nicht.
Dörtie: Und was erzählst du ihr jetzt, wenn du arbeiten gehst?
Kitty: Ich arbeite im Hotel, ich mach da sauber. Am Tage kann ich das ja auch gut bringen. Und wenn ich manchmal ganz früh morgens geh, dann sage ich ihr, ich helfe mit. Sie war ja schon öfters in dem Hotel und hat sich das angekuckt, daß man da auch sitzen und trinken kann und so. Dann sag ich eben, ich helfe mit, ich bedien die Gäste. Das ist bis jetzt ganz gut gelaufen.

Dörtie: Meinst du nicht, sie weiß es und findet es okay?
Kitty: Nee, ich meine nicht. Mir wär ja viel wohler, wenn sie es wirklich wüßte und es wirklich okay finden würde! Dann könnte ich auch leichter arbeiten. Ihr seid alle in nem geschlossenen Raum, aber ich steh direkt auf der Straße! Und an mir fahren so viele Leute vorbei, die bei mir im Dreh wohnen. Da kann ich gar nichts mehr verheimlichen. Ich meine, ich streite es trotzdem immer ab, aber wie weit mir das die Leute glauben, ist ne andre Sache. Da kann man gar nichts machen.
Monika: Ich glaube auch, vor allem die «Gesellschaft» denkt, eine Prostituierte ist schlecht. Die Mädchen selber denken das gar nicht.
Dörtie: Das ist ja auch nicht *unser* Problem. Es ist das Problem der anständigen Leute. Eine von diesen ewigen falschen Fragen, die die Leute stellen, wenn es um Prostitution geht. Die andere ist die nach dem Zuhälter.
Monika: Ja, genau, dabei ist noch gar nicht gesagt –
Angie: Nee, eben, aber die Leute sind so blöd, die denken immer, wenn ne Frau «so was» macht, dann hat sie auch so'n Macker im Hintergrund.
Dörtie: Na, deine Kinder sind wohl auch Zuhälter? Die leben doch von dem Geld, die müssen davon leben.
Kitty: Ich konnte das erst gar nicht verstehen, wie die Mädels so Geld verdienen können. Ja, dann kam ich ins Heim, und danach bin ich selber angetanzt!
Pat: Das erste Mal ist für mich da so ein Aha passiert, als ich beim Bumsen keine Lust hatte. Ich lag einfach unter ihm, war nicht weiter tragisch, aber ich hab mir vorgestellt, jetzt müßt ich zuschnappen und dem sein albernes Ding da abbeißen. War komisch, ich wußte in dem Moment überhaupt gar nicht mehr, wozu das alles gut sein sollte, dies Gerutsche und dann Einschieben, und das ist dann der große Augenblick!
(Gelächter)
Ich meine, ich hab's trotzdem gemacht, und dafür hat's viele gute Gründe gegeben. Und da hab ich mir auch manchmal so gedacht, das ist bestimmt wie für ne Nutte. Ich hab mich selber gar nicht so gesehen, auch nicht, als ich die Sachen gekriegt hab. Aber ich fand es auch nicht schlimm.

Erst als ich Geld genommen habe, war ich wirklich selber eine, und da hat's mir auch nix mehr ausgemacht. Im Gegenteil, ich fand mich ganz clever. Ich meine, klar, ich bin unabhängig, ich hab keine Kinder ...

Der Freund von meinem Mann zog dann zu uns ins Haus. Er hatte seine Frau auf die Straße geschickt, um Geld zu verdienen. Er hat sie auch so fürchterlich zusammengeschlagen. Mein Mann hat sich dann immer nach dem gerichtet. Der sagte: Schick sie doch auf die Straße, da verdient sie mehr Geld, da brauchste nicht arbeiten gehen. Mein Mann fand das ganz gut, und ich sollte nicht mehr arbeiten gehen, sondern sollte Geld verdienen auf der Straße. Er hat mich immer wieder zusammengeschlagen, weil ich gesagt hab: Nein, ich geh nicht!
(So lange ausgehalten hab ich das) wegen der Kinder. Wo sollt ich hin? Ich hatte niemanden. Ich hatte keine Eltern mehr, meine Freundin konnte mich auch nicht aufnehmen, da ihr Mann ja genauso war.
(Der Mann arbeitet nur gelegentlich als Hausmeister. Meistens lebt die Familie mit fünf Kindern von dem Geld, das Frau K. als Putzfrau verdient.)
Frau K.

Ich find mich nicht unanständiger als früher. Ich finde, ich bringe doch ne echte Leistung. Und ich sehe das für mich auch als Leistung, und die, die das nicht so sehen, die interessieren mich doch gar nicht. Was weiß ich, was bei denen für'n Film abläuft. Interessiert mich doch nicht. Mir kann keiner was anhängen, ich mach meine Arbeit, ich hab meinen Schein, ich bin gesund und sauber, wer will denn da was?
Ich hab Glück, meine Mutter und meine Schwestern leben nicht in Hamburg, Gott sei Dank. Für die bin ich immer noch Sekretärin, das spiele ich denen vor. Ich weiß auch nicht, wieso. Ich hab irgendwie Angst, die kriegen 'n Schock, wenn die das wüßten. Oder die mögen mich dann nicht mehr, also finden das eklig, oder was. Ich weiß nicht,

ob meine Mutter das versteht, obwohl die ja selber – aber das war was anderes, das war nach dem Krieg, wo es nix gab und wo alle zugesehen haben, wie sie an die Kartoffeln kommen.

Dörtie: Es sind unheimlich viele Frauen geworden, die anschaffen gehen.

Kitty: Ja, und damals war das echt schwer! Heute kommen die einfach an. Wir machen denen dann oft klar, daß sie hier nicht zu stehen haben.

Ab und zu kommt auch eine von selber an und sagt: «Darf ich hier stehen? Ich hab ne Karte, ist alles in Ordnung bei mir, und ich arbeite korrekt.» Ja, warum soll se da nicht stehen? Klar, es werden immer ein paar dagegen sein, aber am Ende setzt sie sich dann auch durch.

Aber diese Haschtölen, die scheuchen wir natürlich! Die versauen ja wirklich alles. Ohne Gummi und so. Wenn wir eine dabei erwischen, dann setzen wir uns in den Wagen, fahren ihr hinterher, und dann räumen wir se ab.

Pat: Gummi ist bei uns schwierig. Du kannst das nicht immer durchsetzen, ich meine, wir haben ja auch andere Preise, bei uns ist ja die Gefahr auch viel größer, daß die Freier das ernst meinen mit einem und beleidigt sind, wenn man sie behandelt wie'n Freier. Heute, wo es die Pille gibt, ist Gummi eben klar: wegen Krankwerden und so, vor allem. Also, wenn jemand neu kommt, ganz klar, immer *mit*, ich kuck mir auch an, wie die so selber sind, gewaschen und gepflegt. Und bei Stammfreiern, na ja, kannste nicht immer durchhalten. Aber ich hatte bisher nur zweimal was, Tripper. Und der eine war ziemlich sicher von einem, der ihn von seiner Frau hatte, und die hatte ihn von nem Seitensprung! Auch komisch, da hatte sie endlich mal was selber gemacht, und denn fängt sie sich gleich was ein. Wir sollten vielleicht alle überhaupt nur noch mit Gummi machen! Oder die Männer müßten immer 'n Stempel vom Amt haben, daß sie gesund sind, bevor sie was von uns wollen!

(Gelächter)

Kitty: Bei uns ist ja sowieso alles mit Gummi. Wenn wir eine dabei erwischen, daß sie ohne macht, die marschiert! Die steht da nicht mehr. Die geht!

Ich finde das auch viel sauberer.
Dörtie: Ja, ich auch! Im Séparée geht das auch leichter. Man muß das bloß richtig absprechen mit den andern Mädels. Wenn alle das machen, klar. Mit Privatfreiern ist das schwieriger.
Kitty: Stell dir mal vor! Was für'n Dreck! Du bumst da rum, und der nächste rührt in dem Dreck von seinem Vorgänger rum. Du mußt dir das mal vorstellen!
Dörtie: Stell dir das mal im Séparée-Sofa vor. Da liegen schon Generationen von Nachwuchs rum.
Kitty: Ich bin doch kein Mülleimer!
Dörtie: In der Bar, da ist das meistens nicht so klar, vor allem für die Gäste nicht, daß das nur *mit* geht.
Also, die denken, sie können es sich da jetzt richtig gemütlich machen ... Und gemütlich ist immer ohne Gummi!
Kitty: Ja, und im Puff ist es auch so, mit *und* ohne. Und wenn der Gast ohne Gummi will, mußt du das auch machen.
Dörtie: Ja, aber er zahlt mehr.
Kitty: Sicher, aber wenn ich hier mit einem aufs Zimmer gehe, dann mache ich mit Gummi, und wenn er mehr zahlt, dann mache ich auch noch mit Gummi. Das ist von vornherein klar, der Gummi fällt nicht flach!
Monika: Manche Mädchen hatten so was am Rücken, so Ausschlag, vom Liegen auf dem Flokati.
Dörtie: Pickel am Arsch, wie?
Monika: Nicht alle, ein paar.
Dörtie: Hatte ich auch, in der Bar kriegt man die auch, von den dreckigen Polstern.
Pat: Wie gesagt, ich hatte bisher zweimal Tripper, und das war alles. Ich bin da aber auch sehr gediegen, ich hab ja, seit ich hier arbeite, immer ein Bad in der Wohnung, in der ich arbeite. Ich kann das nicht haben, schon den Geruch nicht; sowie die weg sind, gehe ich duschen. Ich ekle mich vor ihren Souvenirs. Und die müssen sich auch vorher waschen, die selber, ich mach das nicht bei denen, konnte ich noch nie. Und sonst kommt ja hier keiner rein. Also, ich hab schon mal einer anderen die Wohnung gelassen, für die Zeit, wo ich verreist war. Aber die kannte ich auch, da hatte ich keinen Ekel.

Ich hatte sonst nie was, ach so, doch, einmal hatte ich ne Blasenerkältung, letzten Winter, da war hier die Heizung kaputt.
Dörtie: Was in der Bar überhaupt völlig flachfällt, sind Kontrollen. Das Gesundheitsamt kontrolliert nicht, und die Polizei auch nicht. Wie ist das bei euch, Kitty?
Kitty: Wir müssen alle 14 Tage zur Untersuchung. Und wenn wir nicht können, was ja nun auch mal passiert, fährt die Sitte draußen rum, und dann wird man einkassiert. Und das passiert eben ganz oft bei den Haschbräuten, die alles mitnehmen und ohne machen. Also, ne Gefahr ist schon dabei, wenn du ohne machst.
Dörtie: Klar, du weißt ja auch nie, wo die Freier herkommen!
Kitty: Du weißt nie, wo der vorher war. Denn du bist ja nicht die einzige, die er sich vornimmt.
Und wenn er bei dir ohne macht, dann kannste mit Gewißheit sagen, das war bei der andern genauso. Und wir haben noch immer ne Sicherheit, wir werden kontrolliert. Alle vierzehn Tage, und Blutabnahme alle sechs Wochen. Da hast du deine Karte, kriegst deinen Stempel, und den zeigst du dann vor, wenn die Sitte vorbeikommt.

Ein Lieblingskind der deutschen Regelung der Prostitution von oben ist die regelmäßige Gesundheitskontrolle. Man(n) behauptet gern, das sei doch nur zum Schutz der Bevölkerung und der Prostituierten selber. Tatsächlich hieß das Hauptgesetz zur Kontrolle der Prostis eine Zeitlang «Gesetz zum Schutz vor Geschlechtskrankheiten» – nach dem Motto: Wo ein Seuchenherd ist, muß eingedämmt werden …
Wie hervorragend diese Gesundheitskontrolle arbeitet, zeigt ein Beispiel aus einer westdeutschen Großstadt zum Thema «Der Tripper im Banne der Sitte»: Eine Kollegin ging zur üblichen 14täglichen Untersuchung, und da sie zu jener Zeit nicht eben üppig verdiente, ließ sie Abstrich und Blutuntersuchung nicht bei ihrem privaten Arzt machen, sondern kostenlos beim Gesundheitsamt. Der dort zuständige Amtsarzt behauptete, sie hätte einen Tripper.

Sie bestritt das, sagte, sie würde das merken, außerdem wäre ihr Mann auch kerngesund und hätte keinerlei Beschwerden. Der Amtsarzt ließ sich nicht beirren und injizierte die übliche Einheit Antibiotika. Sie solle in zwei Tagen wiederkommen, dann müsse ein weiterer Abstrich gemacht werden. Sie ging daraufhin doch zu ihrem privaten Arzt, ließ noch eine gesamte Untersuchung machen, der Arzt stellte nichts fest und gab ihr ein Attest ohne Befund für den Kollegen vom Amt. Sie ging dann wieder hin und verlangte ihre Karte zurück, damit sie wieder arbeiten gehen könnte. Der Amtsarzt schnauzte sie an, sie hätte überhaupt nichts zu melden und das Attest könnte sie wegschmeißen. Sie versuchte zu protestieren, ohne Erfolg, der Amtsarzt drohte ihr, falls sie arbeite, selbst mit dem Attest in der Hand, würde man sie auf Verdacht zehn Tage ins Krankenhaus legen, zwangsweise.

Sie arbeitete also nicht, erkundigte sich aber bei ihren Kolleginnen an ihrem Platz, was die dazu sagten. Eine erzählte, ihr wäre es vor einem halben Jahr genauso gegangen, mit *dem* Arzt. Und versprach, den Stammfreiern der betroffenen Kolleginnen Bescheid zu sagen.

Zwei Tage später erneuter Termin beim Amtsarzt, noch ein Abstrich, die Hoffnung, die Karte wiederzubekommen und morgen wieder arbeiten zu können. Der Arzt fragt, wieviel sie wiegt, sie sagt 73 Kilo, darauf der Arzt: «Also, dann werden wir wohl noch eine Spritze geben müssen, bei *dem* Gewicht!» Sie versucht wieder zu protestieren, ihr Mann habe noch immer nichts (die Stammfreier kann sie nicht erwähnen, denn das würde für die Herren bedeuten, sie hätte doch gearbeitet, also illegal). Sie habe auch nichts, sie habe überhaupt kein einziges Symptom. Der Arzt, wieder barsch, das müsse sie ihm schon überlassen, er sei schließlich der Arzt! Sie hätte da eine leichte Art von Tripper, man könnte nicht mit Sicherheit behaupten, daß der ansteckt, aber arbeiten könne sie nicht damit. Zwei Tage später wiederkommen. Drei Abstriche müssen sein. Sie hat eine Woche lang nicht arbeiten, das heißt kein Geld verdienen können. Wegen nichts und wieder nichts.

Wie wäre das eigentlich mit der Gesundheitsschikane, wenn Pats ironischer Vorschlag praktiziert würde: Jeder Mann, der einschieben will, muß ein Gesundheitszeugnis vorlegen ...

Pat: Ich hab 'n Bockschein, schon lange, mußte ich damals machen, sonst hätten sie mich kassiert. Aber ich geh da nicht zur Untersuchung, ich habe meine Ärztin, bin Privatpatientin. Kostet natürlich auch was, aber das brauch ich auch, ich muß mir das leisten können. Ich war ein paarmal beim Gesundheitsamt, nee! Diese Käsekerle da. Das kann ich immer noch machen, wenn ich nicht mehr gut verdiene, obwohl, dann steig ich auch aus. Die behandeln dich da, das ist doch nicht mehr menschenwürdig!
Kitty: Du wirst die Karte auch wieder los. Du stellst deinen Befreiungsantrag und mußt dann noch ein Jahr zur Untersuchung, aber nur alle vier Wochen und nachher alle Vierteljahre, und dann bist du das Ding auch wieder los. Bloß, du mußt dann eben ne Arbeit vorweisen. Du kannst nicht einfach sagen, ich hör jetzt auf. Von was lebst du denn dann? Es sei denn, du bist verheiratet und dein Mann arbeitet usw.
Ich bin praktisch eine ganze Weile rausgewesen durch meine Krankheit, und deshalb hatten sie mir ja auch angeboten, daß ich nun vollkommen aufhören soll, daß es besser für mich wäre. Dann könnte man das gleich abschließen und die Akte beiseite packen. Sicher, wär mir auch ganz lieb, aber det geht nicht!
Dörtie: Dann sind sie wieder kontrollieren gekommen?
Kitty: Ja, ja.
Dörtie: Und wie ist es mit dem Sozialamt? Dürfen die das jetzt wissen, oder wie? Du kriegst doch auch Stütze.
Kitty: Nein. Ich hab jetzt mit dem Sozi nichts mehr zu tun. Ich hab nur Stütze bekommen, wie mein Mann im Knast war, und das mehr oder weniger für die Kinder. Und das müssen sie mir ja geben, das steht mir ja zu.
Dörtie: Wie oft kommen die Bullen bei euch vorbei?
Kitty: Ist verschieden. Letzte Woche waren sie dreimal da, aber da haben sie wahrscheinlich ein paar gesucht. Dann

setzen sie manchmal aus, 14 Tage oder 8 Tage, aber meistens sind sie jede Woche da.

Auf einem «Bockschein» der Bürgermeisterei von Bordeaux aus dem Jahre 1890 stehen folgende Verbote:
Es ist den *filles publiques* verboten,

1. nach zehn Uhr abends das Haus zu verlassen,
2. auf den Spazierwegen spazierenzugehen,
3. auf Straßen und öffentlichen Plätzen stehenzubleiben oder dieselben in einer Bekleidung zu betreten, die geeignet ist, die Aufmerksamkeit auf sie zu ziehen,
4. an Beerdigungszügen stehenzubleiben,
5. Passanten anzusprechen,
6. sich vor der eigenen Haustür aufzuhalten,
7. obszöne Angebote zu machen,
8. Männer herbeizurufen, auch nicht mit Gesten,
9. sich im Zustand der Trunkenheit in der Öffentlichkeit zu zeigen
10. sich vor Kasernen aufzuhalten und Angehörige der Streitkräfte zu empfangen
    usw.

Dörtie: Sind das immer dieselben?
Kitty: Immer dieselben.

Eine Kollegin in Italien hat eine Zeitlang an einer Autobahnabfahrt gestanden. Die Autos mußten dort halten, denn es gab dort ein großes Stoppschild. Die Sittenpolizei kam immer mal wieder vorbei, aber da sie sie nie «in flagranti» ertappten – denn trampen darf schließlich jede Frau –, konnten sie ihr nichts anhaben. Eines Tages kamen sie auf eine besonders geistreiche Idee: Sie erschienen zu zweit und behaupteten, ein Autofahrer hätte angerufen und sich beschwert, hier stünde ein Mädchen, das keine Unterhose anhätte, sein sittliches Gefühl sei verletzt! Ob sie eine Unterhose anhätte? Die Kollegin erklärte, sie könnten sie ja mit zur Wache nehmen und dort von einer Frau nachkucken lassen. Sie jedenfalls würde sich hier nicht bücken, sie hätte keine Lust, wegen Verführung von Polizeibeamten eingesperrt zu werden. Sie müßten schon selber in die Knie gehen, wenn sie was wissen wollten. Ein Wortgefecht von einer Viertelstunde, worauf einer der beiden Polizisten sich tatsächlich gebückt hat. Die Kollegin kichernd: «Ein Polizist ist vor mir in die Knie gegangen, stellt euch das bloß mal vor!» Natürlich hatte er nichts gesehen. Wer steht schon als Frau breitbeinig ...

Kitty: Die sind ganz anständig, wenn die dich mitnehmen, fahren sie dich sogar wieder zurück ...
(Gelächter)
Früher war es so schlimm gewesen, da durftest du überhaupt nicht auf der Straße stehn. Sobald du da draußen standest, haben dich die Bullen mitgenommen auf die Wache, vier Stunden festgehalten, und wenn du es nicht schnell genug geschafft hast, in die Bar reinzukommen, ins Café de Paris, und mit einem Hacken noch draußen warst, dann haben sie dich schon wieder am Arsch gehabt, dann warst du schon wieder auf der Wache! Also, die haben uns richtig tyrannisiert, so schlimm war das damals gewesen, und das wurde ja dann abgeschafft.
Dörtie: Wo war das denn?
Kitty: Augsburger Straße.
Dörtie: Da durfte man früher nicht stehen?
Kitty: Auf der Straße nicht. Du konntest im Café drin sitzen, im Vorgarten oder direkt in der Kneipe anschaffen, aber nicht auf der Straße.
Dörtie: Absurd!
Kitty: Was meinst du, wie ich manchmal gerannt bin vom Hotel, damit ich schnell genug wieder in die Kneipe kam! Du mußtest richtig schnell laufen, damit es bloß nicht so aussieht, als ob du da nun stehst!
Dörtie: Heutzutage kommen die Bullen in Zivil in die Bar. Haben Kegelabend gehabt oder so was. Haben sich köstlich amüsiert, da ist nämlich keine rangegangen ...
(Gelächter)

Das Gift wird mobil und geht auf Wanderung

Die gegenwärtig geltende hier einschlägige Vorschrift datirt vom 11. Dezember 1874 und bestimmt, dass Weibspersonen, welche der Prostitution obliegen wollen, sich bei der Polizeibehörde anzumelden und unter polizeiliche Controle zu stellen haben. Personen, welche an syphilitischen Krankheiten behandelt worden sind und einen redlichen Erwerb nicht nachzuweisen vermögen, unterliegen gleichfalls der Controle. Die Prostituirten sind in der Wahl ihrer Wohnung an die Zustimmung der Polizeibehörde gebunden. Sie müssen jeden Wohnungswechsel, sogar jede Reise und jeden Ausflug der Polizeibehörde anzeigen; es ist ihnen untersagt, an öffentlichen Orten die Gelegenheit zur Unzucht aufzusuchen, sich abends in den Straßen herumzutreiben, sich an den Fenstern und Thüren ihrer Wohnungen zu zeigen, Theater, Festhalle etc. zu besuchen, die Pferdebahn zu betreten u. s. w. Alle acht Tage findet eine ärztliche Untersuchung sämtlicher Prostituirten statt und ausserdem, so oft es für nötig befunden wird, ausserordentliche Untersuchungen. Sexuelle Erkrankung zieht Verweisung in das städtische Krankenhaus nach sich.

Nach Einführung der Freizügigkeit verschlimmerten sich die Zustände, sowohl wegen des plötzlichen Ansteigens der Bevölkerungszahl, als auch weil den lüderlichen Frauenspersonen anderer größerer Städte das Umherziehen weniger schwierig wurde, und leichtsinnige Mädchen von Landorten, die zu Hause übel angesehen wurden und nach Schrankenlosigkeit sich sehnten, der Stadt gerne zuzogen.

Schon die baulichen Zustände der fraglichen Stadttheile bringen es mit sich, dass dort vorzugsweise das Proletariat seine Wohnstätten findet und mit diesem auch die sittliche Rohheit, welche die ebenso häufige als traurige Folge gänzlicher Besitzlosigkeit ist.

In ebendenselben Häusern wohnen des billigen Mietzinses wegen jene zahlreichen Näherinnen, Büglerinnen, Putzmacherinnen und andere isolirte, auf ihre Arbeit angewiesene, aber durch manchfache Berührung mit der Luxus treibenden Welt vielfach bedürfnisreiche, putz- und vergnügungssüchtige Frauenspersonen, welche bekannter Maassen der Verführung häufig sehr zugänglich und der Gefahr besonders ausgesetzt sind, der Prostitution anheimzufallen.

Dass nun die Niederlassung von Dirnen in solchen Häusern von den schlimmsten Folgen in sittlicher Beziehung begleitet sein muß, ist wohl eine selbstverständliche Sache, und da die Dirnen bei freier Wahl der Wohnung, wie gar nicht anders denkbar, auch häufig ihre Wohnung wechseln werden, also das Gift gewissermassen mobil wird und auf Wanderung geht, so läßt sich von der Beseitigung der jetzigen Beschränkungen in der That nur eine Verschlechterung der sittlichen Zustände in der Stadt erwarten.

Bei Concentrirung ist zu erwarten: erstlich, dass die aus der Nachbarschaft einer Dirne resultirenden Hauptübelstände des Ärgernisses, das schlechte Beispiel und die Wohnungsentwertung local beschränkt werden; ferner, dass die polizeiliche Überwachung leichter ist, und endlich, dass weniger Gelegenheit zur Berührung der Dirnen mit anderen Frauenspersonen existirt. Auch die durch Dirnen verursachten Ruhestörungen und Skandale müssen nach menschlicher Voraussicht abnehmen, einmal wegen der möglichen schärfern Überwachung und ferner, weil dann der Eigenthümer eines solchen Hauses ein besonderes Interesse daran hat, Belästigungen der Nachbarschaft thunlichst zu verhindern, ein Interesse, das zwar in sehr schmutzigem Boden gewurzelt ist, aber doch der öffentlichen Ordnung zugut kömmt.

Schließlich werden dann auch die aus Brodneid und Eifersucht hervorgehenden Streithändel der Dirnen nicht mehr auf der Straße und unter den Augen der Öffentlichkeit, sondern innerhalb der Mauern der betreffenden Häuser ... sich abwickeln.

Das System der Zerstreuung der Prostitution über die Stadt ist auch insofern in hohem Grade bedenklich, als sich dann die gewerbsmäßige öffentliche Unzucht von den übrigen Stufen weiblicher Verkommenheit äusserlich weniger sichtbar abgrenzt, vielmehr jenes Demimondenthum hervorgebracht wird, über welches leichtsinnige Mädchen allmählich zur unverhüllten Lohnhurerei herabsinken.

Die für die überwiegende Mehrzahl der Männer bestehende wirthschaftliche Nothwendigkeit, die Gründung einer Familie auf spätere Lebensjahre zu verschieben, wenn nicht darauf zu verzichten, die Nivellirung der verschiedenen Schichten der Gesellschaft, die ideenlose, fast nur auf Besitz und Genuss hinstrebende Richtung der Zeit, all' dies fördert in hohem Maasse die sittliche Verderbniss auch auf geschlechtlichem Gebiet.

Wenn dagegen geltend gemacht wird, dass es der Behörde nicht zieme, auf so ehrlose Weise verdientes Geld einzuziehen, so ist dies ein verkehrter sentimentaler Standpunkt; denn andernfalls müssten die ehrlichen Steuerzahler die Beträge aufbringen und den Dirnen bleiben sie belassen, um verjubelt zu werden.

(Unter anderem die Abtheilung IV des badischen Frauenvereins kümmert sich um die Rettung der gefallenen Mädchen. Als Mittel werden angewandt persönlicher Verkehr der Vereinsmitglieder [Schutzfrauen] mit den Schützlingen und Anleitung zur Erlernung weiblicher Handarbeiten und der Haushaltungsarbeiten ...)

Bis vor kurzer Zeit hatten sich die Dirnen allwöchentlich zu einer bestimmten Stunde in einem Zimmer des städt. Wasserthurms an der Gartenstrasse zur ärztlichen Untersuchung einzufinden. (Der städt. Wasserthurm ist von dem Stadttheil, wo die Dirnen hergebrachtermassen wohnen, sehr weit entfernt.) Der Gang dahin wurde aber regelmäßig benutzt, um Männer anzulocken und überhaupt ein auffälliges, freches Benehmen öffentlich zur Schau zu tragen.

Von diesem praktischen Standpunkte aus müssen wir aber erklären, dass der öffentlichen Sittlichkeit durch Aufhebung der localen Beschränkung der Prostitution ein ebenso

schlechter Dienst geleistet würde, als der öffentlichen Reinlichkeit, wenn man die Kloaken verschließen und den Unrath nach dem natürlichen Gefälle über alle Strassen und Gassen sich ergiessen lassen wollte.

Ein System, wie solches ... bis vor kurzem in Hamburg befolgt wurde, wobei die gewerbsmäßige Unzucht obrigkeitlich geordnet erscheint, Bordelle mit concessionirtem Wirthschaftsbetriebe und polizeilichen Hausstatuten, ja sogar mit amtlichen Unzuchtstaxen eingerichtet sind, ein solches System halten wir auch schlechtweg für des Staates und der Behörde unwürdig.
Karlsruhe, 19. Jh.

Kitty: Na, das machen ja unsere Bullen da draußen auch. Die stehen da draußen mit den Mädels zusammen, und eine hängt dann halb mit ihren Titten drin, und dann knallt er ihr noch 'n Pfirsich dazwischen und so. Na, dat sind *unsere* Bullen da draußen!
Dörtie: Bumsen die auch mit den Mädels?
Kitty: Nee, das hab ich noch nicht gehört. Außer sie kommen privat, und dann zahlen sie.
Dörtie: Das ist ja in Amerika unheimlich verbreitet und in England auch, daß die die Mädels erpressen ...
Kitty: Nee, nee, so wat gibt's hier nicht. Ist ja nicht verboten, daß du stehst! Also, ich nehme an, das muß es früher mal gegeben haben in der Augsburger Straße, bloß da war ich auch noch ein bißchen doof in der Birne, das hab ich alles nicht so gecheckt. Mußte ich mich auch erst mal durchkämpfen, war ja echt knallhart.

«Juristen sind auch nur Freier»

Einiges über die «Rechtslage» der Prostituierten in Deutschland (West)

Im In- und Ausland herrscht oft die Meinung, deutsche Gesetze seien besonders liberal im Umgang mit der Prostitution, und das bundesrepublikanische Muster dient Gesetzgebern in anderen Ländern, die Probleme mit «ihren» Prostituierten haben, manchmal als Vorbild für eine Situation, in der Prostitution «legalisiert» ist. Aber grundsätzlich ist die gesetzliche Lage in der Bundesrepublik und in West-Berlin gar nicht anders als in den meisten anderen Ländern: Prostitution selber ist zwar *nicht* kriminell, kriminell sind aber die meisten Formen, in denen sie ausgeübt wird. Ganz allgemein tun sich Gesetzgeber und -anwender äußerst schwer und liefern Entscheidungen und Definitionen von teilweise atemberaubender Gehirnakrobatik, wo es darum geht, die «Dirnen» mit Rechtsverordnungen zu umstellen, an ihr verdientes Geld zu kommen und ihnen trotzdem rechtlichen Schutz zu verwehren.

Es gibt keine juristisch tragfähige Bestimmung für Prostitution, die sogenannte «gewerbsmäßige Unzucht»: Die Zahlung von Geld oder andere materielle Zuwendungen sind nicht ausreichend als Abgrenzung, denn daß Männer heutzutage Frauen derlei Zuwendungen machen, geben selbst Rechtswissenschaftler zu. Sie leiten das aus «gesellschaftlichen Gegebenheiten» ab, gemeint ist damit wahrscheinlich die schlichte Tatsache, daß bei der «gegebenen Gesellschaft» die Männer mehr Geld haben als die Frauen. Aber diese Tatsache, daß Männer also Frauen etwas geben, kann man nicht reinen Herzens als Bedingung für Prostitution

nehmen, denn dann wären ja alle Frauen unzüchtig ... Oder doch die meisten.
Das ehemals beliebte Kriterium «Promiskuität» (im Behördenjargon übersetzt als häufig wechselnder Geschlechsverkehr, HWG) reicht ebensowenig: Im Zeitalter der «Sexwelle» haben auch viele Frauen mehr als eine sexuelle Beziehung im Leben. Das nächste Stichwort ist «Wahllosigkeit», die allerdings läßt sich juristisch nur sehr schwer nachweisen und eingrenzen. Abgesehen davon ist die Auswahl und die Anzahl der Freier tatsächlich das erste, was jede Prostituierte zu bestimmen versucht, weil es eben nicht egal ist, wie viele und welche Sorte Freier sie zu verkraften hat. Die Möglichkeit auszuwählen hängt aber in erster Linie mit der Höhe des Lohns zusammen, den sie durchsetzen kann: Je mehr Lohn für eine Leistung, desto weniger Freier.
Aber mit dem Lohn hat der Staat die meisten Probleme: Laut einem Urteil des Bundesverfassungsgerichts von 1952 kommt selbst der Prostitution «für das Recht kein in Entgelt zu veranschlagender Wert» zu. Nach einem ähnlichen Grundsatz verfuhr das Bundesverfassungsgericht 1978 mit der «anständigen» Hausarbeit. Als eine Witwe Verfassungsbeschwerde führte, weil ihr nach dem Tode ihres Mannes nur 60 % seiner Rente zustehen, ihm aber, wenn sie früher stirbt, die vollen 100 %, erklärte der Richter, die Witwenrente diene nicht dem Lohnersatz, sondern dem Unterhaltsersatz. Will das Bundesverfassungsgericht etwa Prostituierte und Hausfrauen angleichen, indem es beiden die Sicherheit des Lohns vorenthält? Vermutlich doch nicht, denn eine derartige Angleichung nach unten würde schnell problematisch und kann den (zumeist männlichen) Bundesrichtern wohl kaum vorgeschwebt haben. Aber mit einem solchen Spruch gibt es die Rechtsgrundlage dafür, daß eine Prostituierte keine juristische Möglichkeit hat, an ihren Lohn zu kommen, den ihr der Freier verweigert. Der § 263 StGB (Betrug) läßt sich nur in der umgekehrten Richtung anwenden, nämlich wenn der Freier im voraus gezahlt hat und meint, er habe keine ordentliche «Gegenleistung» bekommen ... Und aus diesem Umstand, daß ihr Lohn nicht geschützt ist, folgt unmittelbar ihre Unge-

schütztheit gegenüber Freiern und Zuhältern. Ein Freier kann sie ruhig prellen, er ist nicht zu belangen. Also wird sie sich anders zu schützen versuchen, zum Beispiel von jemandem, der ihre Ansprüche mit seiner Faust durchboxt. Stellt also das oberste Gericht die Weichen dafür, daß Zuhälter in den Arbeitsplatz Prostitution eindringen *können*? Die Gesetze, die *nicht* für anschaffende Frauen gelten, sind ebenso bezeichnend wie die, die der Prostitution gewidmet sind. In diesem Zusammenhang wird verständlich, daß sich viele Aktivitäten von Prostituierten-Organisationen in aller Welt um Gesetze drehen, denn – einerlei wie diese Gesetze in den verschiedenen Ländern formuliert sind – grundsätzlich sind Prostituierte Gegenstand von Rechtsprechung, aber nicht Nutznießer. Diese Rechtlosigkeit macht tatsächlich aus Prostituierten Bürger zweiter Klasse, und das Ende dieses Zustands ist eine wichtige Bedingung für die Weiterentwicklung der Kämpfe.

Die Gesetzgebung zur Prostitution im finanzstärkeren Teil Deutschlands gibt vor, zwei Zielrichtungen verpflichtet zu sein:

1. dem Schutz der Öffentlichkeit, vor allem der Jugendlichen,
2. dem Schutz der Prostitution vor Ausbeutung.

Für Punkt 1 wird vor allem die Gefahr der Erkrankung an Geschlechtskrankheiten angeführt, obwohl selbst die UNO Ende der fünfziger Jahre in einer internationalen Studie feststellen mußte, daß weitaus weniger Geschlechtskrankheiten von Prostituierten verbreitet werden als von Leuten, die sich im Namen der «sexuellen Befreiung» keinen Zwang mehr antun. Und das erklärt sich ganz einfach daraus, daß Prostituierte durchaus kein Interesse daran haben, sich eine Geschlechtskrankheit zuzuziehen, denn das ist nicht gerade die angenehmste körperliche Verfassung, deshalb sorgen sie von allein dafür, nicht angesteckt zu werden. Und auch das hat wieder mit dem Lohn zu tun: Je mehr Lohn, desto weniger Freier, desto mehr Möglichkeit nein zu sagen (zum Beispiel dazu, ohne Gummi zu arbeiten) – je weniger Freier, desto weniger Wahrscheinlichkeit, sich anzustecken.

Trotzdem werden Prostituierte weiterhin mit Geschlechtskrankheiten identifiziert und liegt die Überwachung der Prostituierten (seit dem *Reichsgesetz zur Bekämpfung der Geschlechtskrankheiten* von 1927, *RGBG*) bei den mit der örtlichen Polizei eng zusammenarbeitenden Gesundheitsbehörden. Überwachung heißt: alle vierzehn Tage (in Berlin), jede Woche (in der BRD) zur Untersuchung, «Bockschein» stempeln lassen, auf Verlangen der «Sitte» vorzeigen. Dazwischen gibt es eine Reihe von Möglichkeiten für die Behörden, Prostituierte zu schikanieren, ihnen die Arbeit zu untersagen, sie auch zwangsweise in ein Krankenhaus abführen zu lassen.

Seit dem 23. Juli 1953 (zum letztenmal geändert 1974) gilt in der Bundesrepublik und in West-Berlin die Fassung des *Gesetzes zur Bekämpfung der Geschlechtskrankheiten*, dessen § 6 Personen, die an einer Geschlechtskrankheit leiden (das sind Syphilis, Tripper, weicher Schanker und venerische Lymphknotenentzündung), Geschlechtsverkehr verbietet. Daraus folgen die Ausführungsbestimmungen in den einzelnen Bundesländern. Wird bei einer Prostituierten eine Geschlechtskrankheit festgestellt, darf sie so lange nicht anschaffen gehen, bis die Krankheit ausgeheilt ist (den Zeitpunkt bestimmt das Gesundheitsamt, mehr dazu auf S. 120ff). Selbst wenn sie gar keinen «Geschlechtsverkehr» ausübt, denn der ist durchaus nicht das einzige, was von Prostituierten gewünscht wird.

Im übrigen wird die Öffentlichkeit geschützt durch Gesetze, deren Formulierung aus dem *Vierten Gesetz zur Reform des Strafrechts* vom 5. Juni 1973 stammt (in Kraft sind sie seit November 1973):

§ 183a. Erregung öffentlichen Ärgernisses
Wer öffentlich sexuelle Handlungen vornimmt und dadurch absichtlich oder wissentlich ein Ärgernis erregt, wird mit Freiheitsstrafe bis zu einem Jahr oder mit Geldstrafe bestraft, wenn die Tat nicht in § 183 mit Strafe bedroht ist.

§ 184a. Ausübung der verbotenen Prostitution
Wer einem durch Rechtsverordnung erlassenen Verbot, der Prostitution an bestimmten Orten überhaupt oder zu bestimmten Tageszeiten nachzugehen, beharrlich zuwiderhan-

delt, wird mit Freiheitsstrafe bis zu sechs Monaten oder mit Geldstrafe bis zu einhundertachtzig Tagessätzen bestraft.

§ 184 b. Jugendgefährdende Prostitution
Wer der Prostitution
1. in der Nähe einer Schule oder anderen Örtlichkeit, die zum Besuch durch Personen unter achtzehn Jahren bestimmt ist, oder
2. in einem Haus, in dem Personen unter achtzehn Jahren wohnen,

in einer Weise nachgeht, die diese Personen sittlich gefährdet, wird mit Freiheitsstrafe bis zu einem Jahr oder mit Geldstrafe bestraft.

Dieser § 183 a. ersetzt den ehemaligen § 361 (Aufforderung zur Unzucht) *StGB*. Die «Reform» bestand unter anderem darin, daß nunmehr Freier nicht mehr bestraft zu werden brauchten, wie es vorher noch möglich war. Straftatbestand ist jetzt «öffentliches Ärgernis» – und solange nicht jeder beliebige Mann, der in der Öffentlichkeit eine beliebige Frau anquatscht, als öffentliches Ärgernis empfunden wird, so lange werden vermutlich eher die Prostituierten von diesem Paragraphen betroffen sein als die Freier mit ihrem teilweise unverschämten Benehmen.
Zusätzlich zum Strafgesetzbuch regelt das *Gesetz über Ordnungswidrigkeiten (OWiG)*, was mit Personen zu geschehen hat, die als «anstößig» oder «belästigend» empfunden werden können:

§ 119 Grob anstößige und belästigende Handlungen
I Ordnungswidrig handelt, wer
1. öffentlich in einer Weise, die geeignet ist, andere zu belästigen, oder
2. in grob anstößiger Weise durch Verbreiten von Schriften, Ton- oder Bildträgern, Abbildungen oder Darstellungen

Gelegenheit zu sexuellen Handlungen anbietet, ankündigt, anpreist oder Erklärungen solchen Inhalts bekanntgibt.
. . .
IV Die Ordnungswidrigkeit kann in den Fällen des Absatzes 1 Nr. 1 mit einer Geldbuße bis zu tausend Deutsche Mark, in den übrigen Fällen mit einer Geldbuße bis zu zehntausend Deutsche Mark geahndet werden.

§ 120 *OWiG* bestimmt die Strafen für die vom § 184a. genannte Zuwiderhandlung, sofern sie *nicht beharrlich* geschieht. Das heißt, eine Frau kann zu einer Geldbuße verurteilt werden, wenn sie einmal am falschen Ort zur falschen Zeit bei der Prostitution erwischt wird.

§ 120 Verbotene Ausübung der Prostitution; Werbung für Prostitution

I Ordnungswidrig handelt, wer

1. einem durch Rechtsverordnung erlassenen Verbot, der Prostitution an bestimmten Orten überhaupt oder zu bestimmten Tageszeiten nachzugehen, zuwiderhandelt oder
2. durch Verbreiten von Schriften, Ton- oder Bildträgern, Abbildungen oder Darstellungen Gelegenheit zu entgeltlichen sexuellen Handlungen anbietet, ankündigt, anpreist oder Erklärungen solchen Inhalts bekanntgibt.

II Die Ordnungswidrigkeit kann mit einer Geldbuße geahndet werden.

Seit dem 1. Januar 1975 ist der § 184a. *StGB* insgesamt präzisiert worden durch das *Einführungsgesetz zum Strafgesetzbuch (EGStGB),* und zwar durch den Artikel 297.

Art. 297 Verbot der Prostitution

I Die Landesregierung kann zum Schutz der Jugend oder des öffentlichen Anstandes

1. für das ganze Gebiet einer Gemeinde bis zu fünfzigtausend Einwohnern,
2. für Teile des Gebiets einer Gemeinde über zwanzigtausend Einwohnern oder eines gemeindefreien Gebiets,
3. unabhängig von der Zahl der Einwohner für öffentliche Straßen, Wege, Plätze, Anlagen und für sonstige Orte, die von dort aus eingesehen werden können, im ganzen Gebiet oder in Teilen des Gebiets einer Gemeinde oder eines gemeindefreien Gebiets

durch Rechtsverordnung verbieten, der Prostitution nachzugehen. Sie kann das Verbot nach Satz 1 Nr. 3 auch auf bestimmte Tageszeiten beschränken.

II Die Landesregierung kann diese Ermächtigung durch Rechtsverordnung auf eine oberste Landesbehörde oder höhere Verwaltungsbehörde übertragen.

III Wohnungsbeschränkungen auf bestimmte Straßen oder Häuserblocks zum Zwecke der Ausübung der Prostitution (Kasernierungen) sind verboten.

Das ist die sogenannte «Sperrbezirksverordnung», mit der die Möglichkeit besteht, das grundsätzlich gültige «Kasernierungsverbot» zu umgehen. Denn der Unterschied zwischen dem Verbot, an bestimmten Orten und zu bestimmten Zeiten der Prostitution nachzugehen, und der Vorschrift, Prostitution dürfe *nur* an bestimmten Orten und zu bestimmten Zeiten ausgeübt werden (das heißt Kasernierung), liegt in der gummiartigen Ausdehnung der Buchstaben und verschwindet in der Praxis der Behörden.
Für den Punkt 2 (Schutz der Prostituierten vor Ausbeutung) sieht das Strafgesetzbuch folgende Maßnahmen vor:

§ 180 a. Förderung der Prostitution
(1) Wer gewerbsmäßig einen Betrieb unterhält oder leitet, in dem Personen der Prostitution nachgehen und in dem
1. diese in persönlicher oder wirtschaftlicher Abhängigkeit gehalten werden oder
2. die Prostitutionsausübung durch Maßnahmen gefördert wird, welche über das bloße Gewähren von Wohnung, Unterkunft oder Aufenthalt und die damit üblicherweise verbundenen Nebenleistungen hinausgehen,

wird mit Freiheitsstrafe bis zu drei Jahren oder mit Geldstrafe bestraft.
(2) Ebenso wird bestraft, wer
1. einer Person unter achtzehn Jahren zur Ausübung der Prostitution Wohnung, gewerbsmäßig Unterkunft oder gewerbsmäßig Aufenthalt gewährt oder
2. einen anderen, dem er zur Ausübung der Prostitution Wohnung gewährt, zur Prostitution anhält oder im Hinblick auf sie ausbeutet.

(3) Wer einen anderen gewerbsmäßig anwirbt, um ihn dazu zu bringen, daß er der Prostitution nachgeht, oder um ihn zur Prostitutionsausübung in einem fremden Land zu veranlassen, wird mit Freiheitsstrafe bis zu fünf Jahren oder mit Geldstrafe bestraft.
(4) Wer eine Person unter einundzwanzig Jahren der Prostitutionsausübung zuführt oder auf sie einwirkt, um sie zur Aufnahme oder Fortsetzung der Prostitution zu bestimmen, wird mit Freiheitsstrafe von sechs Monaten bis zu zehn Jahren bestraft.
(5) In den Fällen der Absätze 3 und 4 ist der Versuch strafbar.

§ 181. Menschenhandel

Wer einen anderen

1. mit Gewalt, durch Drohung mit einem empfindlichen Übel oder durch List dazu bringt, daß er der Prostitution nachgeht, oder
2. anwirbt oder wider seinen Willen durch List, Drohung oder Gewalt entführt, um ihn unter Ausnutzung der Hilflosigkeit, die mit seinem Aufenthalt in einem fremden Land verbunden ist, zu sexuellen Handlungen zu bringen, die er an oder vor einem Dritten vornehmen oder von einem Dritten an sich vornehmen lassen soll,

wird mit Freiheitsstrafe von einem Jahr bis zu zehn Jahren, in minder schweren Fällen mit Freiheitsstrafe von drei Monaten bis zu fünf Jahren bestraft.

§ 181 a. Zuhälterei

(1) Mit Freiheitsstrafe von sechs Monaten bis zu fünf Jahren wird bestraft, wer

1. einen anderen, der der Prostitution nachgeht, ausbeutet oder
2. seines Vermögensvorteils wegen einen anderen bei der Ausübung der Prostitution überwacht, Ort, Zeit, Ausmaß oder andere Umstände der Prostitutionsausübung bestimmt oder Maßnahmen trifft, die den anderen davon abhalten sollen, die Prostitution aufzugeben,

und im Hinblick darauf Beziehungen zu dem anderen unterhält, die über den Einzelfall hinausgehen.

Gleichzeitig mit den «reformierten» §§ 180a. bis 184b. verabschiedet der *Bundestag am 5. 6. 1973 eine Entschließung*, in der genauer auf die Möglichkeiten der Kontrolle über die Prostitution eingegangen wird, die nicht auf der Straße, sondern zum Beispiel in «Dirnenwohnheimen» passiert. Da Kasernierung offiziell nicht stattfindet, es also keine Bordelle gibt, andrerseits aber jemand, der Wohnraum an Prostituierte vermietet, sich allein deshalb noch nicht strafbar wegen Kuppelei macht, ergibt sich die Notwendigkeit, diesen Zwischenraum zwischen «Bordell» und «bordellartigem Betrieb» auch noch kontrollierend zu stopfen. In seiner *Entschließung* ist der Bundestag

«der Auffassung, daß neben die neuen Vorschriften der §§ 180a., 181, 181a. StGB weitere Bestimmungen treten müssen, die den Ordnungs- und Polizeibehörden (*die die Kontrolle über die Prostituierten seit dem RGBG 1927 an die Gesundheitsbehörden abgeben mußten, P. B.*) die Möglichkeit geben, die Dirnenwohnheime und ähnliche Gebäude, in denen die Prostitution ausgeübt wird, wirksamer als bisher zu überwachen. Eine wirksamere Überwachung ist aus Gründen der öffentlichen Sicherheit sowie zum Schutz der Prostituierten vor Ausbeutung, Abhängigkeit und Isolation *(!!! P. B.)* erforderlich.
Der Bundestag empfiehlt insbesondere den Landesgesetzgebern, im Rahmen des Rechts der öffentlichen Sicherheit und Ordnung (Polizeirecht) – falls noch nicht vorhanden – Bestimmungen vorzusehen, die den Ordnungs- und Polizeibehörden den Zutritt zu den genannten Gebäuden zur Tages- und Nachtzeit ermöglichen, soweit dies nach Artikel 13 GG *(Unverletzlichkeit der Wohnung, P. B.)* zulässig ist. Ferner wird den Landesgesetzgebern eine Regelung empfohlen, nach der die Eigentümer und Besitzer eines Grundstücks, eines Gebäudes oder eines Gebäudeteils, wo regelmäßig Prostitution ausgeübt wird, den Ordnungs- und Polizeibehörden Anzeige machen müssen und behördlichen Auflagen unterworfen werden können. Solche Auflagen könnten sich u. a. auf das Mindestalter und die Staatsangehörigkeit der aufgenommenen Prostituierten beziehen sowie die Beschäftigung vorbestrafter Männer in Dirnenwohnheimen und ähnlichen Einrichtungen untersagen.
...
Die Bundesregierung wird aufgefordert, zu prüfen, ob durch eine Änderung bundesrechtlicher Vorschriften der Jugendschutz wirksamer ausgestaltet, die gesundheitliche Kontrolle verbessert und die Tätigkeit der Gesundheitsbehörden einerseits sowie der Jugendschutz-, Ordnungs- und Polizeibehörden andererseits in verstärktem Maße koordiniert werden kann.»

Alles in allem ein Drahtseilakt zwischen Unsichtbarmachung und Kontrolle. Vollends akrobatisch aber wird die juristische Argumentation in Sachen Geld, auf das die Prostituierten zwar keinen Anspruch haben, das sie aber doch unbestreitbar mit ihrer Arbeit machen. In Sachen Steuerpflicht also. Die Finanzämter bejahten die Steuerpflicht und versuchten sie zu praktizieren, die Finanzgerichte hatten sich ständig mit Klagen zu beschäftigen. Die «öffentliche Meinung» war gespalten: Einerseits war die Aussicht auf riesige Steuersummen verlockend, andererseits handelte es sich dabei doch um unsittliche Einnahmen, und der Staat kann doch nicht gleichzeitig die Prostitution verdammen und von ihr profitieren ...

Aber *Artikel 3 des Grundgesetzes:* «Alle Menschen sind vor dem Gesetz gleich» gilt schließlich auch für die Steuergesetze. Und die Praxis des «Geld stinkt nicht», wenn es dem Staat nützt, hatte uralte Vorbilder. Eine rechtliche Grundlage für die Praxis der Finanzämter war noch nicht so alt: Sie bestand in einem *Urteil des Reichsfinanzgerichtshofs von 1943* (!). Lediglich eine Frage wurde erneut strittig, nämlich wenn man Prostituierte besteuern darf, nach welchem Paragraphen des *Einkommensteuergesetzes* dann wohl? Zur Debatte standen § 15 *EStG*, danach wären Prostituierte Gewerbetreibende, und § 22, danach stammten ihre Einkünfte aus «sonstigen Leistungen». Am 23. Juni 1964 räumt der Große Senat des Bundesfinanzhofs grundsätzlich auf mit dem Dilemma, indem er entscheidet:

> «Einkünfte aus ‹gewerbsmäßiger Unzucht› sind sonstige Einkünfte im Sinne des § 22 Ziffer 3 EStG. Die Besteuerung verstößt nicht gegen Artikel 3 des Grundgesetzes.»

Die Besteuerung umfaßt *Einkommensteuer* und *Kirchensteuer*. Zwar wird weiterhin debattiert über den Begriff «Leistungen», aus denen die Einkünfte stammen sollen, denn man will ja auch nicht gleich einräumen, daß es sich bei Prostitution durchaus um Arbeit handelt. Aber das läßt sich leicht umgehen durch die Erklärung, Leistung sei «jedes Tun, Unterlassen und Dulden, das Gegenstand eines entgeltlichen Vertrags sein kann». Eigentlich ist ein solcher «Vertrag» in der Prostitution nichtig auf Grund der Sittenwidrigkeit, deshalb ist ja auch unter anderem der Lohn nicht einzuklagen ... Aber diese Lösung nach § 22 scheint den Bundesfinanzrichtern doch vorteilhafter als jede andere. Sie sichert dem Staat eine nicht unbeträchtliche Menge Geld. Und sie sichert auch, daß weiterhin Prostituierte kei-

nen Anspruch auf den üblichen gesetzlichen Schutz ihrer Arbeit haben. Denn das wäre eine Konsequenz gewesen, falls man sie als Gewerbetreibende zur Steuer herangezogen hätte. Aus demselben Grund wird sie auch nicht nach § 2 und § 18 *EStG* (freiberufliche bzw. selbständig ausgeführte künstlerische Tätigkeit) besteuert.
Weit und breit keine Spur ist in der bundesdeutschen Gesetzgebung von Gesetzen, die die Prostituierten während ihrer Arbeit oder in ihrem Privatleben schützen. Prostituierte sind zwar steuerpflichtig, erhalten Staat und Kirchen, ganz abgesehen von Starfightern, Autobahnen und Polizeicomputern, die sie mitfinanzieren – in die Genüsse des «Sozialstaats» gelangen sie allerdings nicht: Sie sind weder kranken- noch rentenversichert, und auch bei Arbeitsunfähigkeit können sie nur selber sehen, wie sie über die Runden kommen. Es ist durchaus nicht so, daß Prostituierte «ein Schweinegeld» verdienen, unter ihnen gibt es sehr viele, deren Arbeit auch nur (noch) ein Existenzminimum einbringt, die mit ihren «Leistungen» geradeso eben «ganz oder zum wesentlichen Teil ihren Lebensunterhalt bestreiten» können.

Fortsetzung Gespräch Teil II

Pat: Wie ist'n das in der Bar, wenn du nackt arbeitest? Ich könnte das nicht. Kommst du dir da nicht komisch vor? Ich meine, verdienst du dann besser? Ist es nicht besser, wenn du erst noch Abstand hast?

Dörtie: Das kann auch genau das Gegenteil sein! Viele Gäste sind unheimlich verwirrt. Die sind angezogen, kommen rein von der Straße, so aus dem alltäglichen Leben, und sitzen plötzlich einem nackten Mädchen gegenüber. Ich hab ein paarmal Gäste gehabt, die saßen in einem Meter Abstand.

Kitty: Ist dir das nicht unangenehm?

Dörtie: Nee, komischerweise nicht.

Kitty: Ich käme mir da irgendwie komisch vor. Mir wär det irgendwie unbehaglich, wenn die reinkommen und glotzen mich dann an. Die glotzen ja sowieso immer, aber dann noch mehr.

Dörtie: Was widerlich ist: Du frierst eben. Du kannst dich nicht in irgendwas einrollen und es dir ein bißchen kuschlig machen. Du sitzt nackt da auf deinem Handtuch, und wenn du schlau bist, nimmst du ein großes, das kannst du dir um die Nieren schlingen, wenn der Chef nicht guckt.

Bevor ich angefangen hab vor ein paar Jahren – da hab ich auch noch zehn Kilo mehr gewogen –, da hab ich mir so gedacht, es wird mir unangenehm sein, daß ich hier so ne Rolle Bauchspeck hab und hier diesen Speck und da jenen (Gelächter). Aber das ging damit weg, daß ich die Leute alle so blöd fand, gleich am Anfang, daß ich für die häßlich sein *wollte*. Ich hab *extra* meinen Bauch ausgefahren. Das ging ganz gut, und inzwischen finde ich mich schön. Außerdem hab ich festgestellt, ich hab da ne Art «Kapital»: meine «Kinderbrüste». Da denken die Freier offenbar immer, ich wär vorgestern erst konfirmiert worden. Die tun mich dann in die Schublade «kleines Mädchen», und das ist gut, sollen sie mich ruhig reinpacken. Das bringt Geld, ein kleines Mädchen – das verdient immer gut.

Kitty: Sicher.

Dörtie: Und dazu kommt noch das Problem, daß ich gar nicht wüßte, was ich anziehen sollte! Ne Hose darfst du

nicht anziehen, und Klamotten hab ich nicht. Ich hab allerdings immer lange Strümpfe an, damit ich die Scheine irgendwohin tun kann, wenn ich aus dem Séparée komme.
Kitty: Und Stiefel, ja? Ganz sexy ...
Dörtie: Im Winter hab ich immer Stiefel angehabt. Jetzt hab ich irgendwelche Schuhe und Strümpfe, die bis kurz untern Arsch gehen.
Man kann nämlich auch Gespräche anleiern damit, auch mit Zigarettendrehen. Du drehst ganz auffällig deine Zigos, und die sehen das, und manche fragen dann, ob du ihnen auch eine drehst, oder machen irgendeinen dummen Spruch. Und dann kannst du sie fragen: «Was krieg ich dafür?» Und so kriegst du oft deinen ersten Cocktail.

Na gut, nicht alle Freier sind bekloppt, okay, ich bin ja auch nicht ganz sicher, aber einen im Kopf haben die bestimmt alle ein bißchen. Das Beispiel zeigt, zu was wir nütze sind: als Sicherheitsventil. Wenn es uns nicht gäbe, würde das hier alles in die Luft fliegen. Wenn irgendwann morgen die Prostitution unterdrückt werden würde – wo wollten die dann wohl alle hingehen, was wollten die dann wohl machen? Die anständige Dame oder die kleine Mieze, die werden dann jedenfalls nicht einen auf barmherzige Schwester machen und sich mit denen abgeben, und sie haben recht damit.
F.

Pat: Also, ich bin immer nett und freundlich, aber nicht aufdringlich. Bei den Stammfreiern ist das sowieso nicht nötig, das hat sich eingeschliffen, bloß, da muß ich aufpassen, daß ich die nicht durcheinanderkriege, zwei haben nämlich genaue Vorstellungen, wie ich aussehen soll, die Kleider – für die hab ich extra Kleider – sexy, hähä, Nachthemd, also nicht so'n Liebestöter, durchsichtig, aber mit Schlangenmuster. Die denken dann, das ist exotisch. Na bitte, soll'n se haben! Einer muß immer Straps haben, die er mir dann ausziehen darf. Lauter solche Sachen, mußte aufpassen, sonst wird das peinlich ... Bei Neuen versuch ich immer schnell rauszukriegen, was die wollen. Manche sagen das schon am Telefon, die sind geübt, aber es gibt welche, die kommen aus dem Wald, die sind ganz verdreht und drucksen rum. Na ja, irgendwie kriegste das in den Griff, nach ein paarmal. Is ja auch nicht sehr hell da, ich hab so lila Licht wie bei Blumengeschäften, extra. Da sieht man nicht alles so deutlich.

Dörtie: Die Strümpfe ziehen auch, die Gäste kucken immer und fragen danach, und dann kannste schon erst mal einen Witz machen: Die brauch ich, damit ich keine Halsschmerzen kriege, hahaha!

Kitty: Ich könnt ja nicht nackt arbeiten! Ich könnt es wirklich nicht. Nicht, weil ich mir einen kleinen Bauch angefressen hab, das meine ich nicht, auch vorher konnt ich das nicht.

Dörtie: Ich konnte das immer gut. Das heißt, mit nem Slip wär's mir lieber, dann müßte ich nicht immer dieses Handtuch mit rumschleppen, drauf achten, wo ich mich hinsetze.

Pat: Ich könnt mir ja auch vorstellen, um nackt zu arbeiten, da mußt du dich ganz toll fühlen. Ich meine, körperlich und so. Ich zieh mich ja auch am Strand kaum aus, weil ich immer denke, dicker Bauch, dicke Oberschenkel und so. Muß man alles ein bißchen kaschieren. Und ich stell mir vor, wenn ich da mit andern zusammen und vor diesen ganzen Kuckern –

Dörtie: Also, ich glaube, wenn ich angezogen arbeiten würde, würd ich mich wärmer fühlen, irgendwie wohler oder so. Ich hab das neulich mal gemacht, das kam dann gleich so in die Nähe von: «Ich fühl mich so wohl, daß ich überhaupt nicht arbeiten will!»

Kitty: Das ist ja auch nicht so gut. Dann bleib mal lieber nackt.

Dörtie: Ich renne selten woanders einfach nackt rum, nicht mal in meiner Wohnung, die ist zu kalt, sogar im Sommer. Also, das Nacktsein ist da nun eigentlich meine «Arbeitskleidung». Da, in der Bar, renn ich nackt rum und unheimlich stolz und arschwackelnd und mit diesen Ringelstrümpfen. Und das ist irgendwie *mein* Schutz, das Nacktsein.

Kitty: Bei uns stehen da auch manche halbnackt draußen: Oben hängt alles raus, und der Rock ist so kurz, daß der

Schlüpfer zu sehen ist. Das ist genau das gleiche. Bloß, ich kann das nicht, also, mir liegt das nicht, und ich weiß nicht, das paßt wahrscheinlich auch gar nicht zu mir.
Dörtie: Man kann damit spielen. Also, ich glaube, wenn ich nackt bin, das wirkt oft viel unschuldiger, als wenn ich angezogen wär. Ich hab das oft gemerkt. So bestimmte Typen, die rühren mich nicht an und sind auch zum Teil richtig erschrocken, weil sie ja nun angezogen sind und ich nackt. Und manchmal mußte ich mich auch wieder anziehen.
Kitty: Ehrlich?
Dörtie: Ja, weil irgendein Typ das nicht ausgehalten hat, der hat das dann mit der Barfrau abgesprochen, daß ich mich anziehen darf und trotzdem das höhere Fixum kriege. Das fand ich nun ganz toll!
Kitty: Hahaha, das glaub ich!

Wer hat eigentlich je die Kleiderindustrie, die Kosmetikindustrie, die Friseure und Ärzte der Zuhälterei bezichtigt? Wieso fragt da niemand, woher ein großer/der größte Teil Teil ihrer Einnahmen stammt?
Wer setzt denn Unmengen Champagner, Sekt und sonstige Verklemmungslöser ab? Sind Barfrauen damit schon je zu Direktoren, Verkaufsleitern, Werbeleitern der großen Sektfirmen aufgestiegen? Mit entsprechendem Gehalt, Prestige etc. – versteht sich?

Pat: Der Alkohol ist für mich ein Hauptgrund, weswegen ich nicht in einer Bar arbeiten könnte. Ich hab auch keine Lust, da rumzusitzen, wenn nichts los ist, aber vor allem hab ich Angst vor dem Suff. Ich hab früher ziemlich gebechert. Im Büro sowieso, weil, irgendwie mußt du da locker werden, und wenn der Chef einen trinkt, dann bietet der auch an, und nein sagen, das hab ich mich nicht getraut.
Ich hab im Krankenhaus gelegen mit der Leber. War komisch. Ich meine, ich hab ganz schön Angst gekriegt damals. Ich trinke jetzt nicht mehr, also so regelmäßig und viel. Manchmal brauch ich 'n Cognac, aber eigentlich bei

der Arbeit nur Montag, nach dem Wochenende, um wieder reinzukommen. Der Tag ist immer der schwerste.
Dörtie: Wenn ich was getrunken hab, ist es bei mir besser, dann fühle ich mich nicht körperlich so unwohl und kalt, wenn ich da nackt rumsitze, mit meinem Handtuch.
Kitty: Du hast immer 'n Handtuch dabei?
Dörtie: Das legst du auf die Polster. Da mußt du nur immer aufpassen, daß du es auf die richtige Seite legst, sonst kannst du dich gleich mit dem nackten Arsch auf die Polster setzen. Und dann rennst du ewig, wenn du zu einem Gast hinrennst, mit dem Handtuch am Arm rum, das breitest du erst mal aus, und dann setzt du dich drauf. Ist auch komisch! Ach nee! Aber mit so einem kleinen Glas Sekt oder einem kleinen Whisky, da ist dir schon mal ein bißchen wärmer im Körper, und dann bist du ein bißchen lustiger.
Kitty: Ich glaub auch.
Pat: Ich hab auch aufgehört, mit dem Freier einen mitzutrinken. Gut, manche brauchen das, daß sie selber was trinken, manchen mußte ich richtig abgewöhnen, daß die besoffen kommen, ich find das so ekelhaft, wenn die besoffen sind. Weil, ich glaub, ich war selber ekelhaft, wenn ich besoffen war. Ich kann das nicht haben, die sind dann wie Mehlsäcke und werden ausfallend. Ich glaube, immer wenn mich einer irgendwie angewichst hat, von wegen Nutte und so – die waren immer besoffen, nüchtern trauen die sich das nämlich gar nicht. Die sind ja feige!
Dörtie: Ich werde leicht unheimlich maulig und find die alle zum Kotzen, hau ihnen am liebsten eine vors Maul, Elfmeter oder so was, weil ich's nicht hören kann, was die so zu sülzen haben. Da werd ich ganz sauer und mecker die auch an. Ich werd auch sauer, weil ich mich körperlich so mies fühle und weil ich besoffen sein muß. Scheiße, ich will überhaupt nicht besoffen sein. Besoffen will ich vielleicht sein, wenn ich irgendwas genießen will, aber nicht bei der Scheißarbeit.
Kitty: Dann wird's immer schlimmer.
Dörtie: Andererseits, jedenfalls war das bei mir am Anfang so: Wenn ich ziemlich besoffen war, dann hatte ich keine Probleme und keine Skrupel mehr, zu sagen, entweder du bezahlst oder du gehst.

Kitty: Nee, haste dann auch nicht.

Dörtie: Da riskierst du dann einfach locker: «Also, weißt du, 150, darunter nicht!» Ich sag das dann auch so schlicht, wie es für mich ist im Grunde. Und sonst, jedenfalls am Anfang, da traust du dich das manchmal nicht und denkst womöglich: «Ach Gott, der ist ganz nett, und Geld hat er auch nicht ...» Und dann kriegst du diese Skrupel, anstatt daran zu denken, was *du* brauchst.

Und dann gibt es da diese Cocktails, die sind noch schlimmer als der Sekt, manchmal. Die bringen noch viel mehr ein, und da kriegst du auch mehr Prozente drauf, die sind ja viel billiger für den Chef: ein Gemisch aus drei Schluck Sekt und Orangensaft von Aldi, aber noch mal mit Wasser verdünnt, mindestens zur Hälfte.

Kitty: Verrückt, was?

Dörtie: Da wird dir kotzübel! Wirklich, dieser Sekt ist ja schon schlimm, diese «Hausmarke». Ich meine, in dieser Bar jetzt, da geht's. Früher, in einer anderen, da durftest du immer wählen zwischen Asti und Pommery. Da konntest du immer entscheiden, willst du am nächsten Tag einen kranken Magen haben oder einen kranken Kopf? Was Besseres gab es nicht. Hier haben sie so ne Hausmarke, na ja, die geht irgendwie noch. Wenn du viel davon getrunken hast, dann steckst du dir eben gegen drei ungefähr den Finger in den Hals, und eine Stunde später ist alles wieder okay, du bist nur ein bißchen flau überall. Aber diese Cocktails, die sind schlimm. Das ist nicht nur so ein Alkohol-Ding, was dich mal kurzfristig außer Gefecht setzt. Davon kriegst du auf die Dauer einen kaputten Magen, und den kriegst du auch nicht wieder heil. Und du bist immer voll, kannst dauernd aufs Klo rasen. Außerdem wirst du davon ganz komisch im Kopf. Ich bin immer nach kurzer Zeit beleidigt, daß ich mir so ein Zeugs antun soll. Nicht genug damit, daß die Typen mir die *Ohren* abquatschen oder mich angrabschen und mir weh tun – nein, ich soll mir auch noch dieses Zeugs reintun in den *Magen*, uh!

Pat: Ich muß auch 'n klaren Kopf behalten, ich kann nicht arbeiten, wenn ich was getrunken habe, ich kann mir das gar nicht leisten. Ich bin in der Wohnung mit dem Freier allein, ich muß da den Überblick behalten.

Mir ist es auch öfter passiert, daß ich dafür bezahlt wurde ... also, ein Mann hat mich dafür bezahlt, daß ich mit einem anderen Mann essen gehe und nicht nur hübsch und schön bin, sondern daß ich auch mal was Intelligentes sage und ihn so weit bringe, daß er bereit ist, einen bestimmten Geschäftsvertrag zu unterschreiben. Ich wurde nicht nur dafür bezahlt, repräsentativ zu sein und in dem Moment intelligent zu sein, wenn eine Diskussion entstand, sondern ich mußte psychologisch so fit sein, den Kunden so zu nehmen, daß er seine Unterschrift unter den Vertrag setzt. Ich hatte vorher mit dem Chef zwei, drei Stunden ein Gespräch, in dem er mich über alles genau informierte, um welches Geschäft es sich handelte, wie die Firma arbeitete und so ... und wie ich den Mann auf meine Weise überreden kann, daß er die Unterschrift macht und dann, natürlich gratis, ob ich wollte oder nicht, mit ihm schlafe, und das ist es dann am Ende. Dafür wurde ich von dem Chef bezahlt. Moneta

Kitty: Mit diesem Gesülze mag ich mich auch nicht abgeben. Wenn da einer anfängt, kariert zu reden, wenn ich die Autotür aufmache, dann mach ich sie gleich wieder zu und geh weiter. Ausnahmefälle hat man natürlich überall, auch bei uns, wenn man auf Zimmer fährt, daß man dann unheimlich viel reden muß, weil – man muß ja erst mal warm werden. Und man kriegt ja dann mit, ob er ein paar Mark drin hat. Da redet man natürlich erst mal noch ne Runde. Aber im allgemeinen sind wir da doch besser dran als ihr.
Dörtie: Ja, ja, ist ein klareres Geschäft.
Kitty: Ja, *du* sagst deinen Preis.
Dörtie: Die wollen «nur das eine».
Kitty: Die wollen das eine, und dann ist der Fall erledigt, und du kannst wieder gehen. Und wenn du nicht reden willst, sagst du keinen Ton; du hast ja dein Geld, und alles andere kannst du auch ohne Reden machen. Und wenn mir einer seinen Lebenslauf erzählt, na, dann hör ich mir das geduldig an, aber ich persönlich brauch das ja nicht zu tun.

Auf der einen Seite sehe ich, daß es besser ist, 20 Kunden am Tag zu haben, weil sie dich nicht viel fragen. Sie fragen nach deinem Loch, in fünf Minuten sind sie fertig und gehen. Wenn du ein, zwei Kunden hast, verlangen die, daß du dich immer mit ihnen beschäftigst, nicht fünf Minuten, sondern zwei, drei Stunden, und das ist stressiger. Es ist eben nicht nur «Mach bitte und geh!» – sondern, du bist immer mit ihnen beschäftigt, mußt sie froh machen, voll auf sie eingehen, mit deinem Körper, deinen Händen. Du bist die ganze Zeit ein Ding. Du spielst immer, aber du mußt aufpassen, was du sagst, was du machst und so. Denn du mußt immer auf ihn eingehen. Du kannst nichts Persönliches von dir geben, immer nur liegen und sagen, daß du froh bist, daß du einen wahnsinnigen Orgasmus hast, daß er dich wahnsinnig macht. Moneta

Dörtie: Am allerschlimmsten finde ich die, die einen auch noch befriedigen wollen.
Kitty: Ja, sicher. «Haste auch was davon, und kann ich dich nicht fertigmachen?» und so, ja. Ich hab dann auch schon zu hören gekriegt, daß ich soviel Kälte ausstrahle.
Dörtie: Ja, ich auch! Ich hör das auch!
Kitty: Eine Eisbombe bin ich, ja! Man kann zwar gut mit mir reden, ich bin ein höflicher Mensch, aber ansonsten strahle ich ja soviel Kälte aus! Dann werde ich oft gefragt, ob ich verheiratet bin, was mein armer Mann denn dazu sagt, ob ich den auch so behandle und so. Das sind dann die Sprüche, die sie draufhaben. Bloß, da geh ich gar nicht mehr drauf ein. Und solche Freier kommen dann auch nicht wieder. Also die, die schon so anfangen: «Kann ich dich fertigmachen», so auf die Tour, die kommen dann auch nicht wieder.
Dörtie: Ja, das ist bei uns auch so. Die Leute kommen entweder gar nicht wieder, oder sie gehen zu einem andern Mädel. Das stimmt.
Kitty: Ich sag dann ganz einfach: «Hör mal, ich bin ja nicht aus Liebe hier! Reicht doch, wenn *du* fertig wirst!» – «Das

reicht eben nicht», sagt der mir dann. «Na», sag ich, «dann tut es mir leid.» Ich sag: «Ich kann dir nichts vormachen, ich bin keine gute Schauspielerin.»
Dörtie: Hihihi, dabei bist du's. Aber das find ich auch immer am tollsten! Noch schlimmer ist ja, wenn die sich dann auch so verhalten, wie sie reden. Genauso ist es, wenn du privat mit ihnen zusammen bist oder im Hotel oder im Séparée: Da fangen die dann an, es sich «ganz gemütlich» zu machen. «So, wir machen es *uns* jetzt ganz gemütlich» ...
Dann packen die ihre romantische Ader aus und erzählen dir erst mal, wie schön du bist.
Kitty: «Du paßt da gar nicht hin!»
Dörtie: Du paßt da gar nicht hin, und zu dir müßte man ganz besonders lieb sein. Ich denk da nur immer: Das dauert noch ne halbe Stunde, bis der endlich mal fertig wird. Ich hab doch gar keine Lust, klug daherzureden und lieb und unschuldig zu sein und gar nicht «verdorben»! Damit er mir dann stundenlang erzählen kann: «Du gehörst doch gar nicht hierher!»
Kitty: Das hör ich auch gern: «*Mußt* du denn so was machen?»

Seit dem Tag, als es «sein mußte», Prostituierte zu sein, bin ich Prostituierte geworden. Und man hätte mir weiß ich was erzählen können – ich wäre Prostituierte geblieben. Ich bin es nicht aus Lasterhaftigkeit geworden, auch nicht wegen dem Luden und auch nicht wegen angeborenem Schwachsinn, sondern schlicht und ergreifend wegen des Geldes. Das ist alles. F.

Dörtie: Anstatt, daß die sich mal fragen, warum sie eigentlich hier sind ... Was würden die denn machen ohne uns? Aber es gibt Stammgäste in der Bar – nicht unbedingt von einzelnen Mädels –, die legen ihren ganzen Ehrgeiz darein, Mädels da «rauszuholen». Die sind dann ganz stolz auf sich. Vor ein paar Wochen hat mir das wieder einer erzählt: Er hätte mal ne Kollegin von mir kennengelernt, und die

hätte ja nun wirklich den Absprung geschafft! Normalerweise würden die Mädels ja alle vor die Hunde gehen, aber die hätte – mit seiner Hilfe! Er hätte ihr nämlich zur Hochzeit ein paar Handtücher geschenkt!
Kitty: Na, is doch nett!
Dörtie: Ich dachte, mich tritt 'n Pferd! Wegen der Handtücher!
Monika: So was gibt's in ner Peep-Show alles nicht, Gott sei Dank. Also anquatschen tut dich keiner, trinken brauchst du nicht. Du mußt bloß «tanzen». Da sind vier Mädchen, und wir mußten immer fünf Minuten lang ein bißchen tanzen und uns bewegen, und dann war zehn oder fünfzehn Minuten Pause. Und kein Kontakt: Die Männer stehen hinter Fensterscheiben, so Klappfenster. Manchmal kuck ich die an, und manchmal eben nicht.
Dörtie: Kannst du die Gesichter erkennen?
(Gelächter)
Monika: Och, das macht nichts. Also, ich war da auf dem Flokati, also der dreht sich, 'n Drehflokati –
Dörtie: Im Séparée liegt auch 'n Flokati auf 'm Sofa!
Pat: Ich hab auch 'n Flokati, wegen der Freier, die finden das wohl komisch.
Angie: Ich hab den auch beim Tanzen!
(Gelächter)
Dörtie: Aber erzähl mal, du bist da also in nem Raum, und von jeder Wand guckt dir ein Mann zu, oder wie?
Monika: Nee, der Raum ist rund, und drinnen ist eine kleine Bühne, und dann sind da achtzehn –
Angie: Achtzehn!?
Monika: – achtzehn kleine Fenster –
Dörtie: Achtzehn Peeper!
Angie: Mein Gott!
Monika: Na ja, jedenfalls, die kucken entweder für eine oder für fünf Mark, also eine Minute oder fünf Minuten. Aber wenn du dir das überlegst mit dem Geld, dann wird dir klar, daß du eigentlich bloß für *einen* Mann arbeitest, den Boß, oder den Discjockey.
Dörtie: Mußt du kontrollieren, wieviel Männer dir jeweils zukucken?
Monika: Nee. Einmal kriegst du das sowieso mit, aber an-

dererseits kriegen wir ne feste Gage, egal, wie viele nun zukucken oder nicht. Ich hab immer von zehn bis fünf tagsüber gearbeitet, mittags war dann am meisten los.
Dörtie: Mittagspause, ja?
Monika: Ja, in der Mittagspause kommen immer die Büro- und Bankangestellten und so ... Einmal, als ich von der Arbeit kam, hab ich ich mich mit meinem Freund getroffen, und ich war noch so drin in den Bewegungen, daß – also, wir saßen in einem Café am Tisch, und ich dachte immer, ich könnte mich so weiter bewegen, ich tanzte immer ein bißchen, und es kam mir auch ganz normal vor, daß die Leute gekuckt haben. War sehr komisch!
Dörtie: Sag noch mal genauer: Ihr liegt und bewegt euch da fünf Minuten lang, und dann ist Pause?
Monika: Ja, dann haben wir einen Raum, in dem können wir sitzen und uns unterhalten oder uns auch hinlegen, zwischendurch. Also dreimal pro Stunde treten wir auf, sieben Stunden lang.
Angie: Das sind – einundzwanzig Mal! Mensch, ist das oft! Ich trete viermal in sechs Stunden auf! Also, ich mach vier Shows, höchstens, oft auch nur zwei oder drei.
Dörtie: Da kannst du ja gar nichts anfangen zwischendurch!
Monika: Na, ein bißchen lesen oder mit den anderen Mädchen reden. Das ist überhaupt so ne Sache: Du kannst zwar mit den anderen Mädchen zusammenhocken in dem Zimmer während der Pause, aber richtig kennenlernen kannst du sie nicht. Die wechseln ja dauernd. Die dürfen ja alle nur einen Monat bleiben. Und dann kommen die von überall her, aus Westdeutschland und aus dem Ausland. Andrerseits können die sich natürlich auch wieder untereinander besprechen, über die Löhne in den verschiedenen Peep-Shows, die Chefs und so. Vielleicht sind deswegen auch die Löhne überall gleich? Ich weiß nicht, könnte sein. Aber die Arbeitsbedingungen sind verschieden.
Dörtie: Na ja, viel ist in der Bar auch nicht möglich, aber wir können zusammenhocken, klönen, uns warm machen, uns massieren ...
Angie: Essen!

Dörtie: Und in dem Raum auf dem Drehflokati, da bist du immer allein, nie mit nem anderen Mädchen zusammen?
Monika: Nee, das ist verboten!
Dörtie: Kannst du irgendwie mehr verdienen da, mit den Kunden?
Monika: Nee, das geht nicht. Wir kriegen alle 110 DM für die sieben Stunden.
Angie: Das ist zuviel Arbeit. Du mußt ja so oft Show machen!
Monika: Also, die meisten sind zufrieden, die da arbeiten. Eine, zum Beispiel, eine Sekretärin, die arbeitete acht Stunden im Büro, hatte eine Stunde Mittagspause, und nach der Arbeit kam sie um fünf und arbeitete in der Peep-Show.
Dörtie: Die hatte beide Jobs?
Monika: Ja, ja. Die Frauen, die in der Peep-Show arbeiten, sind ganz verschieden. Viele Hausfrauen, die müssen Sachen für die Kinder kaufen, Ärztinnen, alle möglichen Frauen ... In ner Peep-Show darf man, wie gesagt, nur einen Monat arbeiten, dann muß man wechseln.
Dörtie: Wie organisiert ihr diese Wechsel? Macht ihr das selber?
Monika: Ja, klar, da hörst du dich um, manche ziehen auch von Stadt zu Stadt.
Angie: Habt ihr Agenten?
Monika: Nee, du gehst einfach hin und fragst. Es gibt zwei Schichten, tagsüber und abends. Und nach nem Monat mußt du wechseln. Wenn du ne Zeitlang woanders oder gar nicht gearbeitet hast, kannst du ruhig mal wieder einen Monat da arbeiten.
Angie: Also, du mußt dauernd jemand neu fragen, ob du bei ihm arbeiten darfst.
Monika: Ja. Aber für viele Frauen ist das gut. Wenn sie das zusätzlich machen. Da weiß man, man arbeitet den ganzen Monat und nicht länger, dann hat man das Geld zusammen, das man noch brauchte, und das haut so hin. Also eben Hausfrauen sind viele da, Studentinnen – lauter Frauen, die noch was anderes zu tun haben. Na ja, und die meisten, die in einer Peep-Show arbeiten, haben ihre Gründe, daß sie nicht in ner Bar arbeiten wollen.

Angie: Die wollen nicht den direkten Kontakt mit den Männern haben, wahrscheinlich.
Monika: Ja, genau, keinen direkten Kontakt. Aber trotzdem wollen sie Geld verdienen, also arbeiten sie in der Peep-Show.
Angie: Klar, da ist die Peep-Show das sicherste, viel sicherer als Bararbeit oder auf'm Strich.
Monika: In manchen Peep-Shows gibt's dann noch die «Affenkäfige».
Dörtie: Wie?
Monika: Das hab ich von einem Mädchen erzählt gekriegt. Das ist ein winzig kleiner Raum, und der Mann sitzt da und kann –
Angie: – dich anfassen?
Monika: Ja, und befehlen, was für Bewegungen du jetzt machen sollst. Und das kostet dann fünf Mark für eine Minute.
Dörtie: Und was verdienen die Mädchen?
Monika: Weiß nicht, ich glaube, dasselbe.
Dörtie: Wo gibt's denn so ne Peep-Show mit «Affenkäfigen»? Hier in Berlin?
Monika: Ja, ja, da gibt's ein paar hier in Berlin.
Dörtie: Und da kannste auch nicht mehr rausholen?
Monika: Nach der Arbeit vielleicht kannste Kontakt machen mit nem Mann, manchmal stehn welche draußen und warten, aber die Männer wollen das auch meistens gar nicht. Da würden sie auf'n Strich gehen. Ne Peep-Show, das ist für die kleinen Angestellten in der Büropause oder für die Touristen. Das ist so kurz wie die Currywurst an der Ecke oder ein Tchibo-Kaffee im Stehen. Im «Affenkäfig» ist ein Mann mit einer Frau allein. Wenn einer da reingehen will, dann muß er dem Chef das Geld geben. Drinnen sitzt er dann auf nem Stuhl, und vor ihm sind Stäbe, wie im Zoo, und dahinter tanzt das Mädchen. Also, die nehmen da auch keinen direkten Kontakt auf.
Dörtie: Aber da könnte doch der Kunde dem Mädchen auch Geld zustecken, oder nicht?
Angie: Kuckt denn jemand zu?
Monika: Bei den «normalen» Peep-Shows haben die einen Monitor. Draußen. Der Discjockey kann alles sehen, was

in dem Raum passiert. Ich weiß nicht, ob das bei den «Affenkäfigen» auch so ist oder ob da der Kunde dem Mädchen Geld zustecken kann, damit sie irgendwie mehr macht.

Dörtie: Das ist ja ne Kontrolle! Das ist dann der Dauer-Peeper, dieser Discjockey, und der kuckt auch noch umsonst!

Monika: Ja, ja, der macht auch oft die Mädchen an, die ihm am besten gefallen.

Dörtie: Wann werdet ihr bezahlt?

Monika: Wir kriegen jede Woche ausgezahlt.

Dörtie: Das ist ja 'n richtiges Fließband-Ding!

Fließband

Wenn man von oben auf die Fließbänder in der Motormontage eines deutschen Autokonzerns blicken würde, hätte man senkrecht zum Beispiel fünf Bänder und waagerecht, etwa an jedem siebten Platz, eine «Frauenreihe». Das heißt, immer sieben Arbeiter haben eine Frau, an der sich ihre Wut, ihr Frust, ihre Geilheit entzünden kann.

Eigentlich haben die Männer ja was dagegen, daß Frauen da überhaupt arbeiten: Das ist Männerarbeit, das macht aus Frauen Mannweiber, Muskelprotze. (Und insgeheim: Das sind *unsere* Jobs, die die da jetzt besetzen ...) Aber die Firmenleitung hat schon gewußt, warum sie das so will. Die Frauen dort müssen nach «objektiven», das heißt männlichen Leistungsnormen funktionieren. Sie müssen also möglichst noch besser sein als die Männer: erstens, weil sie Frauen sind und nicht Männer und man sie dauernd beobachtet, ob sie's vielleicht doch nicht schaffen, und zweitens, weil sie dauernd Knüppel in den Weg gelegt bekommen, von den Männern gefrozzelt werden von wegen «Emanzipation und so». Sie fliegen eher raus, sie sind die gleiche Sorte Reservearmee wie die Ausländer. Deshalb arbeiten sie, notgedrungen, oft rigider und regen sich eher auf, wenn das Band steht.

Sie sind Objekte der Zoten und Anspielungen der Männer, der deutschen Männer, um genau zu sein. Ausländische Männer sind *nicht* sexuell agressiv in der Fabrikhalle:

zum Teil, weil sie die Sprache nicht beherrschen, zum größeren Teil, weil sie sofort die geschlossene Front aller Deutschen gegen sich hätten. Die Deutschen sind die Mächtigeren und zuverlässige Rassisten unter dem Deckmäntelchen, die Ehre der deutschen Arbeiterin zu schützen! Vom Boykott über permanenten Psychoterror bis zum Rausschmiß sind alle Variationen erlaubt ... Mal zeigen, wer hier der Herr ist.

Auch gegenüber den Frauen wird der Herr rausgehängt. Die meisten Frauen versuchen es mit gar-nicht-erst-ignorieren, ein paar versuchen, dieses ständige Sexgeschäft für sich zu nutzen, einige wenige haben auch ihre eben nicht durch Männer zu ersetzende «Rolle» dazu benutzt, einen der Vorarbeiter oder Meister in den Keller zu locken und nachher eine Vergewaltigung an die große Glocke zu hängen. Leider kein Erfolg. Wenige andere Frauen haben mitgespielt. Die meisten haben Angst, auch vom Rausschmiß bedroht zu sein. Das Werk zahlt die höchsten Löhne weit und breit ...

Frauen haben entweder die Möglichkeit, bessere Arbeiter zu sein und das Sexobjekt-Dasein zu ignorieren, für das sie nicht bezahlt werden: also in den Pausen allein zu sitzen oder zusammen mit der anderen Frau auf der gegenüberliegenden Seite des Fließbands (für lange Wege sind zehn Minuten Bandpause zu kurz).

Oder – und irgendwie scheinen die, die das machen, als die Klugen zu gelten – öfter mal mit den höhergestellten Männern (Vorarbeitern, Meistern etc.) in den Keller vögeln zu gehen: Das bedeutet weniger Arbeit, mehr Vergünstigungen (Akkordlohn, obwohl sie an den paar Posten um das Band herum, also außerhalb des Akkords, arbeiten), eventuell sogar mehr Lohn.

So sind sie einer doppelten Konkurrenz unterworfen: der, die die Männer auch kennen, um den Arbeitsplatz, und der der Frauen um die Männergunst. Selbst die ältesten Arbeiterinnen achten auf Kleidung und Frisur, die jüngeren sind sogar oft aufwendig geschminkt und mühevoll frisiert.

Ich arbeite zuerst mit einem Spanier zusammen (in Krankheitsfällen werden die «Frauen»-Plätze gern mit ausländi-

schen Männern aufgefüllt) und kann mich mit ihm schnell anfreunden, ich spreche Italienisch, und da kann er erzählen: Die Deutschen verstehen uns nicht. Den Deutschen macht mich das äußerst verdächtig. Als sie hören, daß ich mit einem italienischen Mann zusammenlebe, sind sie «enttäuscht» – ob ich denn keinen Deutschen finde, es gäbe doch genug, wir wären ja noch kein «Mischvolk», ob denn mein Typ soviel besser wäre (im Bett versteht sich, denn darauf reduziert sich ihre Phantasie)...
Ein Inspektionstyp vor mir macht mir Freitag gegen Ende der Spätschicht (wo die meisten besoffen sind) das Angebot, mir zu beweisen, daß er's mit «meinem Italiener» allemal aufnehmen würde. Je mehr ich lache, desto mehr wird aus seinem «Angebot» eine peinliche Flennerei: Erst hatte ich *ihn* angeblich nötig – jetzt hat er's wohl nötig. Mit dem Spanier verständige ich mich über die Arbeit und wie wir es hinkriegen, beide zusammen an diesem einen Arbeitsplatz zu bleiben, also halbe Arbeit machen zu können. Auch über Streiks vor allem von ausländischen Arbeitern bei FIAT, SEAT, bei Ford usw. sprechen wir. Er scheint einen Sinn für die beschissene Lage der Frauen hier zu haben, er ist *auch* beschissener dran als die deutschen Männer. Für die bin ich inzwischen doppelt niedrig: als Frau und als eine, die mit Ausländern ... Viel Platz für Kämpfe bleibt mir nicht, ich bin hier nur in den Ferien, gehe wieder weg nach kurzer Zeit. Aber die andern Frauen, die bleiben, für die scheint's nur eine Alternative zu geben: entweder bessere, weil billigere Männer – oder bessere, weil billigere Nutten.

Dörtie: Du darfst also keine individuellen Geschäfte machen, um mehr Geld rauszuholen – du machst kontrollierte Akkordarbeit, und aus. Da bist du ja völlig verplant.
Monika: Trotzdem gibt's 'n Run auf die Peep-Shows. Für viele Frauen ist das gut, und wenn nur für den Anfang. Die brauchen alle Geld, und Peep-Show ist nicht so anstrengend.
Dörtie: Gibt es ein bestimmtes Alter, bis zu dem du da nur arbeiten darfst?

Monika: Ja, zwischen zwanzig und dreißig sollst du sein. Ich war zwar schon dreiunddreißig, aber ich hab einfach gesagt, ich wär neunundzwanzig. Der Chef kann das nicht kontrollieren, wir haben keinen Vertrag und keine Sozialversicherung oder so, gar nichts. Und wie gesagt, nach einem Monat bist du da wieder weg. Gut, die meisten Mädchen, oder ein paar, die arbeiten angemeldet, damit der Chef keine Schwierigkeiten mit dem Finanzamt kriegt oder mit der Polizei, aber nicht alle.

Der Unterschied zur Straße ist ... da kannst du sagen: «Hau ab, heute hab ich keine Lust, mit dir zu gehen, ich will dich nicht!» Eine Luxushure kann nicht zu ihrem Kunden sagen, «ich hab heute keine Lust» – sie muß immer für ihn bereit sein, wenn er kommt, immer schön sein, mit Parfüm und so, Bett schon gemacht, die Wohnung auf ihn vorbereitet, so daß er, wenn er kommt, sich ganz zu Hause fühlt. Ist er dann noch nicht so weit, muß sie ihn dazu bringen, mit ihrer Psychologie. Und das ist schon viel Arbeit. Und wehe, wenn du deine richtige Persönlichkeit gibst, dann hat er dich in der Hand, dann macht er mit dir alles, und du bist total kaputt. Aber wenn du dich immer veränderst, immer deine Maske aufbehältst, kann er dich nicht in der Hand haben, und er wird dich immer weiter bezahlen.
Moneta

Dörtie: Gibt's bei euch auch manchmal Krach mit dem Chef?
Monika: Na, die eine, die hat mal rumgeschrien, die hat öfters rumgeschrien, weil da manchmal mehrere Leute in der Kabine sind. Da hat sie dann die Klappe runtergezogen mit Gewalt und hat die angeschrien, daß sie rausgehen sollen. Und das hat dem Chef nicht gepaßt. Deswegen ist sie dann rausgeflogen, weil sie so aggressiv war.
Dabei hatte die vollkommen recht, denn wenn die Kunden zu mehreren sind, dann lachen sie. Deswegen sollen die ja allein in die Kabine, dann können sie nämlich nicht reden

und sich nicht über die Frauen lustig machen. Also, die hat sich dagegen gewehrt, aber der Chef hat gesagt, die Frau an der Kasse muß darauf achten, daß das nicht passiert, das ist nicht die Sache der Mädchen, und wenn sie so rumschreit, dann stört das die anderen Gäste.
Kitty: Aggressiv sein darfst du nirgends, aber bei uns wirst du eben bloß von den andern Mädels angemeckert!
Monika: Und eine, aber das hab ich, glaube ich, schon mal erzählt, die – also da war so ein Gast, der hatte so 'n Narbengesicht, und der hat dann seine Brille abgenommen und hat die so extra angelacht, der hat sich richtig dran gefreut, daß die sich erschrocken hat. Der sah aus wie Niki Lauda. Und sie ist sofort schreiend rausgerannt, und da hat der Chef ganz schnell ne andre reingeschickt. Und eine hat gedacht, sie könnte von jedem erschossen werden.

Ich hatte ihn gebeten, mir Geld abzugeben, weil Miete und Strom fällig waren. Das muß nun der ausschlaggebende Punkt gewesen sein, denn eh ich mich versah, hatte ich schon etwas im Rücken drin, ich weiß nicht, was es war.
In dem Moment, das war, als wenn die Welt untergeht, so war mir in dem Moment zumute. Ich sah ihn an, da flog auch schon die Kaffeekanne, das war eine Steingutkanne. Ich konnte kein Wort rausbringen, so schockiert war ich. Er hat weiter zugeschlagen, kann sein, weil ich nichts gesagt habe. Der Küchentisch, die Stühle, das Stückchen Schrank, das wir zu stehen hatten, das ist alles geflogen ... Erst mal ist der Tisch geflogen, mit allem, was draufstand. Ohne einen Ton zu sagen. Den Sessel hat er kaputtgemacht, und mit der Sessellehne, damit hat er mich dann geschlagen: Hure, Dreckvieh, Penne. Ich konnte am nächsten Tag nicht mehr runter, so hat der mich geschlagen. Dann hat er ein Messer genommen und hat damit meine Mutter verletzt: Ein richtiger Schnitt im Handgelenk.
Dann hat er einen Zimmermannshammer geholt, und damit hat er dann die ganze Küche demoliert und die Hälfte vom Schlafzimmer.

Und dann wurden die Leute drauf aufmerksam, weil er mich genommen hat und wollte mich aus dem fünften Obergeschoß aus dem Fenster rausschmeißen. Und da haben die Nachbarn gebrüllt und haben auch einen Funkwagen geholt ...
Ich blieb bei meiner Anzeige, und ließ mich auch nicht von der Kripo erweichen, von wegen Trinken, wie der Kripobeamte sagte: Ja, ich geh auch mal einen trinken, und wenn denn meine Frau mosert, muß sie ein paar hinter die Ohren kriegen. Das sagt mir ein Kripobeamter! An den muß ich noch oft denken. Na, wenn wir lauter sone Dinger haben, na denn Mahlzeit.
Frau B.

Monika: Die hat oft richtig Angst gehabt, nachts Alpträume und so. Kann man sich auch vorstellen, das ist da auch ganz eng, und dann diese flash-lights und die laute Musik, du hörst und siehst ja nichts richtig.
Kitty: Da müßtest du mal zu uns rauskommen. Da ist es gefährlich! Sogar am Tage. An einem Sonnabendnachmittag ist eine überfallen worden. Die ist mit der Pistole bedroht worden, dann ist der mit ihr rausgefahren in den Wald, die Augen hat er ihr verbunden, dann hat er ihr so Schrauben angelegt an den Armen, die waren richtig tief drinnen nachher, wie sie sie wieder abgemacht hat. Fesseln. Und dann hat er sie geschlagen, überm Busen, alles rüber, voll kaputt, hinten rum. Alles. Die war mit dem dagewesen von nachmittags um vier bis zum nächsten Morgen um halb sechs. Dann hat er sie wieder freigelassen. Und die Bullen haben gar nichts gemacht! Die haben gar nichts gemacht! Die haben ihr gesagt, sie hätte ja nicht mitfahren brauchen! Und dann Handtaschen klauen und so, in der Art, das passiert am laufenden Band. Oder du kriegst eine vor den Kopp.
Dörtie: Mit einem Typ allein?
Kitty: Ja, sicher. Das is schon am Tage gefährlich, aber nachts ist es noch schlimmer. Deshalb stehn wir nachts auch immer mehr zusammen, und wenn wir auf den Parkplatz fahren mit dem Freier, fahrn wir immer so, daß eine

die andre sehn kann. Ich meine, man geniert sich ja sowieso nicht mehr, wir machen ja alle das gleiche. Na, is doch so! Also, da kann ich mir nun gar nichts mehr bei denken. Das ist meine Arbeit, ick mach det, und wenn es vorbei ist, dann geh ich wieder. Ich empfinde nichts dabei, und deshalb interessiert mich auch nicht, was die neben mir macht. Hauptsache, ich hab das Gefühl, es is einer da, wenn mir wat passiert.
Na, die war ja nun ganz schlimm dran, die Kleene, die überfallen worden ist. Und der Typ ist wieder freigekommen. Der is im übrigen auch verheiratet gewesen. Er wurde verhaftet, er wollte grade flitzen, schön in Urlaub fahren ... da haben sie den verhaftet. Und beim Termin ist er wieder rausgekommen. Jawohl!

Ein Trick, nicht nur von Prostis, auch von Tramperinnen empfohlen – aber nicht bei großer Geschwindigkeit zu schaffen:
Wenn du im Auto bei jemand sitzt, der nicht anhalten und dich rauslassen will, kannst du versuchen (bis ungefähr sechzig Stundenkilometer) kurz und nur ganz wenig ins Steuerrad zu greifen und etwas zu rucken. Die meisten Fahrer reagieren instinktiv mit dem Tritt auf die Bremse, aus Schreck. Wenn er dann langsam fährt, reiß die Tür auf und laß dich rausrollen. Am besten schräg über Rücken und Schulter. Vergiß nicht, den Kopf auf die Brust zu klemmen!

Kitty: Und die andere, die B., die hat 'n ganz tolles Ding erlebt. Der hat sie gewürgt, auf'm Parkplatz, auch am Tage, und hat sie dann hinten auf die Rückbank gepackt. Im VW. Zugedeckt mit ner Decke, weil er dachte, sie ist tot. Und hat sie abgestellt auf nem andern Parkplatz, hier in der Augsburger, wo die Post ist, da hat er sie abgestellt, und Kinder haben sie dann da drin liegen sehen. Die haben Leute rangeholt. Sie war schon vollkommen blau im Gesicht, und das Weiße im Auge – alles rot unterlaufen. Du, die hat so ein Glück gehabt! Und der Typ ist geschnappt worden, der hat dann auch reichlich Knast gekriegt. Der ist zur Polizei gegangen und wollte seinen Wagen als gestohlen melden. Und da haben sie ihn gleich dabehalten, weil die andere Anzeige schneller kam. Ja, das war auch am Tage! Und wenn du das nun mitmachst, denn sagste dir, dann haste da nachts erst gar nichts zu suchen, wenn du am Tage schon so aufpassen mußt.

Und einmal, da ging es auch wieder, wie gesagt, ums Geld: Ich hatte die letzten fünfzig Mark, die noch im Hause waren, im Kleiderschrank versteckt. Die wollte er unbedingt haben. Und dann hab ich ihm gesagt, wenn er unbedingt meint, er müßte das haben, also, dann soll er es kriegen, aber er sollte weggehen vom Kleiderschrank, er sollte mir aus dem Weg gehen, sonst könnte ich da nicht hin. Und das hat er so aufgefaßt in seinem Rausch: Er sollte mir aus dem Wege gehen, er wäre mir im Wege. Das genügte dann eben. Und dann ist er wie ein Wahnsinniger auf mich losgestürzt und hat mich getreten, auf den Boden geworfen, die Arme verrenkt, ins Gesicht getreten und in den Unterleib und hat getobt und geschrien wie ein Wahnsinniger, so daß die alte Frau rauskam ... Ich hab versucht, mich in die Küche zu retten, und hab um Hilfe geschrien. Er hat mich gewürgt und auf mich eingeschlagen, mit allem, was er hatte. Einmal bin ich zur Polizei gerannt, als er mich ganz furchtbar zugerichtet hatte. Die haben mich ins Krankenhaus gebracht, man mußte mich sofort am Auge operieren. Dann hat er mir eine Schnapsflasche auf den Kopf gehauen, so daß ich ein Riesenloch im Kopf hatte, und einmal hat er mich auch auf der Straße geprügelt und auch getreten. Ich bin dann immer weg. Ich hatte eine Freundin und bin dann eine Zeitlang bei der gewesen. Aber dann kam entweder er – oder jemand aus seiner Verwandtschaft – ganz klein mit Hut und Kreppsohle: Ich sollte doch um Gottes willen nichts unternehmen, er würde sich bessern, und das wäre doch im Suff geschehen, und er wüßte nicht, was er getan hätte ... Und aus Rücksicht auf die Familie habe ich es auch immer wieder unterlassen. Frau H.

Dörtie: Wie kriegst *du* denn raus, mit wem du mitfährst? Hast du da 'n Blick für, oder wie läuft das bei euch?
Kitty: Also erst mal: Mit Besoffenen fahr ich gar nicht mit. Ausländer – bin ich sehr wählerisch. Und ich hab ja auch ne Menge Stammgäste, also dadurch habe ich eigentlich so was noch nie erlebt. Mir haben sie die Handtasche schon dreimal geklaut, in der Augsburger damals, auf'm Weg zum Hotel hin, also da hab ich gar nicht mit gerechnet. Ich hab die so leicht und locker überm Arm, der reißt sie mir vom Arm, flitzt in die Straße, und weg!
Dörtie: Also, du kuckst dir die an, wie die so reagieren?
Kitty: Na, ich merke das. Wenn der 'n bißchen komisch aussieht, dann steige ich nicht ein.
Dörtie: Zu solchen geh ich auch nicht. In der Bar selber nicht und auch nicht ins Séparée. Also, wenn da irgendwie so 'n Ekel sitzt, nee! Du stehst zwar auch unter Druck, vom Chef, wenn der da ist, oder von der Barfrau, die alles kontrolliert für ihn. Die hetzt einen dann manchmal auch hin: «Jetzt geh hier mal ran, tu hier mal was ...» – oder so. Aber ich kuck mir die immer an. Ich geh auch nicht mit Leuten, die mir absolut eklig sind. Selbst wenn die nicht gefährlich werden, aber das ist mir so widerlich. Dafür ist das zuwenig Geld!
Kitty: Ja, bloß du kannst auch reinfallen! Und zwar ist mir das passiert, wie ich angefangen hab, das ist ja nun schon zwanzig Jahre her. Da bin ich mit einem privat nach Hause gefahren, und das war'n Gast, na ja, fünfzig, sechzig oder so. Der hat mir im Auto seinen Ausweis gegeben, ich soll nun gar keine Angst haben! Geld, alles schon im Auto. Ja, und weißt du, was ich dann erlebt habe? Ich hab Keile gekriegt! Der hat mich verkloppt, weil ich geschminkt war. Der war irgendwie pervers veranlagt. Ich hab so viel Keile gekriegt, ich konnte gar nicht mehr sitzen. Und dann hab ich mich so erschrocken: Da waren vor mir schon welche dagewesen, weil da 'n Büstenhalter hing, und 'n Strumpf hing da. Ich sage, wer wohnt denn hier? Das is weiter nichts, sagt er, und ging ins Nebenzimmer und hat Wasser aufgedreht. Da hab ich ihn gefragt, warum er das Wasser aufdreht, darauf hab ich gar keine Antwort mehr gekriegt. Und dann hat der so 'n Schaum vorm Mund gehabt. Ich

kam ja auch nicht mehr raus aus dem Haus, ich wußte gar nicht, wo ich war. Der hat mir nicht hinterher das Geld weggenommen, also nicht, daß er mich auf *die* Art fertigmachen wollte. Nee! Der hat mich regelrecht verkloppt, ich sollte mich abschminken, ich bin noch zu jung, ich habe so nicht rumzulaufen!

Ja, und dann hab ich Keile bezogen, dann konnt ich wieder gehen.

Dörtie: Ungeschminkt? Hast du dich abgeschminkt?

Kitty: Ja! Mußte ich doch! Na, Mann, der hat ja überhaupt nicht mehr aufgehört! Hab ich mich natürlich «freiwillig» abgeschminkt. War schlimm gewesen ...

Dörtie: Aber die Kohle hat gestimmt?

Kitty: Ja, die Kohle hat gestimmt. Sicher. Aber so was kannst du nur einmal mitmachen, und dann nie wieder! Seitdem geh ich auch nicht mehr mit nach Hause. Is vorbei.

Dörtie: Na, ich hab das bisher auch immer nur dann gemacht, wenn ich keine Angst hatte, kein unsicheres Gefühl.

Kitty: Ich hatte vor dem Menschen auch keine Angst gehabt! Überhaupt keine, weil det ja so ein väterlicher Typ war.

Pat: Angst? Hab ich schon gehabt. Ja. Verdammt sogar.

Dörtie: Was war'n da los?

Pat: Na ja, also ... ich bin bedroht worden. Möcht ich aber jetzt nichts drüber erzählen, verstehst du?

Dörtie: Und du hast dann weitergemacht?

Pat: Nee, ich bin weggezogen, nach Hamburg. Und da hab ich dann erst in nem Puff gearbeitet, bis ich fünf, nee, warte mal, ich hatte vier Stammgäste, und die hab ich mitgenommen. Hatte keiner sonst meine Telefonnummer, hab nicht mehr annonciert. Erst seit zwei Jahren mach ich das immer mal wieder, aber ich glaub, das macht den Kohl auch nicht fett. Ich arbeite ja fast nur noch mit Stammfreiern und deren Bekannten. Eine Zeitlang hatte ich auch meine Telefonnummer bei zwei Männern, die am Empfang des Hotels gearbeitet haben. Der eine, den hatte ich mal als Gast gehabt, im Puff, der war richtig lieb, hat mir gute Sachen vermittelt. So hab ich mir nach und nach einen Stamm aufgebaut.

Dörtie: Ich glaube, ich mach das immer nur, wenn ich irgendwie das Gefühl hab, daß die notfalls schwächer sind als ich. Nicht unbedingt körperlich. Aber wenn ich weiß, wo bei denen die Macke liegt, wo ich bei denen den Daumen draufhalten kann. Dann hab ich keine Angst.
Neulich kam so jemand in die Bar, dem war das alles zuviel, da in der Bar soviel Geld zu lassen. Irgendwie hat er wohl auch geahnt, da kriegt er sowieso nichts Richtiges, weil – is ja auch 'n Witz im Séparée, da is ne kleine Bank und 'n kleines Tischchen, und da paßt grade 'n Sektkübel drauf und 'n Aschenbecher, und daneben steht 'n Abfalleimer für Papierservietten. Manchmal liegen die nämlich freundlicherweise da, aber meistens nicht. Da kriegste halt nichts, da kannste dich nicht mal hinlegen! Das is wie Autostrich, höchstens ...
Kitty: Das ist ja meistens noch bequemer im Auto!
Dörtie: Da hab ich mit ihm verabredet, daß ich hinterher zu ihm nach Hause gehe. Er hat mir seine Telefonnummer, seine Adresse und alles gegeben, sogar schon 100 DM angezahlt. Der wollte mal auf pervers machen, mal ausgepeitscht werden.
Kitty: Ah! Das find ich gut! Das hätte mir auch gefallen!!!
(Gelächter)

Auf dem Strich gilt: Was du nicht machen willst, das machst du nicht. Ich habe bisher nur so fetischistische Sachen erlebt. So, einem Mann die Schuhe zu lecken, oder ein Mann kam und bezahlte mich dafür, daß ich ihm beim Onanieren zusehe. So was gibt's aber nicht alle Tage. Oder einer kommt und will, daß ich ihn ganz feste mit der Peitsche schlage. Oder einer kommt und will, daß ich die Kleider von seiner verstorbenen Frau anziehe und mit ihm alles mache, was er mit seiner Frau gemacht hat. Wenn mir einer sagen würde: «Scheiß mir in den Mund», ich glaube, ich würde das ganz fröhlich machen!
Moneta

Dörtie: Ich weiß ja, wenn die Freier so auf Sado machen, also, daß sie dich am liebsten vermöbeln würden – daß die das meistens umgekehrt meinen, die wollen lieber selber. Und dann hab ich irgendwie 'n bißchen Schiß gehabt und gedacht, wenn der sagt, er will verprügelt werden, vielleicht will der im Grunde lieber mich verprügeln?
Kitty: Das glaube ich nicht, die sagen das dann meistens, wie es ist.
Dörtie: Das war *so'n* Bulle, ziemlich kräftig und groß. Aber der hat unheimlich unsicher gewirkt, verängstigt und schüchtern, er wollte das bloß mal ausprobieren. Na, und dann bin ich zu dem hingegangen und hab das so eingeschätzt, notfalls hab ich den in der Hand. Nicht körperlich, der hatte einfach nur umwalzen brauchen, war wirklich 'n Riesenkerl – sondern irgendwie psychisch. Und gefesselt hatte ich ihn ja auch. Den meisten Schiß hatte ich eigentlich davor, wie ich selber das mit dem Prügeln hinkriegen würde, ich hatte noch nie jemanden ausgepeitscht. Dann hab ich mir gedacht, ich nehm einfach meine Wut gegen alle möglichen Idioten zusammen.
Kitty: Ja, und vor allem klappt das gut, wenn du richtig sauer bist. Dann kriegt der Keile, bis er lacht, ja! (Gelächter) Und die sind dann auch so anhänglich, die kommen ja daraufhin gleich wieder!
Dörtie: Dem hat das gar nicht gefallen. Der wollte das eben nur machen, weil er öfter davon gehört hatte. Aber er konnte es gar nicht, er hatte Schiß. Und ich hatte einen Muskelkater – den ganzen nächsten Tag!
(Gelächter)
Pat: Ich hoffe immer, ich hör schon am Telefon, ob mir einer irgendwie komisch vorkommt. Ich sag manchmal, nee, schon alles voll heute, wenn die besoffen sind oder wenn sie auf pervers wollen. Das mach ich grundsätzlich nicht, das ist mir widerlich, da darfst du auch nicht allein sein.
Dörtie: Ich kann ja zum Beispiel sagen, ich hätte die Adresse irgendwem gesagt, und der weiß ja auch nicht, ob ich nicht zwischendurch schon mal telefoniert habe. Ich könnte ja 'n Typen im Hintergrund haben. Jedenfalls ist das in der Bar oft ne Zeitlang die einzige Möglichkeit, Geld zu verdienen. Wenn ewig Totentanz ist, und da kommen bloß

fünf Gäste pro Nacht, wenn du also wenig verdienst, dann siehst du zu, daß du hinterher ne Stunde oder zwei dranhängst. Du kommst dann sowieso schon raus wie'n Nachtgespenst, die ganze Schminke schon eingedrungen in die Falten, du hast 'n graues Gesicht und malst dir zum fünfzigstenmal die Lippen wieder über. Aber das sehen die ja dann schon nicht mehr.

Da ich ja einmal Geld dafür gekriegt hatte, war doch gar nicht einzusehen, wieso das nicht so weitergehen sollte! F.

Das ist auch noch ne Sache, die in der Bar anders ist als auf der Straße: Du kommst rein, wenn es dunkel ist, so richtig Nachtstimmung, und wenn du wieder rauskommst, dann haut dir die Sonne voll ins Gesicht, und dann hast du auch eigentlich überhaupt keine Lust mehr, da kannst du nur noch sehen, daß du nach Hause kommst und ins Bett und dir grad noch die Schminke vom Gesicht reißt und dir 'n Kaffee kochst und was zu essen machst.
Kitty: Na, siehste, und ich freu mich, wenn's hell wird, wenn ich freitags nachts arbeite. Ist genau das Gegenteil!
Dörtie: Weil es im Dunkeln so gefährlich ist, nicht? Als ich dich das erste Mal nachts draußen besucht habe, war ich auch ganz schön froh, daß ich mein Auto um mich herum hatte.
Kitty: Das ist wirklich unheimlich, deshalb bleibe ich dann auch immer vorn an der Ecke. Das fand ich diesen Freitag übrigens gut von der I., mit der ich ja an und für sich gar nicht gut auskomme. Mit der war ich da zusammen, und diesmal war sie ganz nett zu mir: «Bleib mal hier vorne bei mir, ist ja keiner weiter da ... «
Dörtie: Hat sie Schiß gehabt?
Kitty: Na ja, ich weiß nicht, ob Schiß. Jedenfalls fand sie's gut, daß ich auch da war. Und mir persönlich war's auch recht.
Dörtie: Mal abgesehen von den Gefahren nachts – man hat auch bald kein richtiges Leben mehr, wenn man nur nachts

arbeitet. Das kannste vergessen. Tagsüber pennst du, so gut du kannst, und siehst zu, daß du einkaufst und saubermachst.

Kitty: Ja, und das is noch schlimmer, wenn du 'n Haushalt mit Familie hast. Kommste nämlich gar nicht mehr zum Schlafen! Und Privatleben haste erst recht nicht, weil du eben immer k. o. bist.

Dörtie: Um die Häuser ziehen und mal was erleben, kannst du auch nicht, das geht sowieso nur nachts, und da gehst du arbeiten ... Aber in den Bars arbeiten viele Mütter – wenn sie nachts aus dem Haus sind, dann merken die Kinder das nicht so.

Kitty: Na, ich hab das gleiche damals auch gehabt, wie meine Kinder klein waren. Da bin ich nachts arbeiten gegangen, tagsüber den Haushalt. Ich war so fertig gewesen am Ende, ich konnte gar nicht mehr! Also, das geht ne Zeitlang, aber auf die Dauer auf keinen Fall. Das kann man nicht machen. Und wenn du dann krank bist hinterher, ist alles zu spät. Passiert ja zwangsläufig.

Dörtie: Na ja, und was man alles macht, um trotzdem durchzuhalten! Viele Barfrauen werden mit der Zeit Alkoholikerinnen. Fangen beim Aufwachen an mit dem ersten Cognac und dann abends bei der Arbeit: erst mal 'n Schluck. Im C. war das immer so, da konnten wir uns auch Sekt kaufen, Hausmarke zu fünf Mark. Und mindestens zwei Flaschen haben wir erst mal leergemacht, bevor das alles richtig losging. Wir haben die geteilt, immer ein paar Frauen eine Flasche ... Und hier jetzt, trinken wir auch manchmal einen. Bevor der Chef kommt ... Na ja, und auf Tabletten sind ja auch manche.

Kitty: Bloß, man hat die nicht immer! Also muß man es auch ohne schaffen, nicht? Und dann wird natürlich einiges nichts.

Monika: Ich hab immer tagsüber gearbeitet, und trinken brauch ich ja nichts in der Peep-Show.

Pat: Ich könnte nicht mehr nachts arbeiten, erstens ist es zu gefährlich für mich, und zweitens hab ich auch keinen Bock, vier Abende in der Woche von allem andern abgeschnitten zu sein. Ich wüßte auch gar nicht, wie ich das meiner Familie erklären sollte, wenn ich regelmäßig von Montag bis Donnerstag abends nicht am Telefon zu kriegen bin!

Ich fange immer so um elf an, und spätnachmittags geh ich wieder, manchmal abends. Zwischendurch geh ich auch einkaufen, wenn ich keinen Freier hab und wenn ich weiß, zum Beispiel, hinterher kommen noch zwei, die bringen soundsoviel sicher, und das reicht mir dann für heute, dann geh ich die Zeit dazwischen raus. Ich bin sowieso schon ewig allein bei der Arbeit, ich muß einfach abends ausgehen können, ins Kino, oder irgendwohin. Ich werd sonst deprimiert. Ich brauche dann oft Betrieb um mich herum.
Dörtie: Ich nicht. Wenn ich vier Nächte pro Woche arbeite, dann bin ich unheimlich wählerisch, was ich so mache mit meiner Zeit, weil die dann so unheimlich kostbar ist.
Kitty: Ihr könnt wenigstens schlafen, ihr habt keine Familie. Das ist noch das Gute daran. Wenn ich nach Haus komme, dann geht das gleich weiter. Da ist nichts mit Schlafen. Ich hab's schon ein paarmal probiert, aber das ist nicht drin. Und deshalb bin ich auch manchmal so richtig schön durcheinander. Ich mach alles «nebenbei»: Haushalt führen, Essen kochen, dann kommen sie aus der Schule und das ganze Drum und Dran. Dann fahr ich zwischendurch wieder raus. Sicher, manchmal schick ich sie auch essen. Ich bin manchmal nicht in der Lage zu kochen, ich kann nicht mehr, ich bin vollkommen am Ende dann. Dann gehn sie mir natürlich alle aus dem Weg, weil sie dann merken, daß ich wirklich nicht mehr kann. Und dann bin ich auch vollkommen ruhig und sage gar nichts mehr, und mich quatscht dann auch keiner mehr an. Und das passiert mir jetzt natürlich immer öfter, ja, weil ich so richtig schön mit den Nerven am Ende bin. Es hilft mir aber auch nichts, zu Hause zu bleiben, da hab ich doch keine Ruhe. Da fahre ich lieber raus, da hab ich bald noch mehr Ruhe, als ich zu Hause hab. Das ist das Schlimme an der Sache. Also, ich muß mit den wenigen Stunden Schlaf zurechtkommen und fahr weiterhin raus zum Stern, da hab ich Ruhe, und keiner will was von mir. Wenn mich jemand vollquatscht und ich will den nicht anhören, dann hör ich erst gar nicht hin, dann ist der Fall erledigt.
Dörtie: Klar, wenn dir die Kinder was erzählen, aus der Schule ...
Kitty: Da mußt du zuhören! Ja, und wenn mein Mann dann

noch anfängt, muß ich voll da sein. Wenn ich dann nicht zuhöre: «Was hast du denn schon wieder, was ziehst du denn für'n Gesicht!» Da kommen die üblichen Fragen, und da wird man natürlich schnell sauer.
Dörtie: Klar, aber manches ist auch einfacher, wenn du einen Mann vorzeigen kannst. Das ist ganz normal, ein Mann und eine Frau, die gehören zusammen. Anständige Normalität.
Kitty: Ja, eben, und das mußte ich machen. Heiraten, «geordnetes Familienleben», sonst wären die Kinder alle noch im Heim!

Daß man sich an uns vergreift, daß man sich an mir vergreift – scheiß drauf! Ich hab Hände, ich kann reden, ich kann mich wehren. Aber meine Kinder, nein! Wenn die sich mal irgendwann an meinen Sohn ranmachen sollten, dann nützen denen ihre Panzerwagen auch nichts, weil sie mich nämlich zuerst mal in Stücke hauen müssen, wenn sie ihn mir wegnehmen wollen. Den rührt nämlich keiner an, soviel ist todsicher.
Da braucht man sich doch gar nicht zu wundern, daß wir deswegen einen Haß auf die Bullen haben, dazu werden wir doch regelrecht gezwungen. Jedenfalls ist der Bullenhaß nicht was, was man erwirbt, was man annimmt, nee, den hat man.
F.

Dörtie: Ja, ja. Das ist anständig und normal, da geht's nicht gegen Geld! Während ich, wenn ich nicht allein bin, sondern «ne Beziehung» habe, wieder nicht ganz anständig bin, weil ich die mit einer Frau hab. Auf der einen Seite geht's mir dann besser, weil eine Frau mir sehr viel näher ist und auch besser weiß, was man so braucht an Aufpäppeln und Arbeit-Abnehmen. Männer können das oft gar nicht.
Kitty: Na, am Anfang können sie oft noch, aber wenn sie einen erst mal haben, schläft das ein ...
Dörtie: Aber wenn man mit einer Frau zusammenlebt,

dann ist manches auch schwieriger. Das ist noch zusätzlich aufreibend, wenn du wagst, dein «Privatleben» anders zu gestalten, als es üblich und normal ist.
Du hast dann auch keinen Mann, den du gegenüber unliebsamen Gästen ins Feld führen kannst. Du kannst es natürlich trotzdem sagen, das wissen die ja nicht – die wollen, wenn sie dich nach deinem Privatleben fragen, oft bloß wissen, mit was sie rechnen müssen, wenn sie sich daneben benehmen.
Kitty: Klar, ich werd ja auch immer gefragt: «Was sagt denn dein Mann dazu?» Die kriegen so richtig 'n Schock, weil die das nicht verstehen können, daß ich da draußen stehe und verheiratet bin und Kinder habe und 'n Haushalt führe. Ich hab auch schon erlebt, daß die dann sagten: «Ach nee, dann laß man lieber!» Ich sag: «Weil ich verheiratet bin?» «Ja, ich möchte dann lieber nicht.»
Dörtie: Die stellen sich dann ihre eigene Frau vor?
Kitty: Ja. «Das kann ich ja nun gar nicht verstehen, wie kann denn dein Mann das zulassen?» Ich sag: «Bei uns macht jeder seine Arbeit.» Verstehen sie nicht. Ich meine, sone Arschlöcher gibt es überall.
Dörtie: Ja, ich erinnere mich auch, daß es schon ein paarmal gut war, wenn ich sagen konnte: «Weißt du, ich bin lesbisch, bei mir hast du gar keine Chancen!» Bei einem Chef zum Beispiel, der immer hinter den Mädels her ist – den konnte ich damit ganz schnell ausbremsen.
Kitty: Na, wenn ich gesagt hätte: «Ich leb mit ner Freundin zusammen» – das hätte der vielleicht gut gefunden, dann wär der mitgekommen. Das soll man nun vorher wissen!
Dörtie: Es gibt Gäste, die das toll finden: Sie brauchen dann kein schlechtes Gewissen zu haben, wenn sie einen nicht «befriedigen», denn man steht ja sowieso nicht drauf. Ist auch schon passiert. Und manchmal kommen ja auch Frauen in die Bar und wollen mit nem Mädel ins Séparée! Gibt's das bei euch auch?
Kitty: Nee. Ich hab schon mal gehabt, daß ein Mann mit seiner Geliebten kam, und der wollte mich dazu haben – nen flotten Dreier wollte der machen. Bloß, also, das mag ich nicht. Ich geh gern zu dritt, aber mit noch einem Mädel von uns und mit dem Freier aufs Zimmer. Das is okay.

Dörtie: Ja, das macht auch Spaß. Da kannst du dir die Arbeit teilen.
Kitty: Die eine macht französisch, die andere bumst, in der Zwischenzeit kannste eine rauchen, klappt doch!
Dörtie: Ja, ja, toll! (Gelächter) Aber noch mal zum Privatleben. Ich glaube, wenn du allein lebst, dann mußt du dir jedes bißchen Kuschligkeit selber machen. Ich hab oft die Vorstellung, in einer Familie –
Kitty: Da hast du das auch nicht! Bei uns ist es so: Da macht jeder seins. Mein Mann, der würde nie auf die Idee kommen und fragen: «Sag mal, kann ich dir was helfen? Schaffst du das überhaupt?» Ich kann so fertig sein, daß mir der Schweiß so richtig voll im Gesicht steht, der fragt noch nicht mal: «Was ist los mit dir?» Na, und ich bin ja auch noch so ein Trottel, ich mach immer weiter, bis ich auf die Nase falle, zeitenweise. Ja, und dann stehen sie nur alle da mit großen Augen und sagen: «Um Gottes willen! *So* krank bist du?» Aber anstatt sich dann mal zu ändern, daß sie alle sagen: «So geht das nicht, die geht arbeiten und muß zu Hause noch alles machen, wir werden uns das mal teilen, wir sind alle erwachsen genug» – nee!
Dörtie: Die denken sich, du machst das schon alles.
Kitty: Ich bin da, und alles andere hört auf. Und das ist zum Kotzen!

... das «Herz der Familie» muß immer schlagen ...

Dörtie: Vielleicht ist es die Sehnsucht nach einem Zuhause, nach ein bißchen Geborgenheit, der Wunsch, nicht immer als widerlich und monsterhaft angesehen zu werden, vielleicht ist das ein Grund für manche, mit nem Typen zusammenzubleiben, obwohl der sie ausnimmt wie ne Weihnachtsgans. Ich weiß nicht, ich mag nicht so ein Urteil fällen: «Mein Gott, die blöde Kuh, sieht die denn nicht, was das für'n Loddel ist!» Damit wären alle anderen Frauen auch abqualifiziert: «Mein Gott, bist du blöde, daß du immer noch für den Herrn Architekten, Angestellten, Lehrer, was weiß ich, die Schuhe putzt, die Kinder aufziehst und die Beine breit machst!» Ich finde so was zum Kotzen. Ich denke eben nicht, daß Frauen masochistisch sind, ich denke, es gibt immer Begründungen, weswegen ne Frau irgendwo bleibt. Sie bleibt eben nicht *nur*, weil sie nicht raus kann, sondern möglicherweise holt sie auch etwas für sich raus, was man von außen gar nicht sieht! Und schließlich, mich selbst müßte ich dann auch beschimpfen: Ich hab auch die Kohle benutzt, um mit einer Frau zusammenzuleben, die selber sehr wenig hatte, und mir war völlig klar, was da ablief! Andrerseits hätten wir gleich einpacken können, wenn sie auch noch sich den Arsch abgearbeitet hätte. Dann hätten wir nämlich gar keine Zeit und gar keine Nerven mehr gehabt. Ob's dann noch ne Liebesbeziehung gegeben hätte?

Pat: Ob ich 'n Mann zu Hause brauch, nee! So nicht. Ich hab's ja gehabt, immer mal wieder, aber irgendwie hat mich das mehr Nerven gekostet am Ende. Ich weiß nicht, ich glaube, das geht auch nicht mehr, ich glaube, beim kleinsten Knatsch käm ich mir vor wie ein Diener.

Ich bin auch manchmal sehr allein. Manchmal tut das richtig weh. Und dann denk ich mir auch, warum hab ich denn eigentlich so was nicht, so ein «Zuhause», Kinder, ne Aufgabe, über die man überall reden kann, wo man nicht alles verheimlichen muß, weil man nicht weiß, wie die Leute reagieren. Über meine Sachen kann ich doch bloß mit den zweien reden, also mit J. und S., und die kennen das alles, die machen's selber.

Kitty: Erstens mal kann man nicht immer allein sein, das ist schon richtig, und auf der anderen Seite ist es so, irgendwie braucht man ein bißchen Schutz. Man wird sonst zu sehr angemacht. Wenn du einen Mann hast, dann lassen dich die andern in Ruhe. Aber wenn du natürlich an so ein Arschloch gerätst, wo du selber um jede Mark betteln mußt –

Dörtie: – und der dann nicht mal da ist –

Kitty: – und der dein Geld, was du zusammengebumst hast, woanders verhurt, das ist natürlich Scheiße. Aber das gibt's ja überall, auch bei den anständigen Leuten ...

Pat: Und nem Mann kann man doch das gar nicht sagen, da muß sich doch jeder auch auf 'n Schwanz getreten fühlen bei den Problemen, die ich habe. Ich erzähl das nie Män-

nern, ich erzähl überhaupt gar nicht erst, was ich mache. Das geht doch nicht, wer weiß, was die sich dann denken. Wenn ich mit jemand tanze und dem das erzähle, wie ich mein Geld verdiene, kommt der noch auf den Trichter, deswegen mit mir zusammenzuleben, oder irgendwie, jedenfalls an mein Geld zu kommen. Nee, ich sag das nie. Das weiß auch keiner.
Kitty: Is auch besser so.
(Gekicher)

Jede Frau hat ein süßes Gehei-heim-nis ...!

Dörtie: Aber der Preis für das eigene Geld ist eben hoch, und das ist die Scheiße daran. Ich meine, auch wenn du in ner Bar oder in nem Puff länger regelmäßig arbeiten gehst und immer abends los und morgens knülle wieder nach Hause, so ungefähr um dieselbe Zeit – die Nachbarn kriegen so was mit. Vielleicht hast du teurere Klamotten an als die Frau Nachbarin oder fällst sonstwie auf.
Kitty: Is aber trotzdem nicht so schlimm wie bei mir.
Dörtie: Klar, stimmt, mich trifft keiner so, außer, er geht wirklich selber hin, und dann muß er schon auch preisgeben, wo er mich gesehen hat.
Kitty: Eben!
Dörtie: Deswegen ist das auch einfacher, weil du da mit mehreren Frauen zusammen bist und mit denen zusammenarbeitest.
Kitty: Das bin ich ja auch, ich bin ja auch nicht allein.
Dörtie: Ihr steht auch zusammen, ja?
Kitty: Mit 'n bißchen Abstand, aber im allgemeinen ... Bloß eben mitten im Verkehr. Und zwar am Tage, weil ich nachts einfach Angst habe. Ist viel zu gefährlich, grad die Ecke da unten am Großen Stern. Passiert ja auch zuviel.
Dörtie: Womit kann man denn auf dem Strich am meisten verdienen? Wenn man den Freier ins Hotel kriegt?
Kitty: Ja. Mit dem Auto kriegst du nicht viel Geld raus. Da ist die übliche Taxe 20 Mark. Da kannst du auch nicht mehr anschlagen, weil das ja schon –

Dörtie: Abgesprochen?
Kitty: – schon immer so war. Da kannst du höchstens, wenn du obenrum frei machst, 10 Mark mehr verlangen und französisch 10 Mark mehr, aber alles eben mit Schutz.
Dörtie: Mehr nicht?
Kitty: Im Auto nicht, nein. Wenn du auf Zimmer fährst, dann schlägst du ja schon mal 50 Mark an, 12 Mark Zimmer. Dann kriegt er dich angezogen, ziehst du nur die Hose aus. Damit ist er natürlich nicht einverstanden, dann sagst du, 30 Mark mehr, und ein bißchen netter kostet einen Hunderter mehr und so weiter.
Nun ist das bei mir ein Fehler: Ich trinke nicht, und dadurch kann ich die nicht lange halten. Die meisten Männer wollen dann trinken, und das nervt natürlich, wenn die allein saufen und ich sitz nüchtern da. Dann ist das irgendwie eklig.
Dörtie: Kannst du nicht irgendwas zu trinken kriegen, was so aussieht wie Alkohol und keiner ist?
Kitty: Ja, könnt ich schon, aber ... Ich weiß nicht, wär besser, wenn ich auch was trinken würde, dann könnt ich das besser ertragen, als wenn ich vollkommen nüchtern dasitze und mir das Gesülze anhören muß. Ich kann das nicht mehr. Wie ich angefangen hab, okay, da hab ich dolle Dinger draufgehabt, aber das wird immer weniger. Früher, da hab ich ja nun auch getrunken, und da hab ich wirklich *Highlife* gemacht in dem Zimmer! Ich hab mir ja die tollsten Gäste gehalten! Aber heute ist das nicht mehr drin. Ich schaff's nicht mehr.
Dörtie: Keine Lust mehr?
Kitty: Nein.
Dörtie: Weißt du eigentlich, was die andern, die mit Telefon und privat arbeiten, nehmen?
Pat: Die ich kenne, wir nehmen alle dasselbe.
Dörtie: Also, die Frauen, die von der Bar aus mit Gästen privat was machen, das haben wir ausgemacht: Unter 300 DM steigt da keine ein. Zu dem ins Hotel oder so. Und wenn zwei kommen, das gleiche, pro Nase, eher noch mehr!
Pat: Wir haben das auch ausgemacht, aber schon lange, ich hab das ja auch von denen mitgehört, wie ich hierherge-

kommen bin. Also, ich hab mich umgehorcht, das ändert sich ja manchmal von Stadt zu Stadt.

Dörtie: Wie ist das eigentlich auf der Straße, wenn ihr da steht, mit Konkurrenz? Also abgesehen von den Stammfreiern, die hat ja jede für sich, und die wechseln ja wahrscheinlich auch nur selten, oder?

Kitty: Doch, doch, die wechseln auch öfter. Und weißt du, sehr viel wird von den Haschbräuten kaputtgemacht, die in der Genthiner Straße stehen. Durch die wird sehr viel kaputtgemacht, weil die ohne Schutz arbeiten und sechzehn, siebzehn sind, ja, und zu allem bereit praktisch. Und bei mir und bei den anderen Mädels gibt es ja immer Grenzen. Wir machen ja vieles gar nicht, denn das brauchten wir nie, das hat auch so hingehauen. Und dadurch gibt es natürlich jetzt oft Schwierigkeiten. Wir kriegen da Angebote gemacht, hör mal, da geht dir der Schuh auf! Also eben alles. Im Auto. Und dann ohne Schutz! Quer durch 'n Garten, auf deutsch gesagt!

Dörtie: Für zehn Mark, ja?

Kitty: Ja, ja, für zwanzig Mark am besten noch! Na ja, und Konkurrenz. Ich meine, das ist alles Typ-Sache, weißte. Einer steht auf schwarz, der andere auf dick, der andere auf dünn. Also Konkurrenz in dem Falle kenn ich eigentlich nicht bei uns.

Dörtie: Bei euch kommen die Freier angefahren mit dem Auto und halten an bei der Frau, die sie wollen und die sie gesehen haben?

Kitty: Ja, genau. Wenn heute mal *der* Typ gefragt ist, na ja, dann macht *die* eben ne Mark mehr, und die andern stehn dann da. Ist natürlich auch viel Neid da unter den Mädels. Weil es dann gleich heißt, na ja, die macht wahrscheinlich alles und ohne und so. Und das ist in Wirklichkeit gar nicht der Fall.

Und das find ich gemein, ja, ich find das nicht gut! Ich mach da nicht mit, ich will davon gar nichts wissen. Denn was hab ich davon, wenn ich auf die jetzt Jagd mache oder die schlechtmache oder die wegtreiben will?

Dörtie: Davon profitieren bloß die Freier letzten Endes.

Kitty: Das ist wirklich wahr: Je mehr Mädels da stehen, desto mehr is los!

In einer Bar in Hannover passierte folgende Geschichte: Ein Kunde mit wenig Laune, Geld auszugeben, dafür aber um so überzeugter von seiner Potenz, fragt das Mädchen, mit dem er die ganze Zeit zu tun hat und auf das er scharf ist: «Sag mal, ihr habt ja gesalzene Preise, aber dafür machstes doch auch ohne alles, nicht?» Sie sieht ihn erstaunt an, zögert einen kurzen Moment und erklärt dann: «Natürlich, wenn wir erst mal im Séparée sind, dann ist ohne alles angesagt!» Er ist befriedigt, wird ganz ungeduldig und kann kaum erwarten, ins Séparée zu kommen mit ihr. Dort angekommen, setzt sie sich auf das Bänkchen und legt die Hände in den Schoß. Er ergeht sich beim Öffnen von Sektflasche und Hose in Räsonnements darüber, daß er noch nie Geld für eine Frau – und ist völlig darauf eingestellt, daß jetzt gleich alle Schleusen für ihn aufgehen dürfen. Nebenbei fragt er sie noch einmal: «Das stimmt doch, nicht? Daß du ohne alles ...?» Sie sitzt und langweilt sich. Sie wird sich die nächste Viertelstunde nicht rühren: «Natürlich, hatten wir ja abgemacht, weil du kein Geld ausgeben wolltest, OHNE ALLES!»

Dörtie: In der Bar wird auch gehetzt. Bloß da wird das noch begünstigt dadurch, daß du Jagd machen mußt auf 'n Typen. Also, da kommt einer rein, die Freier kommen erst mal einfach so rein, wenn es nicht Stammfreier sind, und dann kieken zehn Augenpaare! Und wenn du ne Woche lang nichts verdient hast, dann geht das Gerangel los. So richtig – braff! und draufgestürzt: «Hallo Süßer!» und schnubidubidu ... Das liegt mir nicht, und ich will das auch gar nicht können. Also, ich denke, das ist unheimlich preisdrückend.
Kitty: Nee, so was mag ich auch nicht!
Dörtie: Ich habe das auch noch nie gemacht. Am Anfang hab ich ne Zeitlang gedacht: «Mein Gott, du hast ja überhaupt nicht richtig die Nerven für das Geschäft hier, das gehört sich wohl so, das muß man wohl machen ...» Also irgendwie gleich an die Hose und so. Aber dann hab ich nach

einiger Zeit bemerkt, nee, nicht bei *allen* Gästen. Ganz viele Gäste stehn drauf, daß sie dir den Hof machen dürfen, sozusagen. Daß die so ankommen dürfen, so «großzügig» ... Und bei denen bist du nicht diejenige, die bettelt, sondern der muß dir schon was bieten, bevor du dich rührst. Das kommt viel besser!

Kitty: Is bei mir auch so.

Angie: Wenn die Mädels alle zusammenhalten würden, dann könnten wir auch alle besser verdienen.

Dörtie: Klar, wenn du gut zusammenarbeiten kannst mit dem einen oder anderen Mädel, dann kannst du dich sogar noch dafür bezahlen lassen, daß du gehst!

Angie: Ja, oder wenn vier Mädchen mit nem Gast sitzen, dann gehen ein paar mit dem tanzen oder sonstwas, und die andern kippen den Sekt weg, das geht alles.

Dörtie: Einmal hatten wir so ein richtiges Kipp-Fließband, zwei Mädchen saßen an der Bar mit nem Gast, der immer Flaschen ausgab. Die beiden waren schon reichlich knülle. Und ein paar andere saßen dahinter, im Sofa. Also: Wir hatten lauter leere Gläser, und die haben uns ihre vollen rübergereicht, und wir haben die ausgetauscht gegen die leeren. Das ging gut.

Es geht auch mit Gläser umkippen, Flaschen «aus Versehen» schütteln, beim Eingießen überschäumen lassen ... und so weiter.

Dörtie: Der wichtigste Trick in der Bar ist wirklich, trotzdem durchzuhalten, wenn alle nicht viel verdienen. Und sich nicht aufreiben zu lassen davon. Mit dieser Panik: «Jetzt will ich aber mal! Heute muß ich unbedingt ins Séparée!» erreichst du nämlich auch nichts! Das merken die Freier sofort, die merken, da ist die heiße Konkurrenz, ich kann mir hier fast eine umsonst aussuchen, die werden sich freuen, wenn sie nur bei mir sitzen dürfen. Die haben ja so ein Gespür dafür, die Freier! Und dann verarschen sie dich natürlich. Dann sagen sie, na, wie ist es, was kostest du denn, und du sagst deine Preise, und dann lacht der Typ

sich tot: «Na, dann geh mal wieder, dann hol ich mir die nächste!» Ist doch Scheiße!
Kitty: Das kannste sagen! Da hab ich's ja fast toll dagegen. Ich schicke viele Freier einfach weg. Gar keine Lust zu. Aber wenn du in ner Bar arbeitest oder in ner Peep-Show, da mußte auch ein bißchen drauf achten. Da kannste ja nich Bambule machen.
Dörtie: Na ja, du bist irgendwie eingesperrt, aber du kannst natürlich auch zu einem Gast gehen und dich so unbeliebt machen bei dem, daß der dich wieder wegschickt. Das hab ich schon oft gemacht. Bei Leuten, die ich nicht riechen kann, wo ich genau weiß, zu dem und dem paßt ein anderes Mädel viel besser, die kann auch viel besser mit dem umgehen, die hat halt so ne Art, auf die der steht, und ich hab die nicht. Aber das nervt schon, wenn du ewig siehst, der Chef oder die Barfrau, die das alles kontrolliert für ihn, die kuckt, die hat dich sowieso schon auf dem Kieker, und dann schickt sie dich hin oder kuckt immer so. Und um keinen Krach mit der zu kriegen, gehst du dann mal hin.
Was für Möglichkeiten gibt es denn in einer Peep-Show, die Arbeit zu verweigern? Also, du mußt da bestimmte Sachen machen, aber du findest ja sicher auch Tricks.
Monika: Na ja, da – gibt's, wie gesagt, den Monitor! Und im übrigen, in der Peep-Show gibt es eigentlich kaum Vorschriften, du liegst da doch bloß und bewegst dich irgendwie, also so Vorschriften, wie und was, das ist ja kaum möglich. Man muß auch nicht vortanzen, wenn man da arbeiten will. Man kann natürlich irgendwie lahmarschig sein, aber das fällt kaum auf. Ist egal wie, Hauptsache, du bist da fünf Minuten auf dem Drehflokati ... Deswegen wirst du nicht angemeckert.
Kitty: Also, das wär mir alles zuviel Kontrolle. Mir reichen schon die Bullen. Aber auch noch 'n Chef? Nee! Zuhälter haben wir nämlich nicht da draußen. Früher war das ja mal schlimmer gewesen, da gab's auch viele Schlägereien. Das ist heute nicht mehr so. Heute kommen neue Mädels einfach an: «Guten Tag, ich bin die Neue, ich steh jetzt hier!» Und da passiert gar nix mehr. Früher war das schwerer, da hast du dir 'n paar warme Ohren eingefangen, bevor du überhaupt raus durftest. Und heute, siehst du ja, an allen

Ecken stehen sie ... Aber hat auch gedauert. Ich bin jetzt fünf oder sechs Jahre am Stern und hab es sehr schwer gehabt mit den anderen Mädels da. Ich sollte Standgeld bezahlen und alles so ne Korken. Ich hab gesagt: «Bei mir gibt's keine Mark!» Und dann kamen die vom 17. Juni rum und haben gesagt: «Na, das wollen wir doch mal sehen!» Ich sag: «Das werden wir auch sehen!»
Ich meine, ich hab mich ganz allein durchgesetzt, und dadurch fing das auch an, daß ich immer nur am Tage da war, da hab ich dann keine Angst gehabt, da fahren oft die Bullen vorbei. Ich meine, das hat sich alles mit der Zeit gelegt, aber das war früher echt schwierig gewesen. Na ja, und jetzt ist es so, jetzt stellt sich alles hin und macht die Beine breit, auf deutsch gesagt.
Dörtie: Ich hatte mal überlegt, mit ner andern Frau zusammen, ob wir diese Funkausstellung nicht lieber privat in Hotelbars verbringen sollten, statt irgendwie acht Stunden in der Bar festgehalten zu sein und da mit demselben Geld rauszukommen wie nach zwei Stunden Hotel.
Kitty: Und euch rausstellen mögt ihr nicht?
Dörtie: Da ist das Ding mit dem Registriertsein.
Kitty: Na ja, du kannst ja vielleicht ganz schlicht und einfach hier in der Straße anfangen.
Dörtie: Bei dir?
Kitty: Nee, nicht direkt bei mir, da fahren die Bullen rum. Ich meine, hier in der Straße ... Ich weiß von zwei Koreanerinnen, zwei Krankenschwestern – Du, die sind gefahren wie die Weltmeister. Beide! Ich saß drin im Hotel bei R. und hab Kaffee mit ihr getrunken, und die haben geklingelt am laufenden Band!
Dörtie: Ehrlich?
Kitty: Ja! Um zwei fing deren Dienst im Krankenhaus an, und vorher, von zehn bis zwei, haben die ne starke Mark verdient! Die sind dauernd zum Hotel hin und gleich wieder zurück, zu Fuß, standen gleich nebenan. Die haben nur auf Zimmer gemacht, nicht Auto. Da hat sich die R. natürlich auch gefreut. Hat sie ja auch gut verdient. Damit will ich nur sagen, daß du überall ne starke Mark machen wirst. Und ich meine, nächstes Jahr ist unsere Straße da hinten ja zu, dann muß ich auch umziehen.

Das ist auch so ein beliebter Scherz, den Frauen ans Geld zu gehen: Überall werden berühmte und traditionelle Strichstraßen dichtgemacht und zu freundlichen «Fußgängerzonen» umfunktioniert. Ganz nebenbei bedeutet das, die Frauen, die dort vorher Geld verdienen konnten, stehen auf dem trockenen, denn an Fußgängern war noch nie viel zu verdienen. Die «Massen-Freier» kommen mit dem Auto! Schließlich legen Freier Wert auf Diskretion ...

Dörtie: Wieso ist die dann zu?
Kitty: Die fangen doch an zu bauen. Autobahn oder was.
Dörtie: Was macht ihr denn dann?
Kitty: Dann werd ich wohl hier runterkommen!
Dörtie: Schön! Ich kann dir ja 'n Zimmer vermieten!
Kitty: Hab ich auch schon dran gedacht, machen wir 'n flotten Dreier, sollste mal sehen, wie schnell wir oben sind!
Dörtie: Ganz schnell, kannste drauf warten, Millionärinnen.
Kitty: Find ich echt gut.
Monika: Ich weiß auch nicht, warum ich so oft daran gedacht habe. Ich versuch jetzt, Geld auch mit freien journalistischen Arbeiten zu verdienen, aber irgendwie bin ich auch ein bißchen faul, ich hab einfach keine Lust, immer zu arbeiten.
Dörtie: Ich glaub, das sind wir alle. Wir können's bloß nicht sein!
Monika: Deswegen denk ich, es wär besser, ich hätte ein bißchen mehr Geld, aber ich hab auch Angst, daß ich vielleicht schon alt bin, außerdem hab ich ein Kind, da kann ich doch nicht jede Nacht arbeiten gehen. Früher hat mir meine Mutter Geld gegeben, als ich noch studiert hab, und ein bißchen Stipendium hatte ich. Ungefähr 1200 Mark pro Monat, davon mußte ich mit meinem Kind leben.
Pat: Faul will ich gar nicht mal sagen, ich weiß nicht. Ich bin sehr ordentlich eigentlich, aber ich habe zum Beispiel nie Bock gehabt zu waschen. Ich weiß, es hat immer Knatsch gegeben früher, als Kind, deswegen. Und das

kann ich mir leisten, die Wäsche geb ich weg. Ich sitze auch lieber vor dem Fernseher als abwaschen, das ist wohl klar, aber ne Putzfrau hab ich nicht, dafür bin ich zu geizig, oder ich weiß nicht, irgendwie denk ich immer, das kann ich auch eben schnell wegmachen, das ist nicht so schlimm. Ein Einpersonenstück wie bei mir und ne Putzfrau – also, ich würd da immer rechnen. Eigentlich komisch, nicht?

Dörtie: Weil keine Frau so leicht Geld verdient wie ein Mann! Die macht nämlich auch nie nur die Arbeit wie er, die hat immer noch was «nebenbei» zu tun.

Angie: Sogar wenn beide arbeiten tagsüber. An dir hängt trotzdem noch die ganze andere Arbeit, Waschen und Kochen und Putzen. Und der legt die Beine hoch und wartet aufs Essen. Du paßt auf die Kinder auf ...

Dörtie: Nebenbei machst du dauernd was von dieser Arbeit innerhalb des Jobs. Kann ja angehen, daß es ein paar Männer gibt, die die Hausarbeit mit den Frauen «teilen», vielleicht kaufen sie ein oder so was, kann alles sein. Aber was nie passiert, ist, daß Männer während ihrer Berufsarbeit dauernd dran denken: Was muß ich noch im Supermarkt besorgen, wie mache ich das, auch noch die Kinder aus dem Hort zu holen, und all diese kleinen Kalküle, mit denen wir uns dauernd rumschlagen müssen.

Kitty: Diese ganze Scheißarbeit. Ich steh um halb sieben auf, geh einkaufen. Um halb neun geh ich einkaufen, und dann fahr ich um elf raus, bleib ein paar Stunden da, fahr wieder nach Hause, mach Mittagessen, dann wieder raus – ja, und dann ist es acht. Das ist ein normaler Tag bei mir. Zweimal in der Woche, montags und freitags, stehe ich noch früher auf, nee, warte mal, donnerstags nachts stehe ich auf und geh erst sonnabends abends wieder schlafen. Weil ich freitags auch nachts arbeiten gehe. Ich schlafe überhaupt sehr wenig: fünf bis sechs Stunden höchstens.

Dörtie: Ich kann grad noch zusehen, daß ich tagsüber genug Schlaf kriege – obwohl das auch nicht klappt, tagsüber kann ich nicht so gut schlafen, da ist Krach hier auf der Straße, da schlaf ich auch viel dünner. Außerdem muß ich dann immer noch einkaufen und die Wohnung in Schuß halten und vielleicht mal ab und an ein bißchen rumtelefonieren. Und dann geht's auch schon wieder los mit dem

Countdown: duschen, schminken und dies und das, Essen organisieren.
Pat: Ich hab wirklich auch mehr Zeit, seit ich selbständig bin, als da im Büro früher. Ich hab damals ja Überstunden gemacht mit den Männern, das war ja «nach der Arbeit». Und auch wenn ich das vergleiche mit der Zeit in dem einen Puff, da hatte ich Nachtschicht, und ich schwör's dir: Mein Tag war weg. Ich war auch weg, ich konnte nichts mehr machen. Ich kannte da auch zuerst niemand, aber wie hättest du denn wen kennenlernen sollen, wenn du jede Nacht da drin bist?
Dörtie: Ja, das ist auch schwierig, wenn du praktisch nur ein paar Stunden am Nachmittag hast. Wenn du mittags aufwachst und bist genervt und noch ein bißchen vollgedröhnt mit Kater und so, dann brauchst du auch ne Stunde oder anderthalb, bis du wieder unter Leute gehen kannst. Und die Leute, die am frühen Nachmittag Zeit haben, die sind ja nun auch nicht so breit gestreut, die stehen auch nicht gebündelt an der Ecke.
Kitty: Nein!
Dörtie: Also, entweder haben die ihre eigenen Jobs bis nachmittags um fünf, oder sie haben irgendwie was anderes zu tun. Also bist du eigentlich angewiesen auf die Leute, die keine festen Jobs haben oder so'n Job wie du, also die auch nachts arbeiten.

Wir lassen uns unsere Zeit bezahlen, wir verkaufen nicht unsere Seelen oder unsere Körper, sondern unsere Zeit. Weil wir ökonomisch und durch unsichtbare Hausarbeit von Männern ausgebeutet werden, handeln wir mit der einzigen Sache, die wir haben, mit unserem Körper.
Es ist unsere Zeit und unser eigener Entschluß, deshalb muß man uns das Recht geben, das zu tun.
Margo St. James

Pat: Und da drinnen kannst du bloß über solche Probleme reden, weil die andern das auch kennen, aber wird auch langweilig, auf die Dauer.

Dörtie: Wir unterhalten uns über all solche Sachen, auch über die Gäste, wie wer ist, schwierig oder nicht, gut Geld oder nicht. Du, manche zeigen sich auch Strickmuster und Kochrezepte. Na ja, ich hab ja auch eins von dir, Angie! Wenn Männer miteinander reden, dann quatschen die meistens über Fußball oder was weiß ich.
Angie: Über die Mädchen, die auf der Straße langlaufen ...
Dörtie: Die letzte Nummer, die letzte heiße Braut ...
Pat: Ich glaub, ich finde die Männer inzwischen so, daß ich – was können die mir eigentlich bieten, außer dem Geld, meine ich jetzt mal? Gut, ich habe zwei, die sind schon ganz lange bei mir an der Kasse, mit denen kann ich mich auch unterhalten. Ich bin auch schon mit dem einen ins Kino gegangen, da haben wir auch hinterher was gesagt über den Film, aber das hätte ich nicht gebraucht. Das kann ich mir auch selber denken, um es mal so zu sagen.
Irgendwie sind sie auch langweilig, wenn du die so gut kennst, wenn du mit denen essen gehst und die reden dummes Zeug oder auch nicht so dummes Zeug.
Dörtie: Also, mich macht das immer unlustiger. Die sind im Grunde alle gleich langweilig.
Kitty: Die erzählen dir praktisch immer nur ihren Lebenslauf, ihren Ärger mit der Frau: Die will nicht mehr bumsen, und jetzt will er mal «was anderes» erleben, «machst du das denn auch?» Bei seiner Frau hat er schon oft probiert, «die will das nicht», und immer dasselbe. Du hörst immer das gleiche.

«Hochzeitstag»

Eine Kollegin in Italien hat einen Freier zusammengeschlagen, der ihr grinsend erzählen wollte, daß seine Ehefrau jetzt in diesem Moment sicher beleidigt zu Hause hockt und wartet, mit dem vorbereiteten Essen, Kerzen auf dem Tisch, daß die kleine Feier endlich losgeht ... Es war sein und ihr Hochzeitstag. Die Kollegin hat zugeschlagen, wo die Ehefrau untätig bleiben mußte. Sie hat ihn NICHT bedient!

Dörtie: Und immer lästern die über ihre Frau, ihre Sekretärin. Zum Kotzen!
Kitty: Schlimm. Und wenn du dann nicht 'n Kleinen getrunken hast ... Oder wenn ich dann ein paar Cappis eingepfiffen hab, dann geht das auch.
Monika: Haben die eigentlich sexuelle Probleme oder was?
Alle: Klar! (Gelächter)
Monika: Mit ihren Frauen?
Dörtie: Mit sich selbst, nicht mit ihrer Frau! So sieht das doch aus! Ich meine, klar, wir Frauen sind schon wirklich ihre Krise, man kann's auch so rum sehen: Da ist eine zu Hause, die mit ihnen nichts machen will, die es nicht für das Tollste auf der Welt hält, mit ihnen ins Bett zu gehen, und dann kommen sie zu uns und finden dasselbe in Grün. Wir sind ja auch wirklich eine wie die andere!
(Gelächter)

«Der Strich durch die Rechnung»

Der Generalstreik der Prostituierten 1975 in Frankreich

Im April 1974 setzen sich in Lyon etwa fünfzig Personen zusammen: Prostituierte, Rechtsanwälte, Journalisten und Mitglieder des NID (einer Vereinigung von Reformern und Erziehern). Anlaß sind die Morde an Prostituierten, die sich in den letzten Monaten häufen und selten aufgeklärt wurden. Aber sie sind nicht der einzige Grund. Im gleichen Zeitraum hat die Repression gegen Prostituierte zugenommen – eine Verfolgungsjagd, die unter dem Deckmantel des «Kampfs gegen die Zuhältersyndikate» in erster Linie Prostituierte trifft.

Das geht seit ein paar Jahren so. 1972 war aufgedeckt worden, daß hohe Polizeioffiziere in Lyon in Zuhältergeschäfte und Korruptionsfälle verstrickt waren. Das hatte Umstrukturierungen in der Lokalverwaltung zur Folge gehabt.

Bei diesem Treffen im April wird ein gemeinsamer Text verfaßt, der zwei Forderungen enthält: 1. Sicherheit der Prostituierten, 2. Schluß mit der Repression.

1. Sicherheit

Seit 1971 sind sechs oder sieben Prostituierte ermordet worden. Erst vor ganz kurzer Zeit zwei, Renée Grangeon und Chantal Rivier. Schreckliche Morde nach vorangegangenen Folterungen. Nicht immer wurden die Täter ermittelt. Wir sind außerdem vielfältigen Aggressionen durch Geisteskranke, Sadisten, Verrückte aller Art ausgesetzt. Erst vor kurzem wurde ein Mann verhaftet, der sich an acht Mädchen vergangen hat. Die letzte liegt seit drei Wochen im Edouard-Herriot-Krankenhaus. An solchen und ähnlichen Fällen herrscht kein Mangel.

Wir erinnern daran:
a) Die Hotels haben uns eine gewisse Sicherheit gewährleistet, dort waren immer Leute. Niemand findet das System mit den Hotels ideal, überhaupt nicht, es hat den Hotelbesitzern Profite gesichert. Aber zumindest hat es uns vor Mord geschützt.
b) Ein paar Mädchen haben versucht, sich zu zweit oder zu dritt Wohnungen zu mieten und dort zu arbeiten, um sich ein Minimum an Sicherheit zu verschaffen. Man hat ihnen mitgeteilt, das wäre illegale Kuppelei und sie würden strafrechtlich verfolgt.
c) Keiner von uns ist es gesetzlich erlaubt, in einem möblierten Zimmer zu arbeiten. Wir fragen uns: Was ist eigentlich unternommen worden, damit sich die Morde und Aggressionen nicht wiederholen? Und was tun wir, um eine Lösung dafür zu finden?

2. Abschaffung der Repression

a) Bußgeld – wird kassiert für ein Delikt mit dem Namen «zur Unzucht aufforderndes Verhalten». Wir müssen wohl nicht betonen, wie weit diese Definition gefaßt ist. Es scheint zu genügen, daß eine Frau der Polizei als Prostituierte bekannt ist und sich an irgendeinem öffentlichen Ort oder auf der Straße aufhält, daß sie ins Kino oder mit ihrem Hund Gassi oder einkaufen geht, um sich dieses Delikts schuldig zu machen. Es mußten sogar schon Frauen zahlen, die gerade im Auto saßen oder einfach nur mit ihren Kindern spazieren gingen.
Vor ein paar Jahren wurde das Bußgeld auf 50 Franc erhöht, zur Zeit beträgt es schon 150 Franc (160 einschließlich Gerichtskosten) ... Da Prostituierte von den verschiedensten Abteilungen der Polizei kontrolliert werden dürfen, mußten sie manchmal am selben Tag ein, zwei oder sogar drei Bußgeldbescheide bezahlen.
b) Brutalität – Die brutale Behandlung von seiten der Polizei muß aufhören. Daß sie illegal ist, liegt auf der Hand. Aber was ist überhaupt legal an dieser ganzen Plünderei durch die Polizei?
c) Bars – es scheint, daß eine Bar auf einen Erlaß der Präfektur hin dichtgemacht werden kann, bloß weil sich dort ein paarmal eine als Prostituierte bekannte Frau aufgehalten hat, selbst wenn sie seit Monaten nicht mehr anschafft und dort nur etwas verzehrt hat. Das bedeutet ein regelrechtes Zutrittsverbot für Prostituierte in Bars. Außerdem wundern wir uns über die Willkür, die hier vorherrscht. Eine ganze Straße

wurde dichtgemacht. Einem Barbesitzer ist, wegen eines geringen Zweifels, mit Schließung gedroht worden. Andererseits sind wirklich einschlägig bekannte Bars weiter offen. Warum?

Im August 1974 geschieht ein weiterer Mord, Marcelle Anaclet. Solidaritätsspenden, neue Treffen im Büro des NID. Eine Versammlung wird für September geplant. Die beiden obersten Verantwortlichen der Polizei – der Chef der *Sureté* und der Chef der *Brigade Mondaine* (Sitte) – werden eingeladen und erscheinen. Die Forderungen der Prostituierten bekommen einen anderen Schwerpunkt: Aus dem Verlangen nach Sicherheit wird mehr und mehr eine Kampfansage gegen Bußgelder, Vorladungen, Verhaftungen. Die Polizei antwortet mit noch schärferen Maßnahmen. In einem Brief an das NID berichten fünf Prostituierte von den Auswirkungen:

> Hotelbesitzer lassen Mädchen nicht mehr in die Hotels aus Furcht, es wird ihnen dichtgemacht und sie selber kommen ins Gefängnis; wenn Mädchen sich ein Zimmer zum Arbeiten mieten, riskieren sie, ermordet zu werden; sie riskieren außerdem, Schweigegelder an Polizisten zahlen zu müssen. («Gäbe es diese Definition für Zuhälterei nicht» – die auch Leute einschließt, die Wohnungen an Prostituierte vermieten –, «gäbe es auch keine korrupten Polizisten!»)

Die fünf Frauen bezichtigen auch den Staat der Zuhälterei:

> Und was ist mit den Restaurantbesitzern, Rechtsanwälten, Friseuren? Die nehmen doch auch unser Geld! Und der Staat mit seinen Bußgeldern? Daß wir Steuern zahlen sollen, na gut – aber wir können uns nicht alle Zimmer leisten. Also, wie sollen wir denn arbeiten? Wie die Köter? ... Wir wollen keine Sonderhotels, ganz im Gegenteil, wir wollen in allen Hotels arbeiten dürfen, das wäre auch sehr viel hygienischer als im Hafen, auf Parkplätzen oder Ausfallstraßen ... Wir bitten euch flehentlich: Fordert vor allem, daß man uns wieder in die Hotels läßt, daß man uns überall da arbeiten läßt, wo wir sind!

Im Februar 1975 werden die Bußgelder erneut erhöht. Die Polizisten machen sich nicht einmal mehr die Mühe, aus ihren Autos zu steigen, um den Mädchen die Zettel zu geben, sondern winken sie nur noch heran. Es geht schon lange nicht mehr um «zur Unzucht aufforderndes Verhalten» – es geht um die Jagd auf Prostituierte, und sie besteht darin, den Frauen Prostitution lebensgefährlich und teuer zu machen, obwohl die Arbeit selber auch in Frankreich nicht strafbar ist. Die Polizei stellt sich außerhalb des Gesetzes, die Bußgeldbescheide wegen des «Unzucht»-Delikts sehen überdies genauso aus wie die für falsches Parken, zum Beispiel. Einer der Polizisten erklärt einer Prostituierten, er habe Befehl, dreißig Stück pro Tag einzutreiben! Ein altes Gesetz wird wieder ausgegraben: Wer zweimal in einem Jahr wegen des gleichen Delikts zu Bußgeld verurteilt wurde, kann ins Gefängnis kommen. Gleichzeitig erhalten die Prostituierten Steuerbescheide für einige Jahre rückwirkend ins Haus geschickt. Die Höhe ist nach irgendeinem fiktiven «Durchschnittseinkommen» geschätzt, bei dem natürlich die Abgaben in Bußgeldform nicht ins Gewicht fallen. Für solche Summen muß eine Frau schon ziemlich lange arbeiten – der Staat kassiert nicht nur, er zwingt auch Frauen zu lebenslänglicher Prostitution.
Im selben Zeitraum versucht sich in Paris der neue Justizminister zu profilieren mit einer Jagd auf Wohnungsbesitzer, die an Prostituierte vermieten – alles im Namen eines angeblichen «Kampfs gegen Zuhälterei». Es gehen nur wenige mafiaartig organisierte Herren ins Netz, und überdies werden sie nach kurzer Zeit «aus Mangel an Beweisen» wieder freigelassen. Rein zufällig haben sie einflußreiche politische Freunde ...
Im April 1975 treffen sich die Prostituierten in Lyon zum erstenmal allein unter sich, um einen Forderungskatalog und Aktionen zu beschließen. Es sind achtzig Frauen – der spätere «harte Kern». Sie nehmen sich vor, zuallererst die Öffentlichkeit zu informieren, und nehmen Kontakt mit allen erreichbaren Journalisten auf. Das Fernsehen plant eine Magazinsendung über das Problem der Prostituierten, und die Frauen wählen Ulla zu ihrer Sprecherin, die dort auftreten soll. Die Sendung ist ein historischer Moment,

obwohl sich die Folgen nicht sofort einstellen: Für die Mehrheit der braven Zuschauer wirkt es wie ein Schock, daß Prostituierte verlangen, öffentlich für sich selber sprechen und sich ihre eigenen Gedanken machen zu dürfen. Trotzdem wird Ulla zur Symbolfigur; wo immer sie später auftreten wird, wo immer von ihr die Rede sein wird, mit ihrem Namen wird sich später immer die *Bewegung* der Prostituierten verbinden; sie spricht aus, was die unzähligen Prostituierten (nicht nur) Frankreichs denken.
Nach der Sendung versuchen die Kolleginnen, mit verschiedenen Ministerien Kontakt aufzunehmen. Zuerst wenden sie sich an Françoise Giroud, die ein erst vor kurzem eingerichtetes Ministerium für Frauenangelegenheiten innehat. Sie lehnt ab, mit der Begründung, Prostitution sei Männersache und falle nicht in ihren Bereich. Ihre Weigerung macht den Weg frei für den Innenminister, und der ist gleichzeitig oberster Dienstherr der Polizei ...
In Lyon finden die ersten Verhaftungen nach dem alten, ausgegrabenen Gesetz statt, Prostituierte erhalten Haftbefehle. Sie sind nicht bereit, ins Gefängnis zu gehen, und beschließen Gegenaktionen. Sie werden sich alle gemeinsam mit den Frauen, die Haftbefehle haben, in einer Wohnung verbarrikadieren. Die Aktion soll am 2. Juni starten. Kurz vorher taucht eine andere Idee auf: Man könnte auch eine Kirche besetzen! Der Vorschlag wird sofort einmütig angenommen: Eine solche Aktion verhindert, daß die Polizei sofort brutal eingreifen kann, ist gleichzeitig spektakulär und sieht nach einer ernst zu nehmenden Revolte aus. «Wir wollen uns nicht mehr mit Straßendemonstrationen wie 1973 lächerlich machen, wir wollen zeigen, wir sind ebenso verantwortungsbewußt und würdevoll wie entschlossen!»
Alles wird innerhalb von zwei Tagen organisiert. Die NID-Mitglieder drucken und verteilen Flugblätter, die Kirche Saint-Bonaventure wird ausgesucht, Journalisten werden informiert. Einige sehr vertrauenswürdige erfahren in letzter Minute unter dem Siegel der Verschwiegenheit, daß Saint-Bonaventure nur ein Ablenkungsmanöver für die Polizei sein soll und die Prostituierten in Wirklichkeit eine andere Kirche besetzen werden. Sie spielen das Spiel mit und finden sich frühmorgens vor Saint-Bonaventure ein, wo be-

reits ein Aufgebot der Polizei auf den Einsatz wartet ... Währenddessen schlüpfen die Prostituierten eine nach der anderen in die Kirche Saint-Nizier. Nach kurzer Zeit sind sie etwa hundertfünfzig Frauen. «Wir sind jetzt hier drin, und wir werden uns erst mal nicht wegrühren!»
Die Tageszeitung *Libération* berichtet am nächsten Tag:

Die Freudenmädchen im Hause des Herrn
Jede der anwesenden Frauen weiß in diesem Augenblick, daß ihr Problem endlich die Titelseiten der Zeitungen füllen wird. Daß darüber diskutiert wird, daß sie für sich selber sprechen können. Die Mauer des Schweigens ist durchbrochen. Es ist ein erster unbestreitbarer Sieg. Auf den Gesichtern liegt ein Lächeln. Ebenso respektlos gegenüber dem Ort wie glücklich über ihren Erfolg organisieren sie rasch die Besetzung, warme Kleider, Schlafsäcke, Konservendosen für Zigarettenasche, Kartenspiele ... Der Pfarrer Père Béal ist ausgesprochen kooperativ und unterstützt die Aktion.
«Es ist nicht an mir, über diese Frauen ein Urteil zu fällen. Sie bitten um Unterstützung, ich kann das nur akzeptieren, die Kirche ist tatsächlich ein Haus für alle. Was ich sagen kann, ist, daß die repressive Haltung, die man ihnen gegenüber einnimmt, keineswegs eine Lösung ist.» Auf die Frage, ob er Prostituierte an einem Ort des religiösen Kults nicht schockierend findet, antwortet er: «Was mich schockiert, ist die Haltung derjenigen, die von der gegenwärtigen Situation wirklich profitieren. Ich werde die Frauen nicht auffordern zu gehen, und wenn es sehr lange dauert ...»
Dann erkundigt er sich selbst bei den Polizisten, was sie zu tun beabsichtigen.

Leute, die zum Beten in die Kirche kommen, sind zunächst erstaunt, zeigen sich aber mehr und mehr interessiert und wollen die Prostituierten unterstützen. Ein Spruchband wird aufgehängt: «Unsere Kinder wollen nicht, daß ihre Mütter ins Gefängnis gehen.» In der Kirche und außerhalb laufen Radios mit den ersten Meldungen über die Besetzung, lebhafte Diskussionen kommentieren sie.

... ein ganz ungewöhnliches Gefühl von Gemeinschaftlichkeit macht sich breit. Eine Art Erstaunen löst die Fiebrigkeit vom Anfang ab, Erstaunen darüber, vereint und die nächsten Tage an einem äußerst merkwürdigen Ort zu sein, Erstaunen vor allem angesichts der kollektiven Stärke, die jede einzelne nach diesem ersten Schritt verspürt. «Wir fühlen uns nicht mehr, als wenn wir bloß Prostituierte sind, wir fühlen uns wie Frauen zusammen», sagt eine ... (*Libération*)

Zwei offene Briefe werden verteilt, der eine an die Bevölkerung, der andere an Staatspräsident Giscard d'Estaing gerichtet:

Brief an die Bevölkerung
Hier sprechen Mütter. Frauen, die versuchen, allein und auf bestmögliche Weise ihre Kinder großzuziehen, und die heute Angst haben, sie zu verlieren. Ja, wir sind Prostituierte, aber wir prostituieren uns nicht aus Lasterhaftigkeit: Es ist das Mittel, das wir gefunden haben, um mit den Problemen des Lebens fertig zu werden.
Die Gesellschaft ist es gewöhnt, uns zu verurteilen und in ein Getto der Verachtung oder des Mitleids zu drängen. Wir werden betrachtet als «schmutzige», «anormale» Frauen, und gleichzeitig sagen die Leute: «Prostitution muß wohl sein.» Weil sie «wohl sein muß», verbietet sie das französische Gesetz nicht, und theoretisch sind wir freie Bürgerinnen wie alle anderen. Aber weil die Gesellschaft sich schämt, «uns zu wollen», behandelt man uns wie Verbrecherinnen, wie jemand, an dem die Polizei ihre ganze repressive Macht auslassen kann.
Will der Innenminister ... uns in die Enge treiben, damit wir auch wollen, daß die Bordelle wieder aufgemacht werden, diese vielversprechende Einnahmequelle für den Staat? ...
Seit ein paar Wochen werden wir, eine nach der anderen, zur Polizei geschleppt, wegen Artikel R 34 des Strafgesetzbuchs, in dem «zur Unzucht aufforderndes Verhalten» unter Strafe gestellt wird.
Was ist das eigentlich für ein Verhalten? Was ist eigentlich Unzucht? Die Richter sind ziemlich unfähig, das zu beantworten, also werden wir zu Gefängnisstrafen verurteilt wegen des lächerlichen Vergehens, Passanten männlichen Geschlechts angelächelt zu haben!
Wir werden nicht ins Gefängnis gehen. Man wird die Frauen regelrecht ins Gefängnis zerren müssen, denn wir haben sie dem Zugriff der Polizei entzogen, und heute haben wir hier in

einer Kirche Zuflucht gesucht. Sie werden nicht ins Gefängnis gehen, keine von uns wird ins Gefängnis gehen. Die Polizei muß schon ein Massaker veranstalten, wenn sie uns dahin schleppen will.
Wir werden passiven Widerstand leisten.
Wir sind Opfer einer Politik der Ungerechtigkeit.
Wir bitten euch nicht darum, Prostitution zu verteidigen, sondern zu verstehen, daß man nicht das Recht hat, uns so zu behandeln, wie man uns jetzt behandelt. Niemand hat je unter den Schlägen von Gummiknüppeln sein Leben geändert ...

Die Besetzung füllt die Titelseiten aller Zeitungen, Rundfunk und Fernsehen berichten. Die Frauen sind entschlossen, so lange durchzuhalten, bis die Haftbefehle aufgehoben, alle Bußgeldverfahren eingestellt sind und die Belästigungen durch die Polizei aufhören. Sie fordern, daß Madame Giroud mit ihnen spricht. Sie bauen ihre Organisation aus. Die Prostituierten außerhalb der Kirche richten Streikposten ein, denn ein paar andere Kolleginnen versuchen, von der Situation zu profitieren, und arbeiten. Aber sie sind auch schnell davon zu überzeugen, daß es besser ist, wenn sie mitstreiken. Andere übernehmen Kurierdienste und Informationsaufgaben. In der Kirche halten die Frauen abwechselnd Wache an der Tür. Sie haben inzwischen alle Teile des Kirchenraumes nach Funktionen eingeteilt: zum Schlafen, für Toiletten, für Generalversammlungen. Sie hören systematisch alle Radioberichte, empfangen Journalisten und halten am zweiten Tag die erste Generalversammlung ab. «Niemand geht hier raus!» – Das zieht einige technische Probleme nach sich: Ein paar Frauen hätten eigentlich ins Krankenhaus gemußt, andere konnten in der Eile ihre Familien nicht mehr benachrichtigen, müssen jemand zum Aufpassen für die Kinder finden und ähnliche Schwierigkeiten, die einen Frauenstreik behindern.
Besucher kommen immer zahlreicher, bringen Getränke, etwas zu essen, Zeitungen, Kaffee. Viele Frauen sind darunter, die selber nicht anschaffen. Musikgruppen spielen abends, wenn es in der Kirche etwas düster und ungemütlich ist. Die massive und warmherzige Unterstützung der Bevölkerung macht den Plan einiger hoher Politiker zu-

nichte, die ganze Angelegenheit für die Wiedereröffnung von Bordellen auszuschlachten. Der Innenminister verliert die Beherrschung und gibt die Parole aus: «Das ist alles von Zuhältern organisiert!» Die Prostituierten kontern: «Woher weiß er das denn? Er kennt sie wohl persönlich?»
In den nächsten Tagen werden auch in Marseille, Grenoble und Montpellier Kirchen besetzt, streiken Prostituierte auch in Toulouse, Saint-Étienne, Cannes. Aus Paris trifft eine Delegation von Kolleginnen ein, die sechs Frauen bringen ein Solidaritätsschreiben mit, das von siebenundvierzig Frauen aus «notorischen» Pariser Vierteln, wie Chaussée-d'Antin, Saint-Denis, Pigalle, Bois de Bologne, Saint-Cyr, unterzeichnet ist. Neben den Unterschriften überschwengliche Glückwünsche: Bravo ... Durchhalten! ... Wir arbeiten nicht für die Regierung! ... Wir sind von ganzem Herzen bei euch, macht weiter, wir werden euch folgen!
In Lyon treffen inzwischen auch Journalisten aus dem Ausland ein. Sieben Tage lang ist der Vorplatz von Saint-Nizier jeden Nachmittag Informationsbörse und Diskussionsforum. Frauen aus der Frauenbewegung hängen Plakate auf und verteilen Flugblätter, eine Videogruppe zeigt kurz vorher aufgenommene Statements der Prostituierten und Szenen aus der Kirche. Zum erstenmal entsteht ein direkter Kontakt zwischen Prostituierten und «Bevölkerung», denn zum erstenmal müssen alle hören, was Prostituierte über sich selbst zu sagen haben.

> Wir sind hier hundertfünfzig in dieser Kirche, und diese Hundertfünfzig repräsentieren hundertfünfzig verschiedene Fälle, hundertfünfzig verschiedene Geschichten ... Eine Frau wird nicht als Prostituierte geboren, sie wird dazu gemacht, und nicht jede Frau ist dafür geschaffen.
> Um Prostitution und Prostituierte zu verstehen, muß man sie anhören, muß man versuchen, ihre Geschichte, ihr Leben, ihre Ideen kennenzulernen.

Die Streikenden konzentrieren ihre Anstrengungen jetzt darauf, das Schweigen der Regierung zu brechen. Erzbischof Renard ist bereit, Ulla zu empfangen, aber nur heimlich; er weigert sich auch, eine Presseerklärung abzugeben.

Der Polizeipräsident von Lyon erhält jeden Tag andere, widersprüchliche Anweisungen aus Paris. Nur der Bürgermeister ist bereit zu einem Treffen mit den Prostituierten: Er hat nicht viel «Ansehen» zu verlieren, aber vielleicht etwas Popularität zu gewinnen.
Nach ein paar Tagen dann der Knall: Die Kolleginnen in Paris besetzen ebenfalls eine Kirche, die Kapelle Saint-Bernard in Montparnasse. Damit erhält die Revolte nationale Ausmaße. Jetzt heißt es: die Prostituierten von ganz Frankreich ...
Die Lage spitzt sich zu – für die Zentralregierung in Paris. Angesichts der Tatsache, daß in Paris allein sechstausend registrierte Prostituierte leben, klingt die Drohung, sie würden notfalls in jedem Stadtteil eine Kirche besetzen, gar nicht so unwahrscheinlich.
Der Innenminister bricht sein «Schweigen» und erteilt die Antwort: Polizeiknüppel, Kirchen räumen.
Dienstag im Morgengrauen, nach über einer Woche Besetzung in Lyon und mehreren Tagen Streiks und Besetzungen im ganzen Land, schlägt die staatliche Gewalt zu. Ohne Deckmantel, ohne Doppelmoral und ohne Rücksicht. Für die Behauptung, Drahtzieher seien die Zuhälter, die man ausrotten wolle, bleibt nicht mehr viel Glaubwürdigkeit (bei vergleichbaren Zerschlagungszielen der Polizei, zum Beispiel Drogenhändlern, würde kein Polizist den Einsatzbefehl geben, die «kleinen Fische» abzuräumen, denn das ist der sicherste Weg, daß die «großen Tiere» *nicht* ins Netz gehen ...); Barbara beschreibt in ihrem autobiographischen Bericht *La partagée* die Szenen in Lyon:

Dienstag, 10. Juni
Es ist sechs Uhr morgens. Alles schläft in Saint-Nizier, mit Ausnahme der Mädels, die die Tür bewachen. Im Pfarrhaus klingelt das Telefon. Es gibt, heißt es, eine dringende Mitteilung für Ulla. Père Béal kommt zur Kirche. Er klopft. Im selben Moment, als ihm die Tür aufgemacht wird, stürzt sich ein Haufen Polizisten in Zivil auf ihn, sie schieben ihn mit Polizeigriff – Arme auf den Rücken gedreht – nach drinnen. Die Frauen, die Wache stehen, fangen an zu schreien: «Die Bullen! Die Bullen!» Ich habe gerade noch genug Zeit, um mein Kleid anzuziehen, bevor ich ungefähr hundert Bullen auf

mich zukommen sehe: vorneweg die von der Sitte in Zivil und dann die Uniformierten mit Schutzhelm, Knüppeln und Tränengasbomben. Sie haben sogar ungefähr zwanzig Hunde dabei. Die Einsatzleiter schreien: «Bringt mir Ulla und Barbara!»

Ulla und ich versuchen, die Mädels ruhig zu halten. Wir setzen uns alle auf den Boden. Dann renne ich in die Sakristei, ich will die Glocken läuten. Ein Dutzend Bullen schmeißt sich sofort auf mich. Zusammen mit Ulla zerren sie mich nach draußen. Es nützt mir nichts, daß ich mich wehre, trete, schlage, sie sind stärker. Ich komme erst draußen wieder zu mir, kriege Tritte in den Bauch, mein Kleid ist zerrissen. Ich versuche, mich notdürftig wieder anzuziehen und würdevoll zum Polizeiwagen zu gehen. Die Bullen schubsen mich mit Faustschlägen. Sie hauen meinen Kopf gegen den Sitz. Ulla klammert sich an mir fest. Anfangs haben die Bullen sie bei den Haaren gezogen, dann schlagen sie gewalttätig auf ihren Kopf ein. Sie wird ohnmächtig, und man bringt sie auf einer Bahre ins Krankenhaus. Eine andere Frau fährt im selben Jeep wie sie. Die hat man mit Fußtritten in den Rücken vorwärtsgetrieben. Sie hat noch einen Monat später den Abdruck eines Männerschuhs auf der Haut.

Der Jeep brachte uns zum Kommissariat Molière. Ich erinnere mich noch, wie ein Polizist dort mich ansah und sagte: «Und fangen Sie ja nicht an zu heulen!» Warum hätte ich wohl heulen sollen? Wir hatten die schönste Schlacht gewonnen. Wir hatten die Leute gezwungen, sich bewußt zu werden, daß es uns gibt, und wir hatten das Gefängnis verhindert.

Im Morgengrauen des 10. Juni 1975 werden auch in Marseille, Montpellier, Dijon, Grenoble und Paris die Kirchen von der Polizei geräumt. In Grenoble leisten fünf Priester gemeinsam mit den Frauen Widerstand – die Kirche kann erst morgens um zehn als geräumt gemeldet werden.

Der Innenminister rechtfertigt seinen Räumungsbefehl mit der Behauptung, Recht und Gesetz seien bedroht gewesen. Wessen Recht er meint, wird ersichtlich aus der Verleumdungskampagne, die er um so lautstärker propagiert, je paradoxer sie sich zeigt: drei Viertel der Prostituierten in Frankreich seien kontrolliert von Zuhältern – behauptet er –, und die hätten das Ganze angezettelt. Er reduziert damit einen Frauenkampf, der weltweite Schlagzeilen gemacht hat, zu einer Rangelei zwischen Männern: hier «Zuhälter» – da «Ordnungskräfte». Die Lüge hat zwei Absichten: Erstens sollen mit ihr die Sympathien der Bürger für die Prostituierten und ihre Rechte zerstreut werden, und zweitens gilt es, das Anliegen der Frauen, das hier so deutlich sichtbar wurde, wieder in die Unsichtbarkeit zurückzudrängen. Es darf nicht sein, daß die reden und sich zeigen, deren Schweigen und Unsichtbarkeit das ganze Rechtssystem des Staates zu garantieren scheint. Frauen, die das Getto ihrer Unsichtbarkeit verlassen, werden immer verfolgt, nicht nur die Prostituierten. Auch die lesbischen Frauen, und unter anderem diese Lebensbedingung teilen Lesben mit Prostituierten.

Aber die Rechnung stimmt nicht mehr. Zu laut und einprägsam waren die streikenden Prostituierten, zu schlicht und treffend ihre Argumente, daß ihre eigene Lage als Prostituierte mit der Lage aller Frauen verknüpft ist, zu massiv schließlich die Solidaritätsbezeigungen von Frauen und Männern im In- und Ausland.

Während des Sommers gehen die Aktivitäten der Prostituierten wieder mehr nach innen. Ein *Kollektiv der Prostituierten Frankreichs* wird aus Vertreterinnen mehrerer Städte gebildet, viele Gruppen haben inzwischen ihre eigene «Sprecherin». Sicher war es sehr wirkungsvoll, während der Tage des fieberhaften Kampfes, einzelne Frauen in den Blickpunkt der Öffentlichkeit zu rücken (Ulla und Barbara aus Lyon, Sonja aus Paris, um nur diese drei zu nennen) – auf die Dauer läßt sich das nicht praktizieren. Die Frauen sind erschöpft und aufgerieben von Pressekonferenzen, Reden, Fernsehauftritten und von der organisatorischen Arbeit, die nicht sofort jedermann ins Auge springt. Ein festes Kollektiv dagegen entlastet einzelne Frauen, indem es eine Arbeitsteilung, also eine Aufteilung der Kräfte garantieren kann. Ein Kollektiv ist außerdem augenfälliger Hinweis darauf, daß es nicht um einzelne, besondere Anliegen oder Personen, sondern um einen grundsätzlichen und massenhaften Kampf geht.

Kontakte mit ausländischen Gruppen werden ausgebaut. Margo St. James, die 1973 in Kalifornien die Prostituierten-Gewerkschaft *COYOTE* gegründet hatte und deren Name für eine Kampagne zur Entkriminalisierung der Prostitution steht und bis in höchste UNO-Etagen bekannt ist, kommt nach Frankreich. In Paris wird ein *Internationales Komitee Prostitution* gegründet, zu dem unter anderem Simone de Beauvoir gehört. Als der von Giscard d'Estaing mit der Erarbeitung von Lösungsvorschlägen für das «Problem Prostitution» beauftragte Richter Guy Pinot («Monsieur Prostitution») nichts abliefert, beschließen die Prostituierten im September, ihm ihrerseits zu erklären, wie eventuelle Gesetze auszusehen haben:

> **Arbeit:** keine Sperrbezirke, Löschung aller Karteien (hätte bereits 1949 geschehen sein sollen), Abschaffung aller kriminalisierenden Gesetze und dementsprechend aller Bußgelder und Gefängnisstrafen, keine Wiedereröffnung von Bordellen, keine Eros-Center oder ähnliches; wenn überhaupt, dann darf nur noch eine Abteilung der Polizei für Prostituierte zuständig sein. **Finanzen:** Besteuerung nach demselben Verfahren wie bei freien Berufen, Durchschnittsermittlung wie bei Handwerkern, das heißt, die Angaben der Prostituierten müssen genauso auf Treu und Glauben behandelt werden wie die anderer Berufstätiger. **Gesundheit und Soziales:** Vernichtung und keine Wiedereinführung von Kontrollheften (Bockscheinen), eventuell gesundheitliche Betreuung durch eine zu schaffende Arbeitsmedizin, wie sie in anderen Berufszweigen bereits existiert, Untersuchungen müssen kostenlos sein, die Frauen müssen Ärzte und Krankenhäuser selber wählen können. Auf jeden Fall darf die Polizei mit der Gesundheitsbetreuung nichts zu tun haben. Voller Status als Staatsbürgerinnen, das schließt ein: Kranken- und Sozialversicherung und Lohnausfall. Mit den Versicherungsbeiträgen müssen die Prostituierten selber und ihre Kinder und Angehörigen versichert sein. Einbeziehung der Prostituierten in alle Sozial- und Familienhilfeprogramme des Staates – *das* bedeutet für uns «Wiedereingliederung in die Gesellschaft»; dieses Motto war bisher nur Vorwand für die Diskriminierung.

Am 18. November 1975 findet in der Salle de la Mutualité in Paris die erste Nationalversammlung der Prostituierten statt. Über zweitausend Leute füllen den Saal, allein eintausendfünfhundert davon sind Prostituierte aus Paris. Ein anfangs gezeigter Film von Pasolini, in dem Brutalitäten von Zuhältern gegenüber Prostituierten dargestellt sind, muß nach zehn Minuten abgebrochen werden, weil die Kolleginnen schreien und pfeifen. (Auf die staatliche Propaganda eingeschwenkte Journalisten werden das wieder als Beweis für die Behauptung werten, die Frauen seien bloß Marionetten von Zuhältern ...) Wichtiger sind die Reden und Debatten auf dem Podium und im Zuschauerraum. Als Beispiel dafür, welche Kreise die Überzeugungskraft der Prostituierten schon gezogen hat, mag hier genügen, daß Simone Iff, die Präsidentin der staatlichen Familienplanung, in einem Beitrag erklärte: «Die schlimmste Form der Prostitution ist die Ehe, in der die Frau gezwungen wird, dem Mann gratis zu Willen zu sein.»

Anwesend sind außer Kolleginnen aus dem In- und Ausland auch Journalisten, Rechtsanwälte, Sozialarbeiter, prominente Feministinnen und Vertreter des Staates mit und ohne Uniform. Im Anschluß an die Versammlung bildet sich ein Demonstrationszug zum Palais Bourbon, dem Sitz des französischen Parlaments. Er wird von der Polizei auseinandergeknüppelt.

Soweit die aufsehenerregendsten Szenen aus einem der zwei aufsehenerregenden Massenaufstände von Frauen, die während des *Internationalen Jahres der Frau* explodierten. Auch der zweite war ein Streik. Am 24. Oktober legte der Generalstreik der Hausfrauen in Island einen Tag lang das gesamte Arbeitsgefüge lahm: «Wenn Frauen aufhören, hört alles auf!»

Auch unter diesen Hausfrauen waren viele Prostituierte.

Der Eisberg unter der Spitze – Ein höchst vorläufiger Kalender von Kämpfen

Der Generalstreik der Prostituierten war – wie andere spektakuläre Frauenkämpfe seit Beginn der «neuen Frauenbewegung» – die Spitze eines Eisbergs und hat nicht nur eine Tür in die Zukunft aufgestoßen, sondern auch verschwiegene und unterdrückte Kämpfe in der Vergangenheit ans Licht geholt. Die Rechnung, die der Staat über den Strich wie über alle anderen Arbeitsplätze von Frauen aufgestellt hatte, ist nicht aufgegangen. Die Behauptung, Frauen könnten nicht «in Bewegung» sein, sondern wären politisch rückständig und als Prostituierte sowieso korrumpiert, weil bezahlt – diese Behauptung fällt sofort in sich zusammen, wenn Frauen für sich selber sprechen und sichtbar werden. Der Generalstreik hat seine Wurzeln – zum einen ganz allgemein in der Frauenbewegung, solange sie existiert, und zum anderen sehr konkret in einer Prostituiertenbewegung, die trotz (oder wahrscheinlicher: wegen) ihrer großen Siege von der Hofberichterstattung männlicher Historiker noch mehr verleugnet wurde als andere Teile von Frauengeschichte. Die autonome politische Selbstsicherheit, mit der sich am Ende der siebziger Jahre Prostituierte international organisieren, ist undenkbar ohne die Erfolge der abolitionistischen Bewegung, die in England in den siebziger Jahren des neunzehnten Jahrhunderts als Kampf gegen Prostitutionsgesetze begann, sich international ausdehnte, Prostituierte, «anständige» Frauen und «fortschrittliche» Männer vereinte und 1883 erwirkte, daß die erst zwanzig Jahre vorher geschaffenen *Contagious Diseases Acts* (Gesetze über ansteckende Krankheiten) außer Kraft gesetzt wurden. In offiziellen Geschichtsbüchern wird diese Bewegung verschwiegen, und die vergleichsweise wenigen jungen Frauen von heute, die aus einem Jahrzehnt feministischer Geschichtsforschung etwas mehr wissen, kennen vermutlich auch nicht viel mehr als den Namen von Josephine Butler, die zur Symbolfigur dieser Bewegung wurde.

Die Richtung, die die abolitionistische Bewegung an ihrem Beginn nahm, hat viele Parallelen zur heutigen Prostituiertenbewegung, manchmal sogar bis in die Argumente und Forderungen hinein. Noch ein Beispiel mehr aus jener Zeit: In den neunziger Jahren verklagt Lida Gustava Heymann, eine der führenden deutschen Abolitionistinnen, den Hamburger Senat wegen gesetzwidrigen Betreibens von Bordellen und löst damit eine Debatte bis in den Reichstag hinein aus. 1975 heißt das in Lyon: «Der Staat ist der größte Zuhälter», und es wird auch nicht mehr nur im

Rahmen der Spielregeln der bürgerlichen Prozeßordnung nachgewiesen, obwohl Prostituierte auch Prozesse führen und gewinnen.
Die Erfahrung der Frauen, die 1975 Streik und Besetzung organisierten, war auch Stolz und Würde, eine Geschichte von Kämpfen zu besitzen. Eine von ihnen drückt es einem Journalisten gegenüber so aus: «Ich sage jetzt selbstbewußt, ich bin Prostituierte, denn jetzt heißt das nicht mehr automatisch ‹eine von diesen Dummerchen da an der Ekke›, jetzt gehören dazu auch unsere Kämpfe!» Es ist auch eine Erfahrung von Macht, wenn Frauen bewußt wird, daß wir Geschichte gemacht haben und weiter machen, und diese Macht ist entscheidend für das Ende unserer Ohnmacht, unserer aufgezwungenen hauptsächlich gesellschaftlichen Erfahrung.
Für alle die, die noch keine Gelegenheit hatten, ihre Macht als Frauen in einem unmittelbaren Kampfzusammenhang zu erfahren, folgt hier ein Kalender von Kämpfen der letzten zwanzig Jahre. Er entstand aus der unsystematischen und zufälligen Sammlung von Zeitungsausschnitten und aus Zeitungen und Flugblättern von Prostituiertenorganisationen. Einen Teil der Informationen über Deutschland verdanke ich Heidi Pösl und Hanna Schnackenberg, die für ein Seminar zur Sozialgeschichte der Prostitution an der FU Berlin 1979 den SPIEGEL auswerteten. Der Kalender ist ganz und gar nicht vollständig, und das sollte niemanden wundern: Frauen haben für viele wichtige Sachen zuwenig Zeit, und meistens erfordert die Situation – vor allem während eines Kampfes – alles andere eher als minuziöse Protokolle für irgendwelche Archive.
Einige allgemeine Bemerkungen vorweg: Die Angaben umfassen vor allem den Einflußbereich der westlichen Industriestaaten, das heißt auch solche Staaten der dritten Welt, die von ihnen kontrolliert wurden oder werden. Wenig läßt sich finden aus sozialistischen und kommunistischen Staaten, aber das, was in den Ländern der dritten Welt, die sich als revolutionär rühmen (zum Beispiel Vietnam, Moçambique, Kuba), mit Prostituierten passiert, läßt darauf schließen, daß sich die Politik sozialistischer und kommunistischer Staaten gegenüber Prostituierten von der

der westlichen Welt keineswegs zugunsten der Frauen unterscheidet. Im Namen der Revolution geschieht eher noch mehr und noch nacktere Gewalt gegen Frauen.
Für die westlichen Industriestaaten gilt: Wo gesetzgeberische Maßnahmen nach dem Zweiten Weltkrieg die Prostitution «neu» regeln sollten, sind sie innerhalb des ersten Nachkriegsjahrzehnts abgeschlossen. Im Grunde genommen sind sie überall die gleichen. Unterschiede sind lediglich Variationen zum Thema: Prostitution selber und/oder was im Zusammenhang mit ihr von Frauen getan wird, ist kriminell; das damit verdiente Geld ist unmoralisch, unsittlich oder unanständig, auf jeden Fall aber hat eine Prostituierte kein Recht darauf; Zuhälterei ist ebenfalls kriminell, folglich sind es auch Bordelle; nur wenn der Staat den Frauen Geld abnimmt, ist das nicht kriminell. Und die Art und Weise, wie das geschieht, ist der wirkliche Angelpunkt der erbitterten Auseinandersetzung zwischen Staat und Prostituierten: Es geht letzten Endes schlicht darum, wieviel Geld den Frauen wieder abgejagt werden kann. Die Bandbreite reicht von Bußgeldern, die ständig höher werden, über Gesetze, nach denen zum Beispiel Hausbesitzer mit vollem Recht von Prostituierten höhere Mieten nehmen dürfen und die die Frauen derart schutzlos und rechtlos machen, daß es einzelnen Männern möglich wird, sich als Beschützer und damit Kassierer aufzudrängen und mit dem Geld der Frauen, wenn nötig, ihrerseits Polizisten und andere Beamte zu schmieren, bis hin zu Steuern und Bordellbetrieben in staatlicher Regie. Die feinen Unterschiede in den einzelnen Ländern und zu verschiedenen Zeiten sind nur für einen direkten Kampfzusammenhang erheblich, sicher ist, daß Prostituierte überall und jederzeit gezwungen werden, auf der Kippe zur Illegalität zu arbeiten und zu leben, und folglich die elementarsten Menschenrechte entbehren. Neben einigen anderen auch das Recht auf ein geschütztes Privatleben.
Im übrigen folgt die Sammlung dieses Kalenders nicht den Maßnahmen des Staates, sondern den Spuren, die die Kämpfe der Prostituierten hinterlassen haben. Sicherlich liefern gesetzgeberische und polizeiliche Aktivitäten – ebenso wie Häufigkeit oder Seltenheit, Stil und Tendenz

der Veröffentlichungen von Journalisten, Wissenschaftlern und anderen «Experten» der Prostituiertenfrage – wichtige Hinweise auf eine Bewegung unter den Frauen. Aber es ist nicht mehr nötig, sich damit zu bescheiden: Es gibt eine Menge direkter Spuren.

1959 In *Marseille* demonstrieren Prostituierte vor dem Rathaus gegen die Erhöhung der Bußgelder und gegen das Verbot, bei ihrer Arbeit Hotelzimmer zu benutzen.

1964 In *München* verklagen etwa hundert Prostituierte die Stadt, ihr Recht auf freie Berufsausübung dadurch zu verletzen, daß sie die Innenstadt und einige Vororte zum Sperrgebiet erklärt.
(Seit diesem Jahr sind Prostituierte in der Bundesrepublik Deutschland und in West-Berlin steuerpflichtig.)

Ende der sechziger Jahre werden «neue Formen» der Prostitution sichtbar: Callgirls, Hostessen, Vermittlungen über Fotokarteien.

1971 In *Hamburg* findet im Februar ein Hearing mit Prostituierten und Vertretern von Versicherungen, Wohlfahrtsverbänden und Parteien statt, zur Diskussion steht eine Altersversorgung für Prostituierte.

1972 In *Köln* beauftragen zu Anfang des Jahres etwa hundert Prostituierte einen Anwalt, einen Musterprozeß gegen die Stadt zu führen, weil die Behörden eine seit hundertfünfzig Jahren traditionelle Bordellstraße in der Innenstadt zum Sperrbezirk erklärt haben und sie damit in ein neu errichtetes Eros-Center am Stadtrand drängen wollen. Es war auf Anstoß desselben Polizeipräsidenten gebaut worden, der auch die Sperrbezirksverordnung erläßt, und liegt auf einem

Grundstück der Deutschen Bundesbahn, für das jährlich an Pacht ca. 2,4 Millionen DM gezahlt werden müssen. Die Miete für die Zimmer soll pro Tag 69 DM betragen, bei denen Steuern und Kosten schon verrechnet sind. Prostituierte, Bordellbesitzer und Anlieger protestieren gemeinsam: Die Geschäftsleute der Straße befürchten Einbußen (zum Beispiel der Inhaber der Tierhandlung, weil es dann nicht mehr so viele tierliebe Menschen mit Geld dort geben wird, und der Lederwarenhändler, weil er nicht mehr an Freier verkaufen kann, die ihrer Ehefrau etwas mitbringen wollen), und die Hausbesitzer werden wohl die Mieten senken müssen, wenn «anständige» Leute in ihre Wohnungen ziehen. Die Bordellbesitzer müssen den Laden völlig dichtmachen. Die Prostituierten wollen nicht in ein Eros-Center, denn das bedeutet weniger Geld wegen noch höherer Mieten. Sie führen den Prozeß gemeinschaftlich und wollen bis zum Bundesgerichtshof durchhalten.

In *Marseille* demonstrieren und streiken wieder Prostituierte gegen die Verschlechterung ihrer Arbeitsbedingungen: höhere Bußgelder, Schließung von Hotels und Polizeiterror. Eine von ihnen erklärt gegenüber einer Zeitung: «Unter uns ist keine, die es aus Lasterhaftigkeit macht, wir machen es, weil es nötig ist. Ich habe angefangen, als ich noch zur Schule ging, in Paris. Ich ging eines Tages auf den Champs-Élysées spazieren, und ein Herr ist mir gefolgt. Ich hatte an dem Tag nichts zu essen, keinen Franc. Er hat gesagt: ‹Wenn du einen Augenblick mit mir zusammen bist, gebe ich dir hundert Franc.› So habe ich angefangen. Ich bin ganz allein dazu gekommen, man soll endlich aufhören zu glauben, jemand würde uns da reinbringen. Prostitution bedeutet Unabhängigkeit und vor allem ein Mittel zum Leben. Ich würde auch lieber was anderes machen, was mir Spaß macht, aber die Gesellschaft hat nichts zu bieten, vor allem nicht für Frauen.»

1973 In *Schweden* gründen die Prostituierten eine Gewerkschaft, sie hat einhundertsieben Gründungsmitglieder und soll für den «Schutz unserer Rechte in geschäftlichen und sozialen Angelegenheiten» sorgen; Sprecherin Ulli Jacobsen kündigt eine eigene Fachzeitschrift für die Werbung und einen Brief an den Justizminister an; kurz vorher war den Frauen verboten worden, in Zeitungen für sich zu werben.

In *Lyon* demonstrieren Prostituierte gegen die Maßnahmen, die nach der Aufdeckung von hohen Polizisten in Zuhältergeschäften erfolgen: Erhöhung der Bußgelder, Schließung von Hotels.

In *Frankfurt/Main* gewinnt eine schwarze Prostituierte mit französischer Staatsangehörigkeit einen Prozeß gegen ihre Zwangsausweisung: Sie darf nicht abgeschoben werden, denn sie ist EWG-Angehörige (obwohl sie sich des «schweren Vergehens» schuldig gemacht hatte, nicht gemeldet und nicht registriert zu sein, sich also der «Gesundheitskontrolle entzogen zu haben»).

In *Südkorea* protestieren Frauengruppen und Studenten gegen den «Prostitutionstourismus» von Japanern.

In *Rom* wird im September eine Liga zum Schutz der Prostituierten gegründet, die sich später umbenennt in Partito per la Protezione delle Prostitute – PPP (Partei zum Schutz der Prostituierten); sie versteht sich als Gewerkschaft und will gegen Kriminalisierung und für Sozial- und Rentenversicherung kämpfen; in Italien bekommt eine – illegal – registrierte Prostituierte keinen Führerschein und kann außerdem mit dem *foglio di via* aus jedem Ort ausgewiesen werden, an dem sie erwischt wird; bei Zuwiderhandlung riskiert sie Gefängnis oder sogar den Zwangsaufenthalt auf einer der Gefängnisinseln, die gewöhnlich Mafiosi vorbehalten sind.

In *San Francisco* gründet Margo St. James am Muttertag COYOTE (Call Off Your Old Tired Ethics = Schafft eure überholte Moral ab), sie organisiert Rechtshilfe und eine systematische Kampagne für die Entkriminalisierung der Prostitution (in den USA ist auch Prostitution selber kriminell, den Buchstaben nach bezieht sich das Gesetz auf Prostituierte und Freier gleichermaßen, in der Praxis allerdings gibt es keinen einzigen Fall, in dem ein Freier dafür verurteilt wurde und die Strafe antreten mußte; bestraft wird mit Gefängnis; 1949 hatte sich Eleanor Roosevelt in der UNO innerhalb der Entkriminalisierungsinitiative stark gemacht; von den USA wurden die UNO-Beschlüsse nicht ratifiziert, wohl aber von 35 west- und osteuropäischen Staaten, eingeschlossen die UdSSR); COYOTE hat bald in vielen Bundesstaaten «Filialen», arbeitet mit anderen Prostituiertenorganisationen eng zusammen, organisiert im Rahmen von UNO- und Frauenbewegungskontakten internationale Verbindungen und gibt eine eigene Zeitung COYOTE HOWLS heraus, sie ist das erste Organisationsblatt von Prostituierten nach dem Zweiten Weltkrieg. (In Deutschland hatte es bereits 1920/21 die Zeitschrift «Der Pranger» als wöchentliches «Organ der Hamburg-Altonaer Kontrollmädchen» gegeben.)

1974 In *Äthiopien* gründen die etwa fünfzehntausend Prostituierten eine Gewerkschaft zum Schutz ihrer Interessen und für die Durchsetzung eines Mindesttarifs.

In *San Francisco* nehmen fünfhundert Prostituierte an der ersten National Hookers Conference teil, die von COYOTE organisiert ist (Hooker ist ein Slang-Wort für Prostituierte beiderlei Geschlechts).

In *Rom* startet die PPP Anzeigen gegen den Innenminister wegen rechtswidriger Registrierung von Prostituierten und gegen den Polizeichef wegen Unterlassung der Verfolgung von Zuhältern.

In *Rotterdam* beantragen fünf Prostituierte Arbeitslosenunterstützung, weil sie von der Polizei aus ihrem traditionellen Viertel Katendrecht vertrieben worden sind; der Antrag wird abgelehnt.

In *Frankfurt/Main* gewinnen zwei finnische Prostituierte einen Prozeß, ihr Massagesalon in einem Mietshaus wird vom Richter als «nicht anstößig» definiert, da sich – so seine Begründung – «arrivierte Prostituierte in demokratisch regierten Ländern Westeuropas der besonderen Gunst von Ministern und anderen hochgestellten Personen des öffentlichen Lebens erfreuen».

Das folgende Jahr wird von der UNO zum *Internationalen Jahr der Frau* ausgerufen. Einige Hinweise auf andere Ereignisse während dieses Zeitabschnitts zwischendurch.
Der Übergang von den sechziger Jahren in die siebziger ist gekennzeichnet durch das massive Öffentlichwerden einer «neuen» Frauenbewegung in den verschiedensten Ländern der Welt. Frauen machen öffentlich, wie sie diskriminiert und ausgebeutet werden und auf wie vielfältige Weise sie nein sagen zu ihren mangelhaften Lebens- und Arbeitsbedingungen, entdecken, wie groß die Gemeinsamkeiten sind, fangen an, ihre Rechte einzuklagen. Frauen fangen auch an zu begreifen, daß sie die einzigen auf der Welt sind, die noch immer unbezahlt arbeiten, ein Jahrhundert, nachdem die Sklaverei offiziell abgeschafft worden ist, und

beginnen direkt oder indirekt vom Staat Geld zu verlangen bzw. das wenige Geld, das der Staat in manchen Ländern an manche Frauen bereits zahlt (ein Beispiel: Kindergeld, Sozialhilfe) als Lohn für einen Teil ihrer Arbeit zu begreifen und mehr zu fordern. Die schwarzen Mütter in den USA, die auf der untersten sozialen Stufe im reichsten Staat der westlichen Welt stehen und die geringste gesellschaftliche Macht haben, setzen in den sechziger Jahren Sozialhilfe für alleinerziehende Mütter durch – und diese Eroberung (es ist der erste Lohn, den Frauen in den USA für gewöhnlich unentlohnte Hausarbeit bekommen!) trägt in den siebziger Jahren Früchte: Frauen verlangen Geld ebenso für Abtreibungen wie dafür, Kinder haben zu können, für die Einrichtung und Unterhaltung von Orten für geschlagene und vergewaltigte Frauen, für Frauenzentren, Frauenprojekte, Gesundheitszentren, für bessere Ausbildung und damit Chancen, an einen besser bezahlten Job zu kommen – kurz Geld für alles, was dazu beiträgt, daß Diskriminierung und Ausbeutung verschwinden, Frauen weniger arbeiten müssen und endlich selbst bestimmen können, wie sie leben und arbeiten wollen. Es zeigt sich immer deutlicher, daß unsere Abhängigkeit von Männern mit unserer Geldlosigkeit zu tun hat und noch lange nicht behoben ist, wenn einige wenige sich einträgliche und prestigeträchtige Jobs sichern können. Die Bewegung der alleinerziehenden Mütter räumt mit dieser Illusion ebenso auf wie die Lesbenbewegung.
Das Jahr 1973, das den ersten selbstbewußten und organisierten Aufbruch der Prostituiertenbewegung nach dem Zweiten Weltkrieg erlebt, fällt in diese Entwicklung. Prostituierte treten ebenfalls mit Selbsthilfegruppen an die Öffentlichkeit, obwohl von ihnen gar nicht zu erwarten war, daß sie ähnliche Probleme haben wie andere Frauen: Sie kriegen doch zum Teil sogar einen Haufen Lohn für etwas, das von allen Frauen umsonst erwartet wird. Ja, sie haben Geld, nicht alle, es gibt auch arme Prostituierte, aber viel Geld von Prostituierten fließt auch in die Frauenbewegung, ohne daß die bisher viel für Prostituierte getan hätte. Aber allmählich werden Verbindungslinien sichtbar: Zum einen gehen immer mehr «anständige» Frauen anschaffen, um

endlich an eigenes Geld zu kommen, denn das Öffentlichwerden von Prostituierten zerreißt den Schleier der Angst über dieser Arbeit – zum anderen wird gleichzeitig durch die energischere Verweigerung der «anständigen» Frauen gegenüber der sexuellen Ausbeutung im Haus und außerhalb für Prostituierte die Möglichkeit größer, zu ihrer Arbeit, zu ihrem Geld und damit zu sich selber eine selbstbewußte Haltung zu gewinnen.
Und noch etwas festigt die Verbindungen zwischen den gewaltsam auseinandergerissenen Schwestern: Als Folge der zunehmenden Verweigerung der Frauen in Ehe und Beziehung wird der Bedarf von Männern an Prostitution größer. Mehr Geld muß investiert werden, damit Heterosexualität weiter stattfinden kann. Frauen, die sich jahrelang mit der Drohung: «Wenn du nicht spurst, gehe ich zu Nutten!» erpressen lassen mußten, laufen über, und die Methoden, mit denen Männer (einzeln und in Form des Staates) Frauen gegeneinanderhetzen, werden wirkungsloser.
Die Jahre des Übergangs in die siebziger Jahre sind noch durch etwas Weiteres gekennzeichnet. Eine staatliche Institution wird wieder mehr in den Blick gerückt, die Inbegriff der Disziplin, Gehorsam und Unterwerfung an sich ist – das Militär. Die in ihr zusammengefaßten Männer haben diese Dinge zu lernen und weiterzugeben, zunächst scheinbar «nur» an einen äußeren «Feind». Aber an einem Beispiel aus den USA läßt sich ablesen, daß diese militärische «Bildungsleistung» auch als Qualifizierung dieser Männer für die Kontrolle über Frauen gemeint ist. Kurz nachdem höchste (weiße) Regierungsvertreter öffentlich einräumen mußten, daß es wohl die schwarzen Frauen waren, die mit ihren Welfare-Kämpfen Macht für die Gettos gegen den weißen Staat erobert haben, und daß diese Tatsache auch eine Veränderung der Machtverhältnisse zwischen schwarzen Männern und schwarzen Frauen nach sich gezogen hat, gibt es Überlegungen, daß man mehr schwarzen Männern Zugang zum Militärdienst bieten sollte. Zur selben Zeit eskaliert der Vietnam-Krieg – und verwandelt (neben anderen drastischen Eingriffen) den gesamten südostasiatischen Raum in einen gigantischen Puff nach den «Bedürfnissen» amerikanischer Männer. Krieg herrscht auch im Nahen

Osten und treibt unter anderem viele jüdische Familien aus nordafrikanischen und asiatischen Gebieten nach Israel, wo sie am untersten Ende der sozialen Hierarchie stehen, also arm sind – seit dem Sechstagekrieg hat Israel ein «Prostituiertenproblem».
Hinweise auf einen Unterboden, auf dem das Sichtbarwerden von Prostituierten- und Frauenbewegungen seine Bedeutung erhält. Nach 1975 gibt es immer mehr Spuren.

1975 Am 28. Februar demonstrieren wieder Prostituierte in *Marseille*, marschieren zum Sitz des Polizeipräsidenten, protestieren gegen neue Schließungen von Hotels und immer heftigere Belästigungen durch die Polizei und erklären, wenn es auch für sie eine Sozial- und Krankenversicherung gäbe, wären sie bereit, über vernünftige Steuern zu reden.

In der Nacht vom 1. auf den 2. Juni besetzen in *Lyon* ungefähr hundertfünfzig Prostituierte eine Kirche, es ist der Beginn eines Generalstreiks, der sich innerhalb von ein paar Tagen über ganz Frankreich ausbreitet und schließlich mit Polizeigewalt zerschlagen wird; es ist das erste Mal, daß ein aktueller Arbeitskampf von Prostituierten weltweite Schlagzeilen macht; aus dem Streik geht ein Kollektiv französischer Prostituierter hervor, das internationale Kontakte verfestigt und ausbaut.

Am 24. Oktober findet in *Island* der Generalstreik der Hausfrauen statt, Tausende von Frauen demonstrieren auf den Straßen und Plätzen und rufen: «Wenn Frauen aufhören, hört alles auf!» – Zur Untermauerung dieses Slogans hatten einige ihre Kinder dem Ehemann ins Büro gebracht und ihm die Arbeit damit überlassen.

In *Mexiko* wird während der (von der UNO organisierten) Konferenz zum Internationalen Jahr der Frau auch über Prostituierte gesprochen.

Anfang Dezember schreibt eine Gruppe von Prostituierten in *Bolzano* einen Brief an den italienischen Präsidenten, den Papst und regionale Behörden, den die Lokalpresse vollständig abdruckt; die Frauen protestieren gegen eine lange vorbereitete Razzia und Schließung von Hotels unter dem Vorwand eines Schlags gegen Zuhälterei, in Wirklichkeit – sagen sogar die Polizeibeamten – ist es eine «antiprostituzione»-Aktion. Die Prostituierten schreiben unter anderem:
«Diese Aktion hat uns massive Schwierigkeiten verursacht. Wir bekommen nur schwer Wohnungen, weil wir Prostituierte sind, und wir müssen deshalb in den Hotels auch oft übernachten. Aber kein Hotelbesitzer läßt uns jetzt noch rein. Andere Arbeit bekommen wir auch nicht – aus demselben Grund. Unsere Kinder stecken sie in Heime, dort werden sie unsertwegen diskriminiert. Wir haben keine gesundheitliche Versorgung, und viele von uns sind krank oder werden ermordet. Diese wohlanständige Gesellschaft, die sich immer über uns mokiert, ist schlimmer als wir: Man braucht sich nur vor Augen zu halten, daß wir an jedem 27. im Monat hauptsächlich für das Geld aus den Lohntüten staatlicher Angestellter arbeiten!
Wir finden unsere Arbeit bestimmt nicht angenehm, wir würden abends auch lieber zu Hause bleiben können ... Aber wenn wir nicht wären, wie viele Kinder mehr müßten dann wohl dran glauben, mit Vergewaltigung und Mord, damit gewisse schweinische Gelüste befriedigt werden?»

In *London* wird von Helen Buckingham und anderen Callgirls eine Organisation gegründet, die sich anfangs PUSSI nennt.

1976 In *London* wird das English Collective of Prostitutes ECP gegründet; es ist die erste Organisation von Prostituierten, die eng an eine Organisation der Frauenbewegung angeschlossen ist, an die Internationale Kampagne Lohn für Hausarbeit, die in England, Italien, Deutschland, den USA, Kanada und Australien aktiv ist; in den USA entsteht ein enger Kontakt zwischen Kampagne und COYOTE, in England arbeitet das ECP eng zusammen mit PLAN (Prostitution Laws Are Nonsense = Prostitutionsgesetze sind Unsinn, so nennt sich PUSSI jetzt); das ECP geht programmatisch aus von der Gemeinsamkeit der Kämpfe aller Frauen um Macht und betrachtet den Lohn von Prostituierten als einen Teil von Lohn für Hausarbeit, insofern ist er auch ein Stück Macht für alle Frauen; aber Prostituierte sind gleichzeitig auch verletzbar und ohnmächtig ebenso wie andere Gruppen von Frauen, Lesben, schwarze Frauen, und müssen von den Kämpfen anderer Frauen geschützt werden; das ECP benutzt die Kampagne als Sprecherin, denn es ist gefährlich für Prostituierte, öffentlich zu werden; das ECP ist wie die lesbischen Frauen (und die schwarzen Frauen bald sein werden) autonom innerhalb der Kampagne organisiert; PLAN stellt ein Grundsatzprogramm auf und verteilt es in der Öffentlichkeit und unter Prostituierten:

«Wir trachten nach der Abschaffung aller Prostitutionsgesetze, denn sie haben weder Prostitution überflüssig machen noch Prostituierte vor den Mißhandlungen durch andere Mitglieder der Gesellschaft schützen können.

Wo und wie immer wir arbeiten – unsere Tätigkeit bringt uns selbst, diejenigen, von denen wir an unserem Arbeitsplatz abhängig sind, und diejenigen, mit denen wir unser Privatleben verbringen, in Konflikt mit dem Gesetz.

Wer für uns wirbt und uns Kunden beschafft, wird beschuldigt, auf unsere Kosten zu leben –

als ob Leute, die dasselbe für andere Berufe erledigen, das nicht auch täten.

Ehemänner und Freunde werden beschuldigt, uns auszubeuten – als ob die Ehemänner und Freunde von anderen Frauen das nicht täten.

Selbst Freundinnen werden beschuldigt, mit uns Kuppelei bzw. ein Bordell zu betreiben.

Man behauptet, unsere Kinder seien verdorben durch unsere Tätigkeit – dabei können wir uns eher leisten, Kinder zu haben, als viele andere Frauen. Trotzdem müssen wir vor Nächsten und Liebsten verheimlichen, woher wir das Geld nehmen, denn nur so können wir:

- unsere Kinder ernähren und kleiden
- Ehemänner unterstützen, die arbeitslos geworden sind
- alten Eltern einen komfortablen Lebensstandard bieten, den ihre Rente ihnen nicht erlaubt
- Freunden in Not Geld leihen
- wohltätige Einrichtungen finanziell unterstützen, die uns geholfen haben oder auch nicht, die wir trotzdem unterstützen, weil wir wissen, was Armut und Elend heißt.

Wenn wir einmal erfaßt sind als *common prostitute*, kann man uns kraft dieser ersten Verurteilung unser Leben lang immer wieder verurteilen.

Unsere Arbeit wird verpönt als unmoralisch – als gäbe es keine Nachfrage für die Dienste, die wir leisten. Unser Geld wird verpönt als Gefahr für unsere Moral – dabei war es vor allem anderen die Moral, zu der die Armut zwingt, die uns zur Prostitution gebracht hat, und genau mit dem Geld, was wir dort verdienen, richten wir uns moralisch auf.

Aber nicht nur dafür brauchen wir das Geld. Mit ihm bezahlen wir auch Bußgelder, wenn wir erwischt werden bei der *Aufforderung zur Unzucht,* und die Steuern, wenn wir erwischt werden mit dem Geld auf der Bank. Mit ihm werden die Zuhälter von der Gosse bis zur Regierung bezahlt; und niemand beutet uns mehr aus und zwingt uns beständiger zur Prostitution als das Establishment:

1. Das Sozialministerium mit seiner Vorschrift, daß Frauen, die mit einem Mann zusammenleben, keine Sozialhilfe bekommen
2. Gerichte mit Bußgeldurteilen
3. Finanzämter mit ihrer Politik, soviel Steuern wie möglich aus uns rauszuholen (mit der Erpressung, uns auffliegen zu lassen)
4. Das Außenministerium braucht uns, um Staatsmänner glücklich zu machen
5. Sonderkommissariate der Polizei brauchen uns als Lockvögel
6. Polizeibeamte als Informanten und Spitzel – ganz zu schweigen von Meineiden und Gratis-Sex für sich selbst
7. Geschäftsleute zur Behebung ihrer eigenen sexuellen Spannungen und der ihrer Geschäftspartner
8. Priester und Rabbiner, damit sie vor der Gemeinde verheimlichen können, daß sie mit ihren sexuellen Nöten auch nicht zurechtkommen
9. Journalisten machen auf unsere Kosten – aber selten in unserem Interesse – hohe Auflagen
10. Alle Frauen in gutbezahlten und prestigeträchtigen ‹Spitzen›-Jobs, die sich abgrenzen von den anderen Frauen ‹da unten›, auf deren Prostitution ihre eigenen Spitzenpositionen beruhen, ob sie nun arbeiten

- als Prostituierte, um die sexuellen Überschüsse der Männer zu absorbieren
- als Putzfrauen in Büros und Haushalten
- als Kindermädchen, Kantinenarbeiterinnen
- in anderen Niedriglohn-Jobs, dank denen es einer ‹Elite› möglich ist, aus dem Haus zu gehen

– als Krankenschwestern, Sekretärinnen, Stenotypistinnen
– als Frauen, die all die Arbeiten tun, die gewöhnlich zu Hause zu tun sind
– als Verkäuferinnen, Fabrikarbeiterinnen, Angestellte in Verkehrsmitteln
– kurz in all den Jobs, dank denen einige wenige sich nicht als ‹Hausfrauen› angesprochen zu fühlen brauchen, als die Arbeiterinnen nämlich, die überhaupt keinen Lohn bekommen für eine Arbeit, die uns allen anhängt – auch den wenigen an der ‹Spitze›.

Die Gesetze betreffen zum Beispiel

1. Unterhalt aus unmoralischen Einkünften (bezieht sich nur auf Männer)
2. Beeinflussung der Bewegungen von Prostituierten (bezieht sich auf Frauen)
3. Bordellbetrieb (zwei oder mehr Frauen)
4. Aufforderung zur Unzucht auf der Straße
5. Werbung
6. Nutzung von Eigentum zu unmoralischen Zwecken (Hauswirte)
7. Besuch von Gaststätten (Besitzer)
8. Sorgerecht für Kinder (betrifft insbesondere Pflegeeltern).

Wenn wir im Gefängnis sitzen – auf Kosten des Steuerzahlers –, müssen unsere Kinder ins Heim – auf Kosten ihres emotionalen Wohlergehens und auf Kosten des Steuerzahlers. Sind nicht schon genug Kinder im Heim, als daß unnötigerweise noch mehr dazukommen müßten?»

Im Frühjahr wird auf dem Tribunal «Gewalt gegen Frauen» in *Brüssel*, bei dem COYOTE, PLAN und ECP sowie andere Prostituierte anwesend sind oder vertreten werden, ein Resolutionsvorschlag von Margo St. James angenommen.

In *Paris* findet am 16. Juni in der Mutualité eine Versammlung zum ersten Jahrestag des Generalstreiks statt; neben vielen anderen gibt es auch eine Rede einer schwarzen Frau aus den USA:

«Mein Name ist M. B. Ich lebe in New York und arbeite in der Gruppe von schwarzen Frauen für Lohn für Hausarbeit. Wir gehören zu einem internationalen Netz von Organisationen ... Ich bin heute abend hier, um euch in eurem Kampf in Frankreich zu unterstützen, denn euer Kampf ist auch unser Kampf als schwarze Frauen in den USA. Die rassistischen Gesetze legen fest, daß wir schwarzen Frauen alle Prostituierte sind, denn wir haben kein Geld, und wir sind immer kämpferisch vorgegangen gegen das Elend, das der Staat uns aufzwingt. Während der Sklaverei durften wir nicht heiraten, aber wir mußten dennoch Kinder für die Plantagen produzieren und außerdem den Plantagenbesitzern als Prostituierte dienen. Aber gerade diese Arbeit der Prostituierten haben wir immer umfunktioniert in Macht für uns, um damit gegen ein System zu kämpfen, das uns ausbeutet, und um Mittel zu gewinnen, damit wir gegen ein System leben können, das versucht, uns zu zerstören ... Jetzt werden in den USA die Repressionsmaßnahmen gegen Prostituierte verschärft. Auch eine schwarze Frau, die gar keine Prostituierte ist, kann einfach von der Polizei verhaftet werden, wenn sie bloß auf der Straße langgeht. Vor einer Woche wurde im Staat New York ein Gesetz durchgebracht, das darauf hinausläuft, *alle Frauen* daran zu hindern, sich frei auf der Straße zu bewegen. Die Polizei hat Razzien gemacht und Massagesalons geschlossen (sie sind staatlich lizenziert und erbringen eine Menge Geld durch Steuern und Bestechung – P. B..) ..., und am letzten Freitag sind am Times Square sechzig Prostituierte verhaftet worden ... Heute findet in Washington eine große Demonstration der Prostituierten statt gegen die Repression in den USA und zur Unterstützung der französischen Prostituierten und ihres Kampfes, der hier heute in der Mutualité seinen Ausdruck findet.»

In *Washington* findet am 30. Juni der erste Weltkongreß der Prostituierten statt, er ist von COYOTE organisiert und soll Druck auf die amerikanischen Gesetzgeber ausüben, deren Bedarf an Prostituierten in den Wochen vorher eine Skandalwelle ausgelöst hatte; unter anderem berichtet eine ehemalige Prostituierte über die Mustang Ranch in Nevada, dem einzigen Bundesstaat mit legalisierter Prostitution, und über die Auswirkungen der Legalisierung.

Vor dem obersten Bundesgericht in *Karlsruhe* gewinnt eine Prostituierte einen Prozeß wegen Verdienstausfall; sie erhält Anspruch darauf, daß die Versicherung eines Mannes, der an einem Autounfall schuld war, bei dem sie verletzt wurde, zahlen muß; allerdings wird die Höhe der Summe nicht nach ihrem Durchschnittslohn, sondern nach einem «Existenzminimum» bemessen.

In *Australien* demonstriert eine Gruppe von Prostituierten vor einer anglikanischen Kirche und bereitet die Gründung einer Gewerkschaft vor.

In der neuseeländischen Hafenstadt *Wellington* bestreiken Prostituierte die Besatzung eines Atomschiffes, unter anderem wegen der Gefahr von Krankheiten.

1977 In *Spanien* gründen Prostituierte das Sindicato de las trabajadoras del amor (Gewerkschaft der Liebesarbeiterinnen).

Es wird bekannt, daß Prostituierte aus *Lateinamerika* mit Touristenvisum nach *Deutschland* kommen, drei Monate hier arbeiten, danach in *Italien* einen Mann heiraten (gegen Geld) und damit Angehörige der EG sind und nicht mehr ausgewiesen werden können.

In verschiedenen Städten an der *amerikanischen Westküste* gibt es im Februar Aktionen gegen die Verschärfung der Repression gegen Prostituierte; ein neuer Polizeichef hat die Zahl der Verhaftungen in kürzester Zeit verdoppelt und die Länge der Haft drastisch erhöht, die Polizei verhält sich immer brutaler; 30% der Frauen in amerikanischen Gefängnissen sitzen wegen Prostitution, in New York sogar über 50% (der Chef des New Yorker Sittendezernats selber bezeichnet den Staat als Zuhälter im großen Stil); angekurbelt werden die Protestaktionen von COYOTE und der Kampagne LfH, fünfzig Organisationen aus dem In- und Ausland solidarisieren sich.

Im April finden in *San Francisco, Los Angeles* und *Boston street trials* statt. In dieser Art Straßentheater wird eine Gerichtsverhandlung nachgestellt, in der Frauen den Staat wegen Zuhälterei an der Arbeit aller Frauen anklagen; die Rollen der «Gerichtsprofis» (Staatsanwalt, Verteidiger und Richter) sind vorbereitet, die «Zeugenaussagen» kommen spontan von Passantinnen; mit diesen *trials* demonstriert die Kampagne, was alles gemeint ist mit der Feststellung, daß alle Frauen denselben Gegner haben und sich gemeinsam gegen die Spaltungen organisieren können, und mit der Forderung, den Kampf von Prostituierten zu unterstützen; die Schwarzen Frauen für LfH geben ein Statement ab: «Geld für Prostituierte ist Geld für schwarze Frauen»; Margo St. James erklärt in einer großen Chicagoer Zeitung: «Hausfrauen verdienen Lohn!» und begründet es damit, daß alle Frauen vom Staat und von einzelnen Männern gegeneinander ausgespielt und damit ohnmächtig gehalten werden und daß der entscheidende Schritt für Macht und Unabhängigkeit von Frauen darin liegt, daß alle Frauen eigenes Geld verdienen und behalten können – Prostitution ist ein Weg dahin; PUMA (Prostitutes Union of Massachusetts) sagt in einer Presseerklärung: «Die Dienste aller Frauen, ob sie nun sexuelle Dienste an Männern sind oder andere Dienste der Hausarbeit, sind Arbeit, und wir fordern dafür Lohn. Diese Dienste werden traditionellerweise von Frauen erwartet. Frauen haben unbezahlte Arbeit geleistet und den Zugang zu Geld abgeschnitten bekommen. Die Gewerkschaft der Prostituierten von Massachusetts kämpft dafür, daß alle Frauen eigenes Geld und damit Macht haben.» Zum erstenmal werden die drei Grundsatzziele der Prostituierten in einer gemeinsamen Aktion von Prostituierten und Nicht-Prostituierten propagiert: Schluß mit der Belästigung durch die Polizei, Entkriminalisierung, Amnestie für alle Prostituierten, das schließt ein, daß alle Karteien über Prostituierte gelöscht werden müssen.

In *Rotterdam* bringt eine gemeinsame Aktion von Prostituierten den jahrelang vorbereiteten Plan der Regierung, auf einem Schiff einen Puff zu eröffnen, zum Scheitern; dort sollten Prostituierte gettoisiert werden, die vorher aus ihren traditionellen Vierteln vertrieben worden waren.

In *Freiburg* gibt es im Mai massiven Protest von Prostituierten und Bürgern gegen den ebenfalls seit langer Zeit vorbereiteten Plan der Stadt, ein Eros-Center aufzuziehen und die Prostituierten von der Straße wegzudrängen; achtzehn Prostituierte schreiben und unterzeichnen namentlich einen offenen Brief, den die Presse in Auszügen veröffentlicht:

«Betr.: Protest gegen ein Dirnenwohnheim

In o. S. sehen wir uns gezwungen, das Wort an die Öffentlichkeit zu richten.

Wir, d. h. die Prostituierten der Straße, sowie die, welche in Zimmern dem Gewerbe nachgehen, protestieren gegen die Errichtung eines solchen Hauses.

Wohl niemand kennt die Verhältnisse, welche die Prostituierten betreffen, besser als wir.

Außerdem gibt es stichhaltige Argumente gegen die Errichtung eines festen Hauses:

1. Wir lassen uns von dem Besitzer dieses Dirnenwohnheims, egal ob Stadt oder von privater Seite, nicht ausbeuten. Die tägliche Miete pro Zimmer wird ca. DM 80,00 bis DM 120,00 betragen.
2. Noch keine Stadt hat es fertiggebracht, durch Errichtung eines Hauses, die Straßenprostitution zu beenden (s. Konstanz, Karlsruhe, Stuttgart und andere Städte). Wie soll die Polizei, die durch Personalmangel gehandicapt ist, die Kontrolle in den Sperrbezirken mit der Gründlichkeit, die nötig wäre, durchführen? Außerdem wird die heimliche Prostitution, welche heute in Bars sowie Nachtlokalen und einschlägigen Kneipen ausgeübt wird, durch ein festes Haus in keiner Weise eingedämmt.
3. Es ist mit großer Wahrscheinlichkeit anzunehmen, daß Prostituierte mit Zuhältern aus anderen Städten nach Freiburg kommen werden, da das Haus von ortsansässigen Damen nicht voll besetzt sein wird. Es ist nachprüfbar, daß bei uns weder mit Rauschgift, Waffen oder «heißer Ware» gehandelt wird. «Nachfolgekriminalität» gibt es in jeder Stadt, welche einen «Strich» hat. Wir haben uns davon immer distanziert.

4. Auf dem Freiburger Strich hat es nur einmal eine Zeit gegeben, wo Zuhälter in massiver Weise aufgetreten sind. Das war, als 1969 Prostituierte aus anderen Städten mit ihren Zuhältern zu uns kamen. Das Zuhälterwesen war damals so schlimm, daß man von einem Chaos reden konnte. Die Polizei hatte alle Hände voll zu tun, um der Lage Herr zu werden. Wir weigern uns, solche Zustände mit vollem Bewußtsein heraufzubeschwören.
5. Man ist der Meinung, daß die Gewerbeschüler wie auch die Anlieger durch ein festes Haus weniger gestört und belästigt werden! Das ist aber mit Sicherheit nicht der Fall, da die Damen in diesem Haus bereits am Tage ihrer Arbeit nachgehen werden.
   Dies dürfte unseres Erachtens für die Bevölkerung anstößiger sein als der jetzige Straßenstrich. Dieser beginnt im Winter gegen 20.30 Uhr, im Sommer gegen 21.00 Uhr.

Es ist doch klar zu übersehen, daß ein Haus in jeder Beziehung Nachteile bringt. Lediglich der Besitzer dieses Hauses würde profitieren, und zwar finanziell.
Wir können nur hoffen, daß der Stadtrat die Errichtung eines Dirnenwohnheims noch einmal diskutiert und unsere Argumente zur Sprache bringt. Gegebenenfalls wären wir auch bereit, an einer Diskussion teilzunehmen.»
Die Prostituierten machen, unterstützt von der Freiburger Bürgerinitiative, eine Demonstration und errichten Informationsstände in der Innenstadt, sie tragen Schilder mit der Aufschrift: «Wir brauchen kein Bordell», «Wir wollen keine Zuhälter» und «Wir lassen uns nicht ausbeuten»; die Aktion wird sogar im *Stern* veröffentlicht und bundesweit bekannt, das Eros-Center wird nicht gebaut (es hätte der Stadt allein an Gewerbesteuer 800000 DM mehr pro Jahr eingebracht) – im letzten Moment gibt das Land Baden-Würt-

temberg das Grundstück nicht frei; auf einer Bürgerversammlung hatten die Prostituierten erklärt: «Wenn sie die ganze Stadt zum Sperrgebiet erklären, gehen wir an den Stadtrand!»

Im Juni fordert in *London* im House of Lords Baroness Vickers die Abschaffung der Prostitutionsgesetze.

Auf der Sommeruniversität für Frauen in *Berlin* veranstaltet die Kampagne Lohn für Hausarbeit unter anderem einen Workshop über «Prostitution – Sexualität – Hausarbeit», auf dem über die Kämpfe von Prostituierten in den letzten Jahren (Lyon 1975, USA, Freiburg) berichtet wird; unter den über dreihundert Teilnehmerinnen sind Prostituierte, Lesben, schwarze und weiße Frauen aus Europa und den USA; eine Resolution wird verabschiedet, die Entkriminalisierung, Abschaffung des Polizeiterrors und aller Karteien über Prostituierte fordert, sie unterstützt die Organisationen, die diese Forderungen auf der Frauenkonferenz im Rahmen des UNO-Frauenjahr-Projekts in *Houston/Texas* im November vertreten werden; die Resolution wird auch von den Teilnehmerinnen an der Abschlußversammlung an der Sommeruni angenommen; sie ist die erste öffentliche Stellungnahme zur Unterstützung von Prostituierten aus der deutschen Frauenbewegung.

In *Houston/Texas* wird außerdem von schwarzen und weißen Frauen aus der Kampagne, COYOTE und schwarzen Frauen aus den nationalen Welfare-Organisationen eine Resolution durchgesetzt, die die amerikanische Regierung auffordert, Geld für Frauen zum Kernpunkt aller Frauenpolitik zu machen und Welfare-Zahlungen Lohn zu nennen und sie zu erhöhen; diese Resolution kippt Präsident Carters Welfare-Reform-Programm um.

1978 In *Spanien* drohen Prostituierte mit Veröffentlichung der Namen und Vorlieben prominenter Kunden, wenn nicht endlich etwas zur Verbesserung ihrer Lebens- und Arbeitsbedingungen geschieht; gemeinsam mit anderen Frauen organisieren sie auch Druck für die Abschaffung der alten Ehebruchgesetze, nach denen eine Frau mit bis zu fünf Jahren Gefängnis bestraft wurde.

In *Portugal* gibt es ähnliche Initiativen gegen die Prostitutions- und Abtreibungsgesetze.

In *Israel* erwirken am 8. März sechs Prostituierte ihre Aufnahme in die staatliche Arbeitslosen- und Krankenversicherung entsprechend den Vorschriften für selbständige Berufe.

In *Mexico City* wollen die (schätzungsweise) sechzigtausend Prostituierten eine Gewerkschaft zum Schutz gegen Polizeiterror gründen; ihre Sprecherin kündigt einen offenen Brief an Präsident Lopez Portillo an.

In *Sydney* organisieren australische Prostituierte eine Rechtshilfegruppe P.L.R.A. (Prostitution Law Repeal Association = Verein zur Abschaffung der Prostitutionsgesetze).

Im Juli demonstrieren in *Lecco* (nahe Mailand) fünfzig Prostituierte gegen eine Welle von *fogli di via* und fordern Kindergärten, Kranken- und Sozialversicherung sowie autonom organisiertes Arbeiten in selbstverwalteten Häusern: «Wir haben keine Zuhälter, denn wir trauen Männern nicht über den Weg», erklären sie und planen für den Herbst einen Kongreß; sie verstehen sich als Gewerkschaft für ihre Rechte am Arbeitsplatz; sie drohen mit einer großen Demonstration, der Polizeichef läßt sich darauf ein, die *fogli di via* zurückzunehmen.

Auf der Sommeruni in *Berlin* veranstaltet die Kampagne Lohn für Hausarbeit ein Tribunal zum Thema: «Der Staat beutet unsere Mütterlichkeit aus», auf dem auch die «Zeugenaussage» einer Prostituierten verlesen wird, die sich selber nicht zu erkennen geben kann.

COYOTE ändert den Namen in National Task Force on Prostitution NTFP (task force ist ein militärisches oder polizeiliches «Einsatzkommando») und erhält den Non Governmental Organisation Status bei der UNO (als Organisation ohne Regierungsauftrag); in der Zeitung COYOTE HOWLS erscheint neben einem großen Bericht über den Sieg von Houston auch ein

«Ehrenkodex der Prostituierten

– Keine Prostituierte, die professionell anerkannt sein will, darf mit Arbeitgebern oder Familien ihrer Kunden oder voraussichtlichen Kunden Verbindung aufnehmen, um deren Beziehungen zur Prostitution zu enthüllen.
– Keine Prostituierte darf gegenüber Arbeitgebern, Familienangehörigen oder Freunden die Identität einer anderen Prostituierten aufdecken.
– Keine Prostituierte darf eine andere Person zur Prostitution ermutigen oder zwingen.
– Keine Prostituierte darf das Notizbuch oder sonstige Aufzeichnungen über Freier von anderen Prostituierten stehlen. Die Verletzung dieser Regel soll als Diebstahl oder Raub bestraft werden.
– Wenn sich ein Kunde einer Prostituierten nähert, darf eine andere Prostituierte sich diesem Kunden nicht nähern, solange sie nicht sieht, daß das Gespräch beendet ist. Es sei denn, der Kunde selbst oder die erste Prostituierte bitten sie darum.
– Von jeder Prostituierten wird erwartet, daß sie ihren Kolleginnen über gefährliche Kunden be-

richtet. Solche Berichte sollen zwischen den zusammenarbeitenden Frauen ausgetauscht und der örtlichen Prostituiertenorganisation und/oder der Polizei gemeldet werden.
– Bittet eine Prostituierte eine andere, mit ihr zusammen an einem Kunden zu arbeiten, sollte vernünftigerweise halbe-halbe gemacht werden.
– Eine Prostituierte darf im Rahmen eines Geschäfts einer anderen nicht vorsätzlich Schaden zufügen.»

In *London* organisiert Baroness Vickers am 27. November eine öffentliche Veranstaltung über Prostitution; unter den über zweihundert Teilnehmern sind auch das ECP, PLAN und PROS (Programme for the Reform of the laws on Soliciting = Reformprogramm für die Unzuchtgesetze) aus *Birmingham*, eine Gruppe von Bewährungshelfern, Juristen, Sozialarbeitern und Prostituierten; die Labour-Abgeordnete Maureen Colquhoun verspricht, sich im House of Commons für die Abschaffung der Prostitutionsgesetze einzusetzen und als ersten Schritt eine Abstimmung nach der 10-minutes-rule durchzusetzen, «und wenn ich die ganze Nacht dafür aufbleiben muß!». Diese parlamentarische Prozedur ermöglicht, einen bestimmten Gesetzesvorschlag in einer zehnminütigen Rede zu lancieren, danach erfolgt – falls sich jemand dafür findet – eine ebenfalls zehnminütige Gegenrede, in deren Anschluß sofort abgestimmt wird, unabhängig davon, wie viele Abgeordnete anwesend sind; ein neues Gesetz ist damit noch nicht rechtskräftig, aber der Vorschlag muß sofort in das Gesetzesänderungsprogramm aufgenommen und behandelt werden; in einem Interview erklärt Maureen Colquhoun kurze Zeit später: «Ich bin für die Entkriminalisierung der Prostitution, denn daß Prostituierte von Zuhältern abhängig werden können, haben wir ausschließlich der Gesetzgebung zu verdanken. Ich will, daß Prostituierte endlich sie selbst sein können. Man weiß ja, wie das ist: Der Hauswirt verlangt die höheren Mieten, die Polizei erwartet sexuelle Gefälligkeiten von ihnen. Ich will, daß alle aufstehen für die Rechte der Prostituierten. Ich bin bisher die einzige Abgeordnete, die das tut. Es fällt mir schwer, allgemein meine Gefühle gegenüber der Prostitution zu erklären. Ich hätte lieber, Frauen müßten dort nicht arbeiten, sondern bekämen Lohn für Hausarbeit oder einen anständigen Job. Aber die Arbeitslosigkeit breitet sich immer mehr aus, und die Regierung tut nichts wirklich Radikales dagegen ... Ich bin ganz sicher, wir werden noch viel mehr Prostitution bekommen – sie ist die einzige Möglichkeit für Frauen, ihren Lebensunterhalt zu bestreiten, besonders als alleinerziehende Mütter.»

Daß sie so eindeutig Stellung für Prostituierte nehmen kann, liegt nicht zuletzt daran, daß sie selber etwa ein Jahr zuvor die Solidarität von Prostituierten zu spüren bekommen hatte: Sie hatte sich öffentlich als Lesbe zu erkennen gegeben und sollte daraufhin ihr Mandat entzogen bekommen. Eine breite Propagandaaktion vieler Organisationen der Frauen- und Schwulenbewegung, eingeschlossen die Kampagne LfH und die Organisationen von Prostituierten, hatte diesen Rausschmiß verhindert.

1979 In *London* findet am 6. März die Zehnminutenschlacht im Unterhaus statt; am Vorabend wird dort eine große öffentliche Versammlung abgehalten, bei der der COYOTE-Film *Hard Work* gezeigt wird; Telegramme aus aller Welt werden vorgelesen, PONY (Prostitutes Of New York) sind vertreten durch Wilmette Brown von den Schwarzen Frauen für LfH, New York; die Wages Due Lesbians erklären sich in einer Rede solidarisch mit Prostituierten, denn «ohne finanzielle Unabhängigkeit ist Lesbischsein ein Luxus, den sich nur wenige Frauen leisten können, und Lesben kämpfen wie Prostituierte um das Recht, über den eigenen Körper bestimmen und das sein zu können, was wir sind, ohne kriminalisiert zu werden und ohne unsere Kinder weggenommen zu kriegen». Die Solidarität aller Frauen mit Prostituierten begründet sich aus dem gemeinsamen Kampf, Prostituierte «hängen lediglich ein Preisschild an Dienstleistungen, die man von allen Frauen ‹aus Liebe› erwartet», und wenn das kriminell ist, dann sind «anständige» Frauen auch kriminell, denn nicht nur Sex wird «aus Liebe» erwartet. Hier einige Auszüge aus der Rede des ECP:

«Das ECP wurde 1976 gegründet, und wir haben die Lohn-für-Hausarbeit-Kampagne gebeten, unsere Sprecherin zu sein. Wir wußten, wir konnten diesen Frauen trauen, denn auch sie kämpfen für Geld für Frauen ... Wir Prostituierten haben anderen Frauen viel zu erzählen über unseren Kampf um Geld und über die Gesetze, die es allen Frauen schwermachen, an Geld zu kommen. Wir wollen eins ganz klarstellen: Wenn es keine armen Frauen gäbe, gäbe es keine einzige, die anschaffen geht. Wir bekommen immer erzählt, es sei unmoralisch, unseren Körper zu verkaufen. Die Armut, die uns dazu zwingt, wird nicht unmoralisch genannt.

Wir wollen auch ganz klarstellen, daß wir uns nicht schämen, unser Geld so zu verdienen ...

Wir verstehen mehr von diesen Gesetzen als irgend jemand anders ..., denn wir wissen, wie sie funktionieren, wie sie treffen und wen sie treffen. Nur wir können wirklich Experten für die Gesetze sein, und wir sind es um so mehr, wenn wir unsere Erfahrungen zusammenfassen ... Ein wichtiger Teil der Arbeit unserer Organisationen bestand deshalb darin, die Erfahrungen von Mädels mit den Gesetzen in verschiedenen Berei-

chen der Prostitution und in verschiedenen Ländern zu sammeln ...
Erfaßt als *common prostitute* haben wir keine bürgerlichen Rechte und sind immer vorab verurteilt, egal in welcher Angelegenheit. Wenn wir Opfer eines Verbrechens werden, können wir keine Klage führen ..., alle sind sich einig, daß sich eine Prostituierte nicht leisten kann zu klagen ...
Die meisten von uns sind Mütter, und die größte Bedrohung gegen uns ist, daß sie uns das Sorgerecht entziehen. Sie nehmen uns die Kinder weg. Der Staat zahlt bereitwillig für einen Pflegeplatz bis zu 600 DM pro Woche, aber er würde dieses Geld nie der Mutter zahlen, die damit – als allererstes – nicht mehr anschaffen zu gehen brauchte ...
Wir dürfen nicht in *Pubs* und anderen öffentlichen Lokalen bedient werden. Man kann uns verweigern, eine Wohnung zu mieten. Wir haben kein Recht, außer Landes zu reisen. Als Immigrantinnen droht uns entweder Ausweisung oder daß sie die Visa nicht verlängern.
Das Stigma *common prostitute* macht es schwer, aus der Prostitution auszusteigen und einen anderen Job oder eine andere Wohnung zu bekommen ...
Der Gesetzgeber selber verlangt von Frauen Prostitution. Zum Beispiel, indem er per Erlaß solche Frauen von der Sozialhilfe sperrt, die verdächtig sind, mit einem Mann zusammenzuleben oder auch nur sexuelle Beziehungen zu haben. Der Gesetzgeber meint, wenn ein Mann mit einer Frau schläft, dann muß die Frau darauf bestehen, daß er zahlt. Das Department of Health and Social Security (das für die Sozialhilfe zuständige Ministerium – P. B.) nimmt sich das Recht, eine Frau ohne Geld dazu zu zwingen, daß sie sexuelle Dienste verkauft, und uns alle zu zwingen zu der Alternative Prostitution oder Verhungern ...

Die Prostitutionsgesetze sind Gesetze gegen alle Frauen. Jede Frau kann jederzeit deswegen verhaftet werden, es genügt das Wort eines einzigen Polizisten ... Von dieser Möglichkeit wird besonders Gebrauch gemacht, um in die Lebensbereiche von Schwarzen und anderen Immigranten einzudringen. Sie wird auch gegen Prostituierte eingesetzt, die Propaganda für ihre Rechte machen: Es sind bereits Frauen verhaftet worden, als sie von Treffen kamen.

...

Die Arbeiterinnen des ältesten Gewerbes der Welt sind die einzigen, die sich nicht gewerkschaftlich organisieren dürfen, laut Gesetz ist es kriminell, wenn sich Prostituierte untereinander organisieren, wie es auch kriminell ist, wenn sich jemand anders mit uns organisiert. Wenn eine Prostituierte mit einer anderen Frau zusammen lebt, können beide wegen Bordellbetreiben verurteilt werden ... Wenn wir mit einem Mann zusammenleben oder gesellschaftlichen Umgang haben, kann er wegen ‹Unterhalt› aus unmoralischen Einkünften verurteilt werden, ob wir ihm nun tatsächlich Geld geben oder nicht, ob er nun der Vater unserer Kinder ist oder ein Sohn.

Das heißt:

1. wir dürfen nicht bestimmen, mit wem wir leben,
2. die Gesetze haben die Absicht, Prostituierte vom übrigen Lebenszusammenhang zu spalten, indem sie uns isolieren,
3. alle, die sich mit uns zusammentun wollen, werden bestraft.

Diese Rechtsprechung macht es illegal, daß wir uns organisieren, um unsere Arbeits- und Lebensbedingungen zu verbessern. Diese Rechtsprechung macht es den meisten von uns unmöglich, öffentlich für uns selbst zu sprechen. Aus diesem Grund ist es grundsätzlich wichtig, daß unsere Kampagne für die Abschaffung der Prostitutionsgesetze aus Prostituierten und Nicht-Prostituierten zusammengesetzt ist: Man wird es verdammt schwer haben, uns auseinanderzudividieren!»

Baroness Vickers berichtet, wie sie selber – eine Dame of the British Empire – daran gehindert wurde, sich allein in ein Restaurant zu setzen, weil sie ohne männliche Begleitung war; nach derselben Methode werden Prostituierte aus Hotelbars und feinen Lokalen ferngehalten; am selben Abend veranstaltet in *New York* PONY ein Fest. Die Abstimmung am nächsten Tag geht 134 zu 50 für den Antrag von Maureen Colquhoun aus – auf der Tribüne des Unterhauses bricht unter den anwesenden Prostituierten und solidarischen Frauen ein Freudentaumel aus; es ist der bisher nachhaltigste Sieg der Prostituiertenbewegung, die sich inzwischen international organisiert hat.

In *Southampton* protestieren im Oktober Prostituierte gegen die Einführung staatlich legalisierter Bordelle, es geht um Entkriminalisierung, nicht um legalisierte, sozusagen staatlich geprüfte Prostitution, bei der die Frauen noch viel kontrollierter arbeiten müssen.

In *Berlin* schreiben die Frauen, die sich in diesem Buch zu Worte melden, einen offenen Protestbrief gegen einen Fernsehfilm über Prostituierte, der in der *taz* überregional abgedruckt wird; dieser Brief trägt Unterschriften von «anständigen» Frauen und Männern; kurz danach erscheinen weitere unterstützende Stellungnahmen von einer Prostituierten und von einer Frau, die ironisch als «Gratisbeischläferin» unterschreibt.

1980 Nach dem Besuch des Papstes in *Irland* organisieren siebzig Prostituierte eine Kampagne, um «der Diskriminierung und Ungerechtigkeit ein Ende zu machen»; sie verlangen das Recht, in die Gewerkschaft Irish Transport and General Workers Union aufgenommen zu werden; wenn die Botschaft des Heiligen Vaters auch für sie gelten solle, dann müsse sie auf die Abschaffung der kriminalisierenden Gesetzgebung hinauslaufen.

In *London* organisieren ECP und PLAN im April Unterstützung für Cynthia Payne, die wegen Führung eines Bordells zu Gefängnis und Bußgeld verurteilt worden ist; das letzte Wort ist noch nicht gesprochen, denn die Gästeliste ist bedeutsamer, als bisher zugegeben wurde, und könnte durchaus noch dazu beitragen, die Doppelmoral des Staates außer Gefecht zu setzen ...

In *Wien* verteilen im März Prostituierte ihr erstes Flugblatt, an das auch ein Formular für eine Solidaritätserklärung angehängt ist. Sie haben eine Gruppe gebildet, die sich regelmäßig trifft und sich gerade darauf vorbereitet, Einfluß zu nehmen auf die im Wiener Gemeinderat diskutierten Gesetzesänderungen. Frauen, die nicht selber anschaffen, haben für diese Initiative Arbeiten übernommen, zum Beispiel presserechtlich verantwortlich zu sein. Die Prostituierten richten ihr Flugblatt zunächst an die Kolleginnen und fordern sie auf, sich zu organisieren für:

- rechtliche Gleichstellung und Schluß mit der Diskriminierung,
- Aufhebung der Sperrzonen,
- Möglichkeit, in selbstverwalteten Häusern zu arbeiten,
- einheitliche gesetzliche Sozialversicherung,
- Gesundheitskontrolle durch Ärzte eigener Wahl,
- Heiratserlaubnis,
- eine «Servicestelle» für Rechtsberatung, Arbeitsvermittlung und Mütterberatung, eventuell nach dem Muster von Mietervereinigungen.

Außerdem verlangen sie, daß endlich brauchbare Berichterstattung über Prostituierte in den Medien stattfindet, und kündigen einen eigenen Videofilm und vielleicht eine eigene Zeitung an.

Im Mai erscheint in *England* die Übersetzung von *Une vie de putain*, einem Buch mit Interviews der Prostituierten, die 1975 den Streik in Lyon organisiert haben; hier wird es verlegt von dem Verlag der Kampagne Lohn für Hausarbeit, ist eingeleitet vom ECP und hat ein Nachwort von Margo St. James; zur Pressekonferenz, auf der das Buch vorgestellt wird, kommt Ulla aus Lyon.

Im Sommer wird es in *Kopenhagen* eine internationale Frauenkonferenz im Rahmen des aus dem Jahr der Frau hervorgegangenen UNO-Projekts geben, bei der die Präsenz von Prostituierten und ihren Organisationen ins Auge springen wird. Leider kann hier noch nichts darüber berichtet werden, da dieser vorläufige Kalender in den ersten Junitagen abgebrochen werden mußte.

Verbrecherinnen oder Sexualbeamtinnen? – Einige Informationen über die staatlichen Modelle der siebziger und achtziger Jahre

Ende der siebziger Jahre und Anfang 1980 gibt es eine regelrechte Schwemme von Berichten, Büchern, Sendungen und Konferenzen zum Thema Prostitution und Prostituierte. Es ist eine internationale Entwicklung – sie beschränkt sich nicht nur auf das eine oder andere Land. Was da alles geschrieben und geredet wird, ist so gut wie nie im Interesse von Prostituierten, obwohl das gern behauptet wird. Die Konsequenz, mit der Prostituierte in aller Welt ihr Anliegen in den Blickwinkel der Öffentlichkeit gerückt und sich selber sichtbar gemacht haben – «es gibt uns, wir haben eine starke Bewegung, und wir haben einiges zu fordern» –, scheint die verschiedensten «Experten» in Unruhe versetzt zu haben. Staatliche Beamte, Wissenschaftler, Parteipolitiker, Journalisten beeilen sich mit Untersuchungen, Projekten, Vorschlägen und Modellen. Und gern holen sie neuerdings auch Frauen dazu, am liebsten solche aus der Frauenbewegung, die doch so laut nach qualifizierten Arbeitsplätzen verlangen, damit die Schlußfolgerungen und Vorschläge recht frauenfreundlich-glaubwürdig wirken. Und alle sind rechtschaffen neugierig zu erfahren, was sich bei den Prostituierten tut, manche sind sogar ganz besorgt.

1973 hatte der Deutsche Städtetag (der sich bereits zur Nazi-Zeit als Überregional-Planer der Politik von Gemeinden gegenüber Prostitution und als Mit-Manager der Verfolgungsmaßnahmen gegen Prostituierte hervorgetan hatte) einen Fragebogen über das «Dirnenunwesen» an alle Gemeinden versandt. Zur gleichen Zeit wird in der deutschen Öffentlichkeit (West) viel über Bordelle in staatlicher Regie diskutiert, in München beginnt das «Modell» eines Eros-Centers, mit dem die Prostituierten erfaßt werden sollen, die immer noch das «Straßenbild verunzieren» (die staatliche Förderung von Eros-Centern ist immer gleichbedeutend mit der Vertreibung der Prostituierten aus ihren alten Arbeitsgebieten, das heißt auch mit einer «Umstrukturierung» ihrer gewohnten und zum Teil eroberten Arbeitsbedingungen), und in dessen Rahmen «man ja mal über Altersversorgung reden könnte». 1973 eröffnet auch ein Bordellkonzern mit internationaler Reichweite seine ersten Betriebe. Dank großzügiger Investitionen (27 Millionen DM) vieler honoriger Rechtsanwälte, Mediziner, Steuerberater, Geistlicher soll die Kette bald neben der Bundesrepublik, Österreich, Holland, Luxemburg und den USA auch die DDR, Jugoslawien und Ungarn «angliedern» – schließlich müßte doch im Ostblock im Zuge der politischen Entwicklungen (Ostverträge) und der damit verbundenen bienenfleißigen Diplomatentätigkeit auch die Nachfrage nach sexuellen Erfrischungen größer werden ...

Aufgezogen wird der Konzern von einem Privatunternehmer, und den Frauen hat er folgendes zu bieten: 60 DM pro Tag soll die Miete der Zimmer betragen, dafür gibt es auch Vollpension und einen Tennisplatz; ohne Präservativ braucht nicht gearbeitet zu werden, dafür sorgt die Hausordnung; es soll eventuell auch ein Kinderheim für die diskriminierten Kinder der über 80 % Mütter unter den Angestellten geben; der monatliche Verdienst der Frauen soll bei 12000 bis 20000 DM liegen. Für die Herren Gäste hat der Unternehmer noch die Idee, ein paar «exotische» Frauen aus der dritten Welt zu importieren. Einen Prozeß wegen Kuppelei oder Zuhälterei bekommt er nicht an den Hals ... Was solche Unternehmen für Prostituierte bedeuten, hatte bereits 1975 eine der Prostituierten von Lyon erklärt: «Das wird doch, schon allein wegen dieser Schaufenster, ein Supermarkt für Mädels, die wahnwitzigste Konkurrenz. Für die Mädels könnte das so aussehen, daß man ewig hinter der erotischsten Pose und der pornoartigsten Haltung her ist. In Eros-Centern werden Mädels nicht genommen, die anders arbeiten wollen, angezogen und mit mehr als Slip und Büstenhalter bekleidet unmöglich. Der Besitzer wirbt sie entweder an oder nicht, also macht der auch die Gesetze. Und da steckt wirklich die Zuhälterei vom Feinsten – die richtig industriemäßig aufgezogene Zuhälterei ... Wenn man sich vorstellt, daß das irgendwann der Staat ist, der das alles organisiert, also das ist doch wirklich das Größte! Jedenfalls in Deutschland hat der Staat schon jetzt keine Skrupel: Der besteuert die Puffbesitzer und besteuert die Mädels, die sind ja in so einem Eros-Center ganz genau zu kontrollieren. Alle teilen sich den Kuchen, fast wissenschaftlich und fabrikartig, und das Mädel kriegt selbstverständlich den kleinsten Teil. Fünfzig Mädel, die im Schnitt pro Tag 150 Franc zahlen müssen, das sind 7500 Franc pro Tag ... Der Staat kann sich tatsächlich enorm bereichern. Na ja, wenn man jetzt schon weiß, daß der Staat der größte Zuhälter ist – was wird er dann erst mit Eros-Centern! Er wär nicht bloß der größte Zuhälter, sondern auch die größte Puffmutter in Frankreich. Und wenn man weiß, daß Prostitution dem Staat jetzt schon doppelt soviel einbringt wie das Tabakmono-

pol, dann wird sie ihm mit Eros-Centern so viel einbringen wie der gesamte Waffenhandel.
Na, vielleicht würden sie dann endlich Liebe statt Krieg machen!» (F.)
Zumindest in der Bundesrepublik greift die «Germanisierung der Prostitution» um sich, wenn auch unauffälliger als in jenem Konzern. Eros-Center entstehen, aber die perfekte «Lösung» sind sie nicht, denn die Frauen machen das Spiel nicht mit. Sie arbeiten auch weiterhin auf der Straße oder erfinden ganz neue Arten, sich Geld anzuschaffen.
Anfang 1977 bildet sich in Israel eine Kommission aus Sozialarbeitern, Medizinern, Juristen und hohen Polizeioffizieren, deren Vorsitzende (eine Richterin aus Tel Aviv) traditionell abolitionistische Reglementierung empfiehlt: Die Prostituierten sollen bestimmte Hotels zugewiesen bekommen und auch in der Wohnung arbeiten dürfen, medizinisch überwacht werden und in Zeitungen für sich werben dürfen; Zuhälterei soll noch schwerer bestraft werden.
Nach dem Ende des Vietnam-Krieges sind Millionen Prostituierte in ganz Südostasien ohne Verdienstmöglichkeiten (allein in Saigon arbeiteten eine Million Frauen sexuell für die GIs); viele von ihnen wandern aus in die reichen Industriestaaten, viele werden hierher gekauft – zum Beispiel als Ehefrauen ehrenwerter deutscher Bürger – oder gezwungen zu emigrieren. Die, die dableiben, werden in Vietnam, Kambodscha, Laos in Konzentrationslager gesperrt und «resozialisiert» – das heißt, sie müssen lernen, wie schön es ist, dem Volk (umsonst) zu dienen, vor allem durch Weben, Nähen und das Knüpfen von Bastmatten. Diese Frauen, die während des Krieges nicht zu unanständig waren, um zum Teil lebensgefährliche Aufgaben für die Revolution zu übernehmen, damit der imperialistische Aggressor endlich aus dem Land verschwand, erleben jetzt, daß sich die Männer ihres eigenen revolutionären Volkes ihnen gegenüber als imperialistische Aggressoren verhalten.
Dieselbe Erfahrung machen die Frauen im Iran, nachdem sie wesentlich dazu beigetragen haben, den Schah zu stürzen; vor der «islamischen Revolution» haben Prostituierte dort mit Sicherheit auch eher Geld verdient – seitdem die reichen Industrieherren aus dem westlichen Ausland nicht

mehr erwünscht sind, werden Prostituierte erschossen oder (in flagranti ertappt) verheiratet mit dem Freier. In der Volksrepublik China mehren sich seit der wirtschaftlichen «Öffnung nach Westen» die Besuche von finanzkräftigen Männern aus Europa und den USA; die wachsende Arbeitslosigkeit bei den jungen Chinesen schließt den Kreis des «Problems Prostitution», das nun auch China hat, und Wandzeitungen, die es öffentlich machen, tauchen 1979 auf. Auch die chinesische Staatsführung reagiert mit Zwangsarbeitslagern. Der «große Verführer Hunger» enttarnt vor allem die Doppelmoral des Staates, sei dieser nun kommunistisch, kapitalistisch oder anders -istisch.

In den westlichen Industriestaaten bereiten die Regierungen zur selben Zeit Maßnahmen vor, mit denen das Einkommen von Prostituierten noch systematischer kontrolliert und zu einem noch größeren Teil in die Staatskasse fließen kann. In den USA, wo Prostitution insgesamt kriminell ist, dürfen Massagesalons existieren, allerdings kostet die staatliche Lizenz einiges. In der Bundesrepublik kassiert der Staat doppelt von der Prostitution: über die Gewerbesteuer für Betriebe und über die Einkommensteuer der Prostituierten. Überall dort, wo bisher Geld nur in Form von Bußgeldern kam, wird über die Wiedereröffnung von Bordellen diskutiert. Und alles im Namen des «Schutzes der Prostituierten vor Ausbeutung», getarnt als Kampf gegen Zuhälter. Der Staat investiert Riesensummen in Institutionen, die angeblich zum Wohl der Prostituierten aufgezogen werden, nach der Erfahrung der Frauen aber lediglich der noch besseren Überwachung dienen, und für Repressionsmaßnahmen (375000 Dollar kostet in den USA die Festnahme und der Abtransport von 2000 Prostituierten, und pro Jahr gibt es etwa 100000 Verhaftungen; auch der Aufenthalt im Gefängnis ist teuer ...). Sozialarbeiter werden bezahlt. Wissenschaftliche Forschungsprojekte und Konferenzen werden subventioniert oder angekurbelt, und Wissenschaftler haben bekanntlich einen Anspruch auf hohe Gehälter und große Etats. Prostituierte sind Thema Nummer eins, und diese Tatsache wird in den nächsten Jahren noch deutlicher werden.

Die Prostituiertenbewegung und die Teile der Frauenbewegung, die für die Rechte von *allen* Frauen kämpfen, haben klargemacht, daß der einzige Schutz, den Frauen brauchen, der Schutz gegen Armut und Abhängigkeit ist und daß die einzige Möglichkeit, Prostituierte zu schützen, in der Entkriminalisierung liegt, denn «sie allein macht den Dritten überflüssig, den ‹Beschützer›» (Margo St. James). Durch die Kämpfe ist auch ans Licht gekommen, worum es bei der Auseinandersetzung zwischen Prostituierten und Regierungen in den verschiedenen Ländern geht: um die Höhe des Lohns, den Frauen erobern und behalten dürfen, bzw. um die Höhe des Anteils, der ihnen wieder weggenommen werden kann. Und von der Höhe des Lohns hängen die Bedingungen der Arbeit ab, einer Arbeit, die fast am allerwenigsten mit «Geschlechtsverkehr» zu tun hat. Um so mehr dagegen mit psychischer und emotionaler Aufrüstung, geistiger Ablenkung, ästhetischem Vergnügen – und seit einigen Jahren auch zunehmend mit der Abwehr von Feindseligkeiten und Aggressionen von Männern. Der Frauenhaß ist seit dem Ausbruch der Frauenbewegung direkter geworden, und häufiger stehen wieder Meldungen über Morde an Prostituierten in den Zeitungen. Bei der Ermittlung der Mörder leistet sich die Polizei – wie im Falle des sogenannten *Jack the Ripper*, der seit einigen Jahren unbehelligt mindestens zwölf Prostituierte ermorden konnte – gelinde ausgedrückt Schlampigkeit, die dem Sexismus/Rassismus des Nazi-Staats (s. S. 70ff) sehr ähnlich ist. Auch die Massenmedien berichten noch immer am liebsten und meisten nach dem Motto: Nur eine tote Nutte ist eine interessante Nutte. In Ländern, in denen Prostituierte etwas mehr Einfluß nehmen konnten, ändert sich das allmählich. Verdienen tun die meisten bunten Blätter immer noch gut an Prostituierten, und inzwischen haben sogar die Kirchen in Deutschland eine Werbekampagne für mehr Glaubensfreude mit einem Plakat gestartet, auf dem eine «typische Nutte» abgebildet und mit dem klassischen Zitat kommentiert ist: «Wer unter euch ohne Sünde ist, der werfe den ersten Stein!»

Aber die Prostituierten sind nun einmal keine bestimmte «Sorte Frauen». Die Grenze zwischen «anständigen» und «unanständigen» Frauen ist verwischt: Hausfrauen arbeiten an manchen Nachmittagen ein paar Stunden als Prostituierte; Sekretärinnen, Lehrerinnen, Ärztinnen schaffen einen Monat lang in der Peep-Show an, Schülerinnen, Studentinnen, Lehrlinge immer mal wieder zwischendurch auf der Straße, in Bars und Diskotheken, Tramperinnen kühlen die Anmaßungen des Fahrers mit einer Geldforderung, Frauen aus allen Lebensbereichen machen «Teilzeit»-Prostitution, um der völligen Geldlosigkeit zu entgehen oder Bedürfnisse realisieren zu können, für die Hungerlöhne, schlechte Gehälter, Sozialhilfe, Renten, Stipendien, Haushaltsgeld nicht reichen. Prostituierte werden immer unerkennbarer. «Manche ihrer Nachbarinnen sind Prostituierte, und Prostituierte haben etwas Besonderes an sich: Sie sehen ganz normal aus» (ECP). Da die Rechnung mit *dieser* Spaltung nicht mehr so recht klappt, müssen neue Spaltungen her. Die ganz hellen unter den modernen Gesellschaftswissenschaftlern haben bereits die nächste Schublade parat: Von «neuen» Prostituierten wird gesprochen, die überhaupt nicht zurückzuholen seien für den Sozialstaat, weil sie über den Job ein derartiges Ausmaß an Unabhängigkeit und Selbständigkeit erobert haben, daß alle Resozialisierungsprogramme an ihnen versagen. Diese «neuen» Prostituierten arbeiten, wenn sie unbedingt müssen, und sie erklären auch ganz selbstbewußt, daß sie lieber in so einem schmutzigen Job ein paar Stunden abreißen, als pro Tag acht Stunden in «ordentlichen Verhältnissen». Ihre Entscheidung für die Prostitution hat nichts mit Zuhältern zu tun, sondern kommt aus der entschiedenen Verweigerung der Art von Arbeits- und Lebensbedingungen, zu der die «Frauenrolle» verurteilt. Und – das ist Kernpunkt und stille Hoffnung solcher wissenschaftlichen Untersuchungen: «Neue» Prostituierte haben angeblich so wenig mit den «traditionellen» gemein, daß sie sich kaum verständigen können. (Hoffentlich haben die in diesem Buch abgedruckten Gespräche zur Erschütterung solcher Illusionen beigetragen!) Die «neuen» Prostituierten werden fast bewundernd analysiert, und das beweist nur, daß das Interesse an Spaltung der Frauen in sone und solche immens ist. Mit dem Glamour der einen wird die Verächtlichkeit der anderen garantiert und umgekehrt.

Diese Wissenschaft verfolgt auch sehr genau, was sich unter Prostituierten an Bewegung tut, dementiert aber gleichzeitig, daß es eine solche Bewegung gibt. Anfang Januar 1980 fand in Rom ein Kongreß mit dem Thema «Biologische, gesellschaftliche und moralische Aspekte der Prostitution» statt. Die Redner waren alle renommierte Wissenschaftler männlichen Geschlechts. Der einzige und in der Presse ausführlich kommentierte Vorschlag der staatlichen Akademiker griff die Forderung auf, die kämpfende Prostituierte anderthalb Jahre zuvor in Lecco propagiert hatten: Selbstverwaltung – allerdings in sonst nach deutschem Vorbild eingerichteten Eros-Centern.
Die «gesetzgebenden Organe sollen in enger Zusammenarbeit mit weiblichen Vertretern» Modelle erarbeiten sowohl für eine gewerkschaftliche Organisierung der Prostituierten (für die Renten- und Sozialversicherungsvorhaben, Gesundheitsversorgung und Kindergärten) als auch für «selbstverwaltete» Häuser, in denen sie arbeiten und gleichzeitig einem «Reifeprozeß hinsichtlich ihrer Resozialisierung unterzogen» werden können.
In Berlin (West) treffen sich auf Einladung des Bezirksamtes Charlottenburg genau fünf Jahre nach der Besetzung von Saint-Nizier über fünfzig «Expert(inn)en» aus Gesundheitsämtern, Landesregierungen, dem Bundesfamilienministerium, der Presse; auch einige «altgediente» Feministinnen sind dabei – nicht etwa, um den fünfjährigen Geburtstag zu feiern, sondern um unter anderem ein Modell zur «Resozialisierung» von Prostituierten zu besprechen: einen «Aussteiger-Laden»*. Es wird gleichzeitig von einem Pro-

* Nachtrag 1982: Der Berliner Senat mochte sich für die Finanzierung eines von den Frauen vorgeschlagenen selbstverwalteten Ladens nicht erwärmen – den Laden gab es dennoch. Das «Café Hydra» öffnete zunächst in Charlottenburg seine Tür und bezog Ende 1981 ein ganzes Haus mitten im Schöneberger Kiez auf der Potsdamer Straße. Dort ist Platz zum Wohnen für Frauen, ein Kinderladen und – neben verschiedenen Freizeitprojekten – überhaupt «freier Raum ohne Freier». Und dort wird auch eine Zeitung gemacht, der «Hydra Nachtexpress für Bar, Bordell und Bordstein», die bislang einzige deutschsprachige Prostituiertenzeitung nach dem Krieg.
Daß «Aussteigen» nicht hehrstes und erstes Ziel von Prostituierten ist, haben die nicht anschaffenden Frauen der Gruppe bald lernen müssen. Kein Wunder, die Möglichkeiten für Frauen, auf «anständige» Weise an eigenes Geld zu kommen, sind seit 1980 nicht gerade zahlreicher geworden.

jekt gemunkelt, in dem der Staat den Frauen, die «aussteigen» wollen, eine Lehre und ein relativ hohes monatliches Gehalt während der Lehrzeit bieten will, um sie zu motivieren. Es wäre sehr komisch, wenn – spekulieren wir mal – eine Prostituierte drei Jahre lang monatlich 2000 DM dafür erhält, daß sie «aussteigt»: Man kann sich die unzähligen weiblichen Lehrlinge ausmalen, die sofort unter Berufung auf das Grundgesetz, auf das sie so penetrant eingeschworen werden, für sich dasselbe verlangen; ganz zu schweigen von den noch viel zahlreicheren Hausfrauen, die ganz schnell «Prostituierte werden», um es kurz danach «nicht mehr sein zu müssen», sondern mit dem Geld gleich ihrer Wege gehen ... Plötzlich wären in ganz anderen Dimensionen «alle Frauen Prostituierte».

«Aussteigen» aus der einen Zwickmühle heißt jedenfalls nicht, sofort in eine noch viel schlimmere einsteigen zu müssen, und weniger Geld engt die Bewegungsfreiheit ein. Keine steigt um jeden Preis aus, denn genau um den Preis geht es. Oder – mit den Worten einer Prostituierten aus Italien, aus denen auch deutlich wird, daß dieses angeblich zentrale Problem der Prostituierten längst nicht so interessant für uns ist: «Aussteigen? Bin ich doch gerade, aus der Armut! Ich hab gar nicht das Gefühl, ich bin irgendwo eingestiegen.»

978/2